Das kleine Agile-Buch

W0179716

PRO

BUSINESS

Sander Hoogendoorn

Das kleine
Agile-Buch

PEARSON

München • Harlow • Amsterdam • Madrid • Boston
San Francisco • Don Mills • Mexico City • Sydney
a part of Pearson plc worldwide

Bibliografische Information der Deutschen Nationalbibliothek
Die Deutsche Nationalbibliothek verzeichnet diese Publikation in der Deutschen Nationalbibliografie;
detaillierte bibliografische Daten sind im Internet über http://dnb.dnb.de abrufbar.

Die Informationen in diesem Produkt werden ohne Rücksicht auf einen eventuellen Patentschutz
veröffentlicht. Warennamen werden ohne Gewährleistung der freien Verwendbarkeit benutzt.
Bei der Zusammenstellung von Texten und Abbildungen wurde mit größter Sorgfalt vorgegangen.
Trotzdem können Fehler nicht vollständig ausgeschlossen werden.
Verlag, Herausgeber und Autoren können für fehlerhafte Angaben und deren Folgen weder eine
juristische Verantwortung noch irgendeine Haftung übernehmen.
Für Verbesserungsvorschläge und Hinweise auf Fehler sind Verlag und Herausgeber dankbar.

Alle Rechte vorbehalten, auch die der fotomechanischen Wiedergabe und der Speicherung in
elektronischen Medien. Die gewerbliche Nutzung der in diesem Produkt gezeigten Modelle und
Arbeiten ist nicht zulässig.

Fast alle Hardware- und Softwarebezeichnungen und weitere Stichworte und sonstige Angaben,
die in diesem Buch verwendet werden, sind als eingetragene Marken geschützt.
Da es nicht möglich ist, in allen Fällen zeitnah zu ermitteln, ob ein Markenschutz besteht, wird das
®-Symbol in diesem Buch nicht verwendet.

Autorisierte Übersetzung der niederländischen Originalausgabe mit dem Titel Dit is Agile, von
Sander Hoogendoorn, erschienen bei Pearson Benelux, ein Imprint von Pearson Education, Inc.,
Copyright 2012

10 9 8 7 6 5 4 3 2 1

15 14 13

ISBN 978-3-8273-3232-5

© 2013 by Pearson Deutschland GmbH,
Martin-Kollar-Straße 10–12, D-81829 München/Germany
Alle Rechte vorbehalten
www.pearson.de
A part of Pearson plc worldwide

Fachlektorat: Monika B. Paitl, www.communications9.com
Einbandgestaltung: Marco Lindenbeck, webwo GmbH, m.lindenbeck@webwo.de
Übersetzung und Fachlektorat: Sonja Willner, willner-dolmetschen.de
Illustrationen: Sander Hoogendoorn
Lektorat: Boris Karnikowski, bkarnikowski@pearson.de
Herstellung: Martha Kürzl-Harrison, mkuerzl@pearson.de
Korrektorat: Judith Klein, Siegen
Satz: Gerhard Alfes, mediaService, Siegen (www.mediaservice.tv)
Druck und Verarbeitung: GraphyCems, Villatuerta
Printed in Spain

Inhaltsverzeichnis

@Spijk_Alexander: Ich weiß nicht so viel über Agile, außer, daß es kein Wasserfall ist. Und dass nur Schweine bei Meetings etwas sagen dürfen. Hühner nicht.

Danksagung

In den vergangenen fünfzehn Jahren habe ich sehr viel über Agile gelernt. Von den vielen Unternehmen, Projekten und Teams, die mich einluden, ihnen auf ihrem Weg zum agilen Vorgehen zu helfen. In Seminaren, Schulungen und bei Präsentationen, die ich auf zahllosen internationalen Konferenzen hielt. Und auch von den Teilnehmern dieser Seminare, Schulungen und Konferenzen. Von meinen Kollegen, meinen ehemaligen Kollegen und meinen Wettbewerbern. Besonders von allen bei Capgemini, IT Works, Oikocredit, Ordina, SDN, SIGS-Datacom und natürlich von den Mitgliedern des Kernteams der Accelerated Delivery Platform, mit denen ich gerne und viel über dieses wundersame Fachgebiet streite. Ich lerne noch immer dazu!

Die Erkenntnisse aus fünfzehn Jahren Lernen, Predigen, Schulen, Coachen, Streiten und Arbeiten in agilen Teams liegen mit diesem Buch vor Ihnen. Ich möchte mich bei allen bedanken, mit denen ich in all den Jahren gerne zusammengearbeitet habe.

Für die Unterstützung beim Schreiben dieses Buchs und für ihre zahlreichen Beiträge und Erkenntnisse bedanke ich mich bei Albert Hoogendoorn, André Reijtenbagh, André Weijman, Arjen van Bart, Bart Olde Dubbelink, Birgit Klomps, Cornelly Spier, Dajo Breddels, Damian Berhitu, Dewi van Beek, Edwin Croes, Erik Hoolt, Frank Riedijk, Freek Giele, Gerard de Zwart, Hercules 27, Jacques Dunselman, Jan Bart Middelkoop, Jeanne Herfkens, Jermaine Jong, Jeroen Muts, Johan Kamp, Jordan Berhitu, Jutta Eckstein, Imke Rust, Loes Bekkers, Loren Goodman, Maria Osterholt, Maurice Driessen, Onno van der Klei, Patrick van Renterghem, Peter de Kruijff, Rob Ista, Rob Leyenaar – auch ein Intellektueller, Robert Jan Boeije, Ron Tolido, Ruud Bruls, Sandra Wennemers, Stefaan van Royen, Vera Brusse, Werner Schoots, Wouter Goedvriend und Wouter van Twillert.

Für die enge Zusammenarbeit und das zuverlässige Mitdenken bedanke ich mich bei John Numan, Mark Ubbink, Marinell Bruys und Randy Lemaire bei meinem Herausgeber Pearson Benelux.

Viel Arbeit für dieses Buch haben meine getreuen Lektoren Astrid Claessen, Christo Martens, Clemens Reijnen, Erwin Bovendeur, Lilian Nijboer, Marcel Meijer, Marieke Bode, Peter Swaanenvelt, Robert de

Wolff, Rody Middelkoop, Ron Kersic, Twan van den Broek und Ursula Ronnen verrichtet. Chapeau.

Und natürlich meine Superkids Sam, Spijk und Boet. Schön, dass es euch gibt!

Last but not least bedanke ich mich bei meiner lieben, lustigen, starken Freundin Stephanie Leyenaar. Ohne deine zuverlässige Unterstützung, Fürsorge und Liebe hätte ich dieses Buch nie geschrieben. Thanks Pip.

Vorwort

@Quote_Soup: Hauptsache, die Hauptsache bleibt immer die Hauptsache. – Stephen Covey

Immer mehr Unternehmen begreifen, dass ihre Art und Weise, Software zu entwickeln, nicht zum gewünschte Ergebnis führt. Projekte werden nicht zur Deadline fertig oder sprengen das Budget. Auch die Qualität der gelieferten Software lässt zu wünschen übrig. Oft ist nur ein Teil der Wünsche und Anforderungen umgesetzt worden. Die Wertsteigerung bleibt hinter den Erwartungen zurück. Auch die Benutzerfreundlichkeit überzeugt nicht. Es muss sich also etwas ändern. Und deswegen ist *Agile* so gefragt.

Agile ist ein Oberbegriff. Es steht für die Durchführung von Projekten auf eine neue Art und Weise. Mit einer anderen Dynamik. Mit einem anderen Rhythmus und anderen Formen der Zusammenarbeit. Aber viele sehen in Agile auch ein Steckenpferd vor allem von Entwicklern und auch Testern. Agile wirkt wie ein Heimspiel für Nerds.

Der Eindruck täuscht. Agile Arbeitsweisen, Techniken und Best Practices bieten viele Anknüpfungspunkte, um Projekte steuerbarer, effizienter, kostengünstiger und besser abzuwickeln als mit traditionellen Ansätzen. Deswegen ist Agile für jeden wichtig, der mit Projekten zu tun hat. Für Manager und Projektleiter. Für Analytiker, Architekten, Entwickler, Tester und auch für Betreiber. Und nicht zuletzt auch für den Kunden.

Agile gut einzuführen ist allerdings nicht so leicht, wie es scheint. Immer öfter begegnen mir Fälle, in denen Agile nur halbherzig umgesetzt wird oder nicht rund läuft. Agile erfordert Veränderungen, aber es ist nun einmal schwierig, Unternehmen und Menschen zu verändern. Zu oft macht man es sich zu leicht. Manchmal wird die Einführung von Agile zum Selbstzweck. Darüber hinaus ist jedes Projekt anders. Es gibt also nicht *das* Agile für alle Fälle.

Genau deshalb habe ich dieses Buch geschrieben. Ich erkläre, was Agile ist und was nicht. Wie und warum Agile funktioniert. Was bekannte agile Ansätze wie Scrum, Smart und Kanban zu bieten haben. Außerdem geht es auch um Teams, Rollen, Anforderungen, den Einstieg ins Projekt, Schätzen und Messen, Planung, Best Practices und agile Stolpersteine. Und unvermeidlich auch um Wasserfall.

Dieses Buch beschäftigt sich mit den praktischen Entscheidungen, die Sie tagtäglich in ihren agilen Projekten treffen. Sie finden darin alternative Optionen sowie Tipps und Ratschläge, die ich in über fünfzehn Jahren Arbeit in agilen und kurziterativen Projekten in verschiedenen Unternehmen zusammengestellt habe. Neben Beispielen und Anekdoten aus meiner eigenen Praxis finden Sie auch Fehlschlägen, neue Versuche und viele Dinge, die ich unterwegs gelernt habe.

Das also ist Agile. In aller Ruhe betrachtet. Ohne den ganzen Hype.

Kapitel 1

Warum Wasserfall nicht funktioniert

@TheTweetOfGod: Um das Universum zu verstehen, muss man es in einem größeren Kontext betrachten.

In den siebziger Jahren des letzten Jahrhunderts war der Amerikaner Winston Royce bei Lockheed der Leiter des Software Technology Center. Er beschrieb als erster das Modell, das heute jeder als Wasserfall kennt. Er tat dies 1970 in seinem Whitepaper *Managing the Development of Large Software Systems*. Obwohl diese Arbeit als der Ursprung der Wasserfallmethode angesehen wird, ist Royce kein Verfechter dieses Modells. Ganz im Gegenteil. Royce verwendet das Wasserfallmodell als ein Beispiel für einen Prozess, der *nicht* gut funktioniert.

1.1 Die Merkmale von Wasserfall

Das Wasserfallmodell ist ein sequenzieller Prozess, in dem alle Arbeitsschritte zum Schreiben von Software nacheinander durchgeführt werden. Royce gibt diese Arbeitsschritte wie folgt wieder.

Laut Royce sind dies die Arbeitsschritte, die minimal notwendig sind, um erfolgreich Software zu schreiben und in Betrieb zu nehmen. Nach wie vor sind viele Unternehmen nach diesem Modell hierarchisch aufgebaut. Es gibt eine Abteilung für Anforderungsmanagement oder Business Analysis. Eine für Anforderungsanalyse. Eine für den funktionellen und technischen Entwurf. Es gibt Entwickler. Es gibt Tester. Eine Abteilung für Wartung und Betrieb. Und natürlich gibt es die unvermeidlichen Projektleiter, die die anderen Rollen in Schach halten müssen.

Auch wenn Royce den Begriff selbst nicht verwendet, verdankt unser Fachgebiet das Wasserfallmodell genau dieser Abbildung aus dem Jahr 1970.

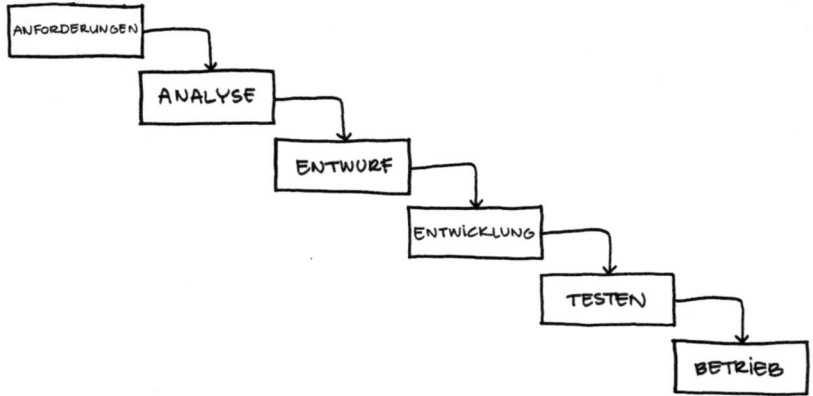

Diese Merkmale zeichnen das Wasserfallmodell aus:

▶ **Phasen.** In jedem Projekt gibt es genau die Phasen, die in der Abbildung zu sehen sind.

▶ **Einmalig.** Jede dieser Phasen wird in dieser Reihenfolge einmal durchlaufen.

▶ **Rollen.** Zu jeder Phase gehört eine eigene spezielle Rolle. Analytiker analysieren, Entwickler entwickeln und Tester testen.

▶ **Endprodukte.** Am Ende jeder Phase wird ein Endprodukt geliefert. Unterzeichnet und versiegelt. Das sind die sogenannten *Milestones*. *Die* Anforderungsanalyse oder *der* fachliche Entwurf.

▶ **Vollständig.** Die nächste Phase beginnt erst, wenn das Endprodukt der vorherigen Phase vollständig und komplett geliefert worden ist. Man fängt erst an, die Software zu schreiben, wenn das Design steht. Und erst wenn die Software geschrieben ist, wird getestet.

▶ **Fest.** Projekte laufen in der Regel zum Festpreis, mit einer festen Deadlline und einem festen Scope.

Klingt logisch, nicht wahr?

1.2 Die Probleme mit Wasserfall

Seit 1970 wird der Löwenanteil aller Projekte nach dem Wasserfallmodell (manchmal mit Abweichungen) durchgeführt. Ein signifikanter Teil dieser Projekte war nicht erfolgreich. Jeder in unserer Branche erinnert sich an Projekte, bei denen das Budget gesprengt wurde, bei denen Deadlines nicht gehalten werden konnten, nur ein Teil der besprochenen Anforderungen umgesetzt wurde oder die vorzeitig und bisweilen nach mehreren neuen Anläufen abgebrochen wurden.

Schauen wir uns die Merkmale dieser *traditionellen* Projekte an, so gibt es dafür klare Gründe. Hier die häufigsten:

▶ **Wissensverlust.** Jede Phase wird von einer eigenen Rolle abgedeckt. Sobald das Endprodukt der Phase geliefert worden ist, verschwindet diese Rolle aus dem Projekt. Hiermit verschwindet auch nach jeder Phase einiges an Wissen aus dem Projekt, denn so viel jemand auch dokumentieren mag: Es ist unmöglich, *alles* zu dokumentieren.

▶ **Wissenszuwachs.** In jeder Phase eines Projekts lernt das Team mehr über den Projektscope, die Wünsche der Anwender und die (Un)Möglichkeiten der gewählten Technologie. Das nennt man *Wissenszuwachs*. Da jedoch in den Endprodukten der vorherigen Phasen alles schon festgelegt ist, kann dieses zusätzliche Wissen nicht mehr einfließen.

▶ **Sich ändernde Anforderungen.** Im Schnitt ändern sich die Anforderungen in einem Projekt zu 20 bis 25 Prozent. Neue Anforderungen entstehen. Vorhandene Anforderungen ändern sich oder fallen weg. Da aber alle Anforderungen schon in einem frühen Stadium bis ins Detail ausgearbeitet worden sind, ist ein Teil dieser Arbeit hinfällig oder muss noch einmal gemacht werden. Das ist ineffizient und teuer.

Exkurs

Ein Projektleiter erzählte mir einmal: „Wasserfall funktioniert prima, solange man keine Änderungen zulässt."

▶ **Komplett und vollständig.** Da das Endprodukt einer abgeschlossenen Phase sich nicht mehr ändert, muss es zu 100 Prozent komplett und vollständig sein. Vor allem bei Analyse und Entwurf.

Wenn in einer folgenden Phase neue Anforderungen entdeckt werden, wird das als Versagen früherer Phasen gewertet.

Exkurs

Ein Entwickler: „Wenn wir mehr Zeit auf die Analyse verwendet hätten, dann hätten wir diese Probleme jetzt nicht."

Aus diesem Grund finden gerade Analytiker und Designer es schwierig, ihre Endprodukte final zu liefern. Deshalb gibt es gerade in frühen Projektphasen oft signifikante Verzögerungen.

▶ **Überdokumentation.** Manchmal wird zwecks Vollständigkeit so viel dokumentiert, dass es unmöglich wird, die Software überhaupt noch zu schreiben, geschweige denn zu testen.

Exkurs

In einem Projekt bei einer Bank in Belgien hatte man zwei Jahre lang an der funktionellen Analyse gearbeitet. Man hatte mehr als 2.500 Seiten Text produziert. Die Entwickler, die für die Umsetzung eingeplant waren, erzählten mir, dass sie es nicht wagten, eine Aufwandsschätzung für dieses Werk abzugeben, geschweige denn damit zu beginnen.

▶ **Schwieriges Schätzen.** In jeder Phase werden andere Arbeiten ausgeführt, weshalb jede Phase ihr ganz eigenes Tempo hat. Daher ist es schwierig, gute Schätzungen abzugeben. Was bedeutet es für die Gesamtlaufzeit eines Projekts, dass die Analyse sechs Monate dauert?

▶ **Späte Risiken.** In Wasserfall findet das tatsächliche Entwickeln der Software erst spät im Projekt statt. Manchmal vergehen mehrere Jahre, bis der erste Code geschrieben wird. Das birgt große Risiken. Die vorgesehene Technologie kann in der Zwischenzeit veraltet sein. Auch das Testen der Software beginnt erst, nachdem der Code vollständig geliefert worden ist. Egal wie gut Analytiker, Architekten und Entwickler auch sind, Tester finden immer Unvollkommenheiten.

Dadurch dass in jeder Phase mehr Arbeit geleistet wird, nehmen die Kosten für das Beheben von Fehlern in einem Projekt exponentiell zu. Das ist als Boehms Gesetz bekannt.

Exkurs

Ein gutes Beispiel ist ein Projekt einer großen internationalen Bank. Diese Bank entwickelte neue Software für das Abwickeln von Versicherungsanfragen. Der Architekt hatte sich eine hervorragende Architektur ausgedacht, bei der in dem Moment, in dem der Nutzer das Feld wechselte, eine dynamische Validierung stattfand. Das Projekt lief rund und nach eineinhalb Jahren übergaben die Entwickler die Software an die Tester.

Die Entwickler hatten leistungsstarke Hardware zur Verfügung, während die Tester dieselben Computer verwendeten wie auch die Endanwender. Schon am ersten Test-Tag erwies sich die Performance der Software als miserabel. Allein aufgrund der Änderungen an der Architektur, die erforderlich waren, um die Performance zu verbessern, lief das Projekt ein halbes Jahr länger.

1.3 Warum gibt es Wasserfall immer noch?

Natürlich drängt sich die Frage auf, warum die Wasserfallmethode immer noch angewendet wird. In erster Linie ist es simples Modell, das leicht zu erklären ist. Außerdem wirkt es vorhersehbar und messbar. Nicht selten sehen Projektleiter in dem Modell ein Gantt-Chart mit ihrer Projektplanung. Auch ist der Mensch von Natur aus konservativ. Wir halten lange an unseren Gewohnheiten fest, egal ob gut oder schlecht. „Ich mach das schon seit zwanzig Jahren so, warum soll ich das jetzt ändern?" Projekte wirken rückblickend oft erfolgreich, da man das Endergebnis nicht mehr mit ursprünglich gesetzten Zielen und geplantem Budget vergleicht. „Wir sind schon froh, dass wir überhaupt liefern."

Tatsächlich ist das Wasserfallmodell eine Kopie vergleichbarer Modelle aus anderen Branchen, die für die *Serienfertigung* angewendet werden, wie zum Beispiel in der Automobilindustrie. Softwareentwicklung lässt sich mit Serienfertigung aber nur schlecht vergleichen. Anders als bei der seriellen Produktion des immer gleichen Autos erfordert das Entwickeln von Software ein großes Maß an Kreativität. Ununterbrochen werden Entscheidungen getroffen, die das Ergebnis beeinflussen, auch während des Entwickelns und Testens der Software. Der Vergleich mit der Produktion hinkt. Ein besserer Vergleich mit einer solchen Branche wäre die Entwicklung eines ganz neuen Fahrzeugs.

An diesen Nachteilen kann man erkennen, dass das Modell nicht funktioniert und auch nie funktioniert hat. Viele Studien beweisen diese

Schlussfolgerung. Projektleiter, die behaupten, ihre Wasserfallprojekte liefen gut, sind die sprichwörtliche Ausnahme der Regel. Sie vergleichen das Ergebnis ihres Projekts nicht mit dem ursprünglichen Budget oder haben ihre Arbeitsweise angepasst, um die Nachteile so weit wie möglich in den Griff zu bekommen.

1.4 Von Wasserfall zu iterativ

Bezeichnenderweise kam Winston Royce bereits 1970 zu dem Schluss, dass Wasserfall nicht funktioniert. In seiner Arbeit verwendet er das Modell, um zu zeigen, wie man es nicht macht. Royce ist ein Vertreter des *Do-It-Twice*-Ansatzes. Dabei wird die Software in kleinen Teilen analysiert, entworfen, entwickelt, getestet und geliefert. Es ist kontinuierlich möglich, das Feedback aus jedem Arbeitsschritt zu nutzen, um frühere Milestones zu verbessern. Wenn sich also beim Entwickeln herausstellt, dass der Entwurf verbessert werden muss, passiert das auch, und zwar umgehend.

Eigentlich spricht sich Royce schon viel früher für ein *iteratives* Modell aus. Das ist bemerkenswert, wird doch seine Arbeit als der Ursprung aller Wasserfallmethodiken gesehen. Noch interessanter ist, dass wir die Ideen von Royce nach jahrelanger Weiterentwicklung in den heutigen Ansätzen wiederfinden, die allesamt klar iterativ ausgelegt sind. Das ist Agile.

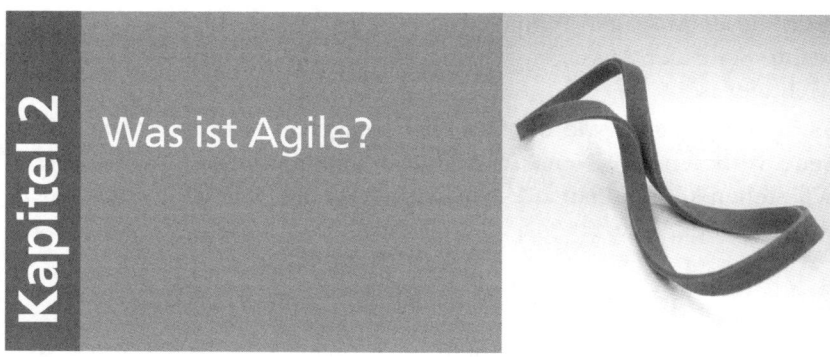

Kapitel 2

Was ist Agile?

@Quote_Soup: Trau dich immer, etwas Neues auszuprobieren. Schließlich haben Amateure die Arche gebaut. Und Profis die Titanic.

So gut wie jedes Buch über Agile beginnt mit dem *Agilen Manifest*. So auch dieses. Dieses Manifest ist eine ausgezeichnete Grundlage für Agile. Es wurde an einem Wochenende im Jahr 2001 in Utah von einer Gruppe Menschen verfasst, die sich ihre Sporen beim Erfinden neuer Ansätze für Softwareentwicklung verdient hatten. Viele dieser Ansätze gingen in dieselbe Richtung. Weg von den schwerfälligen, prozessorientierten Wasserfall-Entwicklungsmethoden.

Obwohl die Gruppenmitglieder sehr verschiedene Ansichten hatten, betonten sie vor allem die gemeinsamen Werte ihrer Ansätze. Man war sich einig, dass sich gerade neue Formen der Zusammenarbeit entwickelten. Diese funktionierten nachweislich besser als die der traditionellen Methoden. Kurz zusammengefasst besteht das Manifest aus vier starken Aussagen, die die gemeinsamen Werte dieser neuen Generation von Ansätzen auf den Punkt bringen. Man schätzt

▶ Individuen und Interaktionen mehr als Prozesse und Werkzeuge,
▶ funktionierende Software mehr als umfassende Dokumentation,
▶ Zusammenarbeit mit dem Kunden mehr als Vertragsverhandlung,
▶ Reagieren auf Veränderung mehr als das Befolgen eines Plans.

Jede dieser Aussagen enthält das Wort *mehr*. Das bedeutet, dass die rechte Seite der Aussagen wichtig ist, dass aber die linke Seite *noch* wichtiger ist.

Es bedeutet nicht, wie oft fälschlich ausgelegt wird, dass die rechte Seite verboten ist. „Nein. In Agile dokumentieren wir nicht." „Nein. Wir stellen keinen Plan auf. Wieso?" Die rechte Seite ist genauso wichtig. Auch bei Agile.

2.1   Ansätze und Methoden

Natürlich kann es nicht schaden, für Projekte eine Arbeitsweise festzulegen. Aber bis auf drei Stellen hinter dem Komma einem komplett ausformulierten Ansatz oder einer Methode zu folgen, ist oft zu starr. Dann lieber etwas Leichtes.

INDIVIDUEN UND INTERACTIONEN MEHR ALS PROZESSE UND WERKZEUGE

Das Agile Manifest betont, dass vor allem die Menschen in den Teams und die Art und Weise, wie sie zusammenarbeiten, Projekte erfolgreich machen. Deshalb bieten agile Ansätze auch viele Techniken an, mit denen man die Zusammenarbeit gestalten kann. Das betrifft vor allem die Zusammenarbeit zwischen den verschiedenen Rollen in Projekten.

Was ist eigentlich der Unterschied zwischen *Ansätzen* und *Methodiken*? Kurz gesagt beschreibt ein Ansatz einen Prozess oder eine Arbeitsweise, ohne alle Arbeitsschritte, Rollen und Produkte konkret zu definieren. Ansätze sind deshalb vielfältig einsetzbar. Denken Sie an Scrum, Kanban oder Extreme Programming, aber auch an PRINCE2. Scrum brüstet sich damit, dass es in erster Linie nur ein Framework ist. Die Verwendung eines Ansatzes oder Frameworks lässt einem Projekt Freiheiten. Manchmal verlieren Projekte jedoch auch den Halt.

Eine Methodik beschreibt ebenfalls einen Prozess oder eine Arbeitsweise, fügt dem aber konkrete Richtlinien und Best Practices zu Arbeitsschritten, Techniken, Rollen und Produkte hinzu. Methodiken sind daher weniger vielfältig einsetzbar als Ansätze, bieten aber mehr

Halt. Und manchmal ein bisschen zu viel. Denken Sie an SDM oder Rational Unified Process (RUP).

Typisch für Agile ist, dass Projekte sich nicht auf einen bestimmten Ansatz oder eine Methodik versteifen, sondern ihre Arbeitsweise fortwährend anpassen. Und da jedes Projekt anders ist, unterscheidet sich auch die Arbeitsweise von Projekt zu Projekt. Trotz des fundamentalistischen Windes, der durch diverse agile Communities weht, in denen genau festgelegt ist, was man darf und was nicht. „Modellieren darf man bei Scrum nicht." Oder: „In Kanban verwendet man immer Arbeitsbegrenzungen."

Diesem Fundamentalismus begegnet man vor allem bei populären agilen Ansätzen. Es gibt viele Köche, die mitmischen wollen, und sie verderben den Brei. Vergessen Sie nicht, dass Individuen und Interaktionen immer wichtiger sind als Prozesse und Werkzeuge. Gerade bei Agile!

2.2 Funktionierende Software

Viele Menschen in traditionellen Projekten produzieren vor allem Papier. Analytiker und Architekten haben das Projekt schon verlassen, bevor Code und Tests geschrieben werden. Als Analytiker oder Designer sieht man so nicht einmal das Ergebnis der eigenen mühsamen Arbeit. In Agile ist das anders.

FUNKTIONIERENDE SOFTWARE

MEHR ALS UMFASSENDE DOKUMENTATION

Bei einem agilen Vorgehen arbeiten alle Rollen zusammen. Auch die Analytiker und Designer. Diese Rollen werden in Agile meist als *Fachexperten* bezeichnet. Aber auch der Kunde und die Endanwender arbeiten zusammen. Miteinander. Nicht nacheinander. Gleichzeitig. So sieht jeder sofort das Ergebnis seiner Arbeit.

Deshalb ist es auch wichtig, dass Teams eine optimale Dokumentationsweise finden. Es ist also nicht so, dass agile Teams *nicht* dokumentieren. Agile Teams dokumentieren gerade genug. Genug, um die Architektur zu beschreiben. Genug, um testen zu können. Aber auch genug, um die Software nach Projektende in Betrieb nehmen zu können. Agile Projekte versuchen deshalb, das Minimalmaß an Dokumentation zu finden, mit dem sie ihre Ziele erreichen können. Es ist sinnvoll, die späteren Betreiber der Software in das Projekt mit einzubeziehen. Auch *Betreiber* sind Stakeholder in einem Projekt.

2.3   Zusammenarbeit und Verträge

In traditionellen Projekten ist es üblich, Scope, Deadline und Budget eines Projekts vorab festzulegen. Dieses Modell nennt man *Festpreis*. In der Realität ist es aber öfter ein *fester Preis*, ein *fester Scope* und eine *feste Deadline*. Der Festpreis scheint erforderlich zu sein, um zwischen Kunde und Auftragnehmer klare Absprachen treffen zu können. Auch viele Ausschreibungen sind darauf ausgelegt. Das scheint plausibel. Aber in Projekten, in denen jede Phase genau einmal durchlaufen wird, muss in jede Phase alles perfekt passen. Komplett und vollständig. Und das ist, wie schon erwähnt, schwierig.

ZUSAMMENARBEIT MIT DEM KUNDEN MEHR ALS VERTRAGSVERHANDLUNGEN

Bei agilen Projekten wird der Scope nicht im Vorhinein bis ins Letzte festgelegt. Das bietet dem Kunden die Möglichkeit, während des Projektverlaufs die Anforderungen zu ändern. So öffnen sich agile Projekte dem Wissenszuwachs. Auch wenn das nicht einfach ist, versucht Agile auf diese Art, zwischen Kunde und Auftragnehmer Vertrauen zu schaffen statt Knebelverträge zu schließen.

2.4   Umgang mit Veränderungen

Wenn in einem traditionellen Festpreisprojekt etwas Unvorhergesehenes passiert, verursacht das jedes Mal Probleme. Vielleicht liefern die Analytiker die Anforderungen nicht. Oder beim Entwickeln tauchen neue, aber unverzichtbare Anforderungen auf. Oder bei den Akzeptanztests werden schwere Fehler in den Anforderungen oder der Software entdeckt. Wissenszuwachs ist nun mal unvermeidlich.

Umso später der Wissenszuwachs stattfindet, desto mehr Aufwand ist erforderlich, um Anpassungen vorzunehmen. Klassisch werden Änderungen deshalb auch nicht direkt vorgenommen, sondern in *Change Requests* festgehalten. Sobald das Projekt abgeschlossen ist, kann veranlasst werden, dass diese Änderungen umgesetzt werden. Der Wissenszuwachs wird so außen vor gehalten. Somit liefern Projekte dann durchaus die Software, die bestellt wurde, aber nicht die, die benötigt wird.

REAGIEREN AUF VERÄNDERUNGEN MEHR ALS DAS BEFOLGEN EINES PLANS

In Agile ist Wissenszuwachs normal. Agiler Alltag. Schlichtweg deshalb, weil das Team ununterbrochen etwas dazulernt. Über das Fachgebiet und die Anforderungen. Über die verwendeten Techniken und Technologien. Über Zusammenarbeit. Agile beinhaltet Mechanismen, die dafür sorgen, dass der Wissenszuwachs genutzt werden kann, sobald er vorhanden ist. Wissenszuwachs verbessert schließlich die Qualität.

Ein guter Beobachter wird bemerkt haben, dass der Scope eines agilen Projekts somit veränderlich ist. Das stimmt. Das gilt übrigens auch für Wasserfallprojekte. Der Scope von Projekten wächst im Schnitt um 20 bis 25 Prozent. Der Unterschied ist, dass traditionelle Projekte versuchen, Änderungen zu vermeiden, während agile Projekte sie begrüßen. Wie das geht? Lesen Sie weiter!

2.5 Was macht ein Projekt agil?

Jenseits des Manifests und unabhängig vom jeweiligen agilen Ansatz ist eine wichtige Frage natürlich: Was macht ein Projekt agil? Welche Merkmale unterscheiden agile Projekte von traditionellen? Meiner Ansicht nach sind das die folgenden Merkmale:

- ▶ **Kurze Iterationen.** Ein agiles Projekt ist in kurze Iterationen eingeteilt. Während jeder Iteration wird ein Teil der Software analysiert, entworfen, entwickelt, getestet, abgenommen und geliefert.
- ▶ **Zusammenarbeit im Team.** Die Menschen in verschiedenen Rollen wie Analytiker, Entwickler und Tester arbeiten im Projekt nicht *nach*einander, sondern *mit*einander. In multidisziplinären Teams. In jeder Iteration aufs Neue.
- ▶ **Kleine Arbeitseinheiten.** Während jeder Iteration wird ein Teil der Software geliefert. Dafür braucht es also kleine Arbeitseinheiten. Oft sind das User Stories, manchmal Screens, manchmal Smart Use Cases und manchmal Features. Ich bezeichne sie am liebsten als *Work Items*.

Exkurs

Während einer COBOL-Web-Migration arbeiteten wir mit Transaktionen als Arbeitseinheiten.

▶ **Umgang mit Veränderungen.** Agile Projekte begrüßen Veränderungen. Zu Beginn jeder Iteration werden die Work Items aus der Liste der verbleibenden Work Items ausgewählt, deren Umsetzung *zu diesem Zeitpunkt* am wichtigsten ist. Neue Work Items werden während des Projekts einfach dieser Liste hinzugefügt und können so prinzipiell bereits in der nächsten Iteration umgesetzt werden.

▶ **Fortlaufend planen und messen.** Die Umsetzung von Work Items in kurzen Iterationen ermöglicht es, fortlaufend zu messen und zu planen. So kann man sich auf Änderungen im Scope, an der Arbeitsweise oder im Teams immer beizeiten einstellen. Schon Eisenhower sagte: *„Pläne sind nichts. Planung ist alles.“*

▶ **Früh und kontinuierlich testen.** Umso eher in einem Projekt getestet wird, desto weniger Aufwand ist erforderlich, um Fehler zu beheben. Da Iterationen ein Work Item für Work Item liefern, beginnt das Testen bereits sehr früh im Projekt.

▶ **Früh und oft liefern.** Während jeder Iteration werden alle Aktivitäten durchgeführt, die für die Lieferung eines Work Items erforderlich sind. Die umgesetzten Work Items werden direkt geliefert und manchmal sogar schon produktiv geschaltet. So werden auch alle infrastrukturellen Hürden frühzeitig genommen.

▶ **Vereinfachte Kommunikation.** Obwohl es nicht vorgeschrieben ist, verwenden agile Projekte Kommunikationsmittel, die so einfach wie möglich sind. Post-Its für Work Items an der Wand. Ein simples Excel mit der Liste aller Work Items.

▶ **Co-Location.** Co-Location heißt, dass Teams am besten zusammen am selben Ort arbeiten. Vorzugsweise beim Kunden und den Anwendern der Software. Das macht die Kommunikation schnell und einfach. Ein wichtiges Gut in jedem Projekt. Leider ist Co-Location nicht immer möglich, zum Beispiel bei geografisch verteilten Teams.

Soviel dazu. Meiner Ansicht nach sind das die Merkmale, die ein agiles Projekt auszeichnen. Das heißt nicht, dass ich Projekte, die sich nicht durch *all* diese Merkmale auszeichnen, für falsch halte. Oder für nicht-agil. Es ist irrelevant, ob ein Projekt *durch und durch* agil ist oder nur zum Teil. Wichtig ist, dass jedes Projekt so gut wie möglich abgewickelt wird. Manchmal ist das sehr agil. Und manchmal ein bisschen weniger.

2.6 Agile in Kurzfassung

Ein traditionelles Projekt ist in Phasen unterteilt, wobei jeder Phase genau eine Tätigkeit zugeordnet ist, wie zum Beispiel Analyse, Entwurf, Coden oder Testen.

ANF.	ANALYSE	ENTWURF	ENTWICKLUNG	BETRIEB	TESTEN

Ein agiles Projekt ist in kleine Zeitabschnitte unterteilt, die *Iterationen*.

i1	i2	i3	i4	i5	i6	i7	...	i n

Iterationen sind *timeboxed*. Sie werden nie verlängert. Die meisten agilen Projekte wählen Iterationen mit einer festen Länge, zum Beispiel zwei oder vier Wochen. Jede Iteration ist genau gleich aufgebaut und beginnt mit dem Kickoff, in dem die Work Items für die beginnende Iteration ausgewählt werden. Anschließend werden die gewählten Work Items umgesetzt. Am Ende jeder Iteration werden sowohl die umgesetzten Work Items als auch die Arbeitsweise evaluiert. Die Iterationen bilden den Herzschlag des Projekts.

BEGINN	UMSETZUNG	EVALUATION

Die Work Items für die beginnende Iteration werden aus der Liste mit allen noch umzusetzenden Work Items ausgewählt. Diese Liste wird häufig als *Projekt-* oder *Produktbacklog* bezeichnet.

PROJEKT

A	3
B	2
C	4
D	1
E	3
F	5
G	5
H	2

Das Team berät bei der Auswahl der Work Items. Die Entscheidung liegt jedoch immer beim Kunden, abhängig beispielsweise von den Bedürfnissen der Anwender oder den zu minimierenden Risiken. Wie viele Work Items der Kunde für eine Iteration wählen kann, hängt von der Geschwindigkeit des Teams ab. Wie viele Work Items kann ein Team in einer Iteration umsetzen? In agilen Projekten wird hierfür die Komplexität oder der Umfang der einzelnen Work Items auf einer Punkteskala geschätzt. Punkte drücken die relative Komplexität von Work Items aus. Unterschiedliche Ansätze arbeiten mit unterschiedlichen Punkteskalen. Die Geschwindigkeit eines Teams wird angegeben in der Anzahl Punkte, die es pro Iteration umsetzt. Das ist die *Velocity* jeder Iteration. Der Kunde wählt ungefähr diese Anzahl Punkte an Work Items für die beginnende Iteration aus. Diese Work Items bilden zusammen das *Iterationsbacklog*.

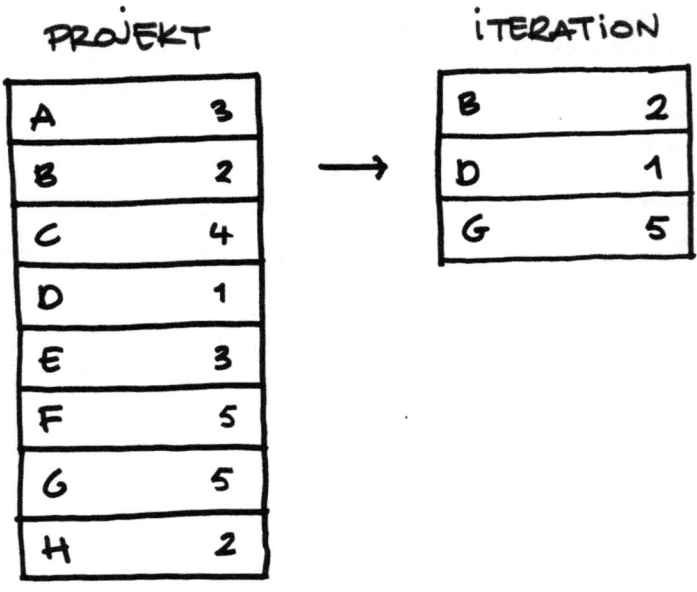

Während einer Iteration wird alles erledigt, was nötig ist, um die gewählten Work Items umzusetzen und abnehmen zu lassen. Dafür wird eine *Definition of Done* für die Work Items festgelegt. Darin sind die Voraussetzungen festgehalten, die ein umgesetztes Work Item erfüllen muss, um abgenommen zu werden.

Dann wird für jedes Work Item alles durchgeführt, was in traditionellen Projekten auf verschiedene Phasen verteilt ist, wie Analyse, Design, Coden und Testen. Analytiker, Architekten, Entwickler und Tester arbeiten dafür in einem *multidisziplinären Team* eng zusammen. Sobald das Team ein Work Item umgesetzt hat und der Kunde es gemäß der Definition of Done abgenommen hat, bekommt das Team die entsprechenden Punkte.

B	2	D	1	G	5
A → E → E → T → FERTIG		A → E → E → T → FERTIG		A → E → E → T → FERTIG	

UMSETZUNG

Am Ende jeder Iteration wird diese von Kunde und Team gemeinsam evaluiert. Dabei werden die umgesetzten Work Items noch einmal angesehen. Das geschieht oft im Rahmen einer Demo. Außerdem wird die Arbeitsweise überprüft. Was lief gut? Was kann in den kommenden Iterationen noch besser gemacht werden? Agile Projekte und Teams verbessern sich kontinuierlich.

Hinzu kommt der Wissenszuwachs. Sobald sich Anforderungen ändern oder neue Anforderungen auftauchen, werden die dazugehörigen Work Items verändert oder dem Projektbacklog neue Work Items hinzugefügt. Das regelmäßige Neupriorisieren ermöglicht es, diese Work Items schon in der nächsten Iteration umzusetzen.

Natürlich wächst so der potentielle Scope eines Projekts. Das birgt das Risiko, dass das Projekt nicht pünktlich abgeschlossen werden kann. Die Kernfrage ist, wie agile Projekte ihren Scope überwachen. Muss das Projekt verlängert werden, wenn der Scope zunimmt? Oder wird es doch noch pünktlich fertig?

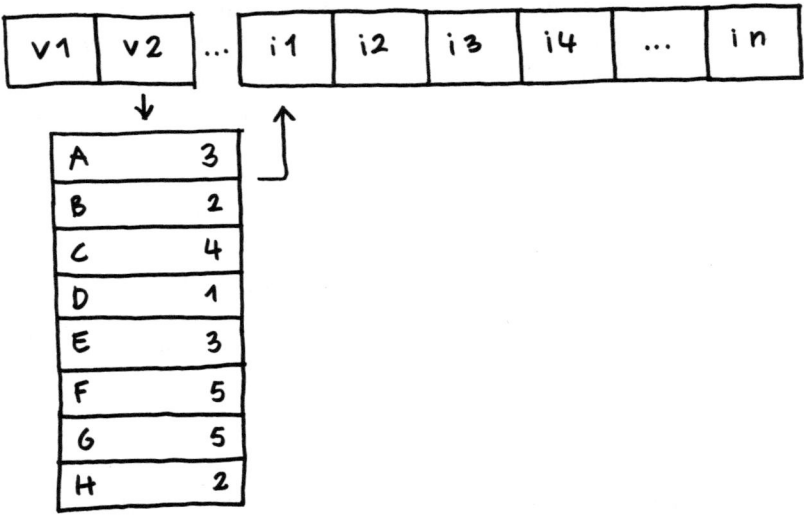

Zunächst einmal wird in jeder Iteration eine Reihe von Work Items vollständig umgesetzt. So fällt *Scope Creep* bereits früh auf. Somit kann man auch deutlich früher Maßnahmen ergreifen, beispielsweise das Team verändern oder erweitern. Geschieht dies in einem Projekt frühzeitig, ist es auch effektiv.

Exkurs

Einmal ergänzten wir das Team nach Iteration zwei von neun um einen Middleware-Entwickler und einen Tester. In einem anderen Projekt ersetzten wir nach Iteration sechzehn von sechzig einen Entwickler durch einen Tester. In beiden Projekten nahm die Produktivität zu.

Wenn es in einem Projekt keine feste Deadline gibt, können neue Iterationen hinzugefügt werden. Hierbei sollte es eine Abmachung geben, dass das Projekt beendet ist, wenn die Umsetzung der nächsten Work Items weniger Wert schafft als sie kostet. Dann gibt es keinen Return on Investment mehr. Der Kunde beendet das Projekt und nimmt die umgesetzten Work Items in Betrieb. Kunde und Auftragnehmer können sich hierfür auf eine Bonus-Malus-Regelung einigen, beispielsweise durch die Verteilung von Restbudget.

Gibt es im Projekt eine feste Deadline und der Scope wächst oder die Geschwindigkeit des Teams ist unerwartet geringer als erhofft, kann man mit regelmäßigem Neupriorisieren der Work Items Abhilfe schaffen. Schließlich sind die Work Items, die nach dem Projektende noch im Backlog stehen, per Definition die unbedeutendsten. Für den Kunden ist es oft wichtiger, pünktlich fertig zu sein als absolut alle Work Items zu bekommen. So enden Projekte doch pünktlich und im Rahmen des Budgets, wenn auch ohne die allerletzten Work Items.

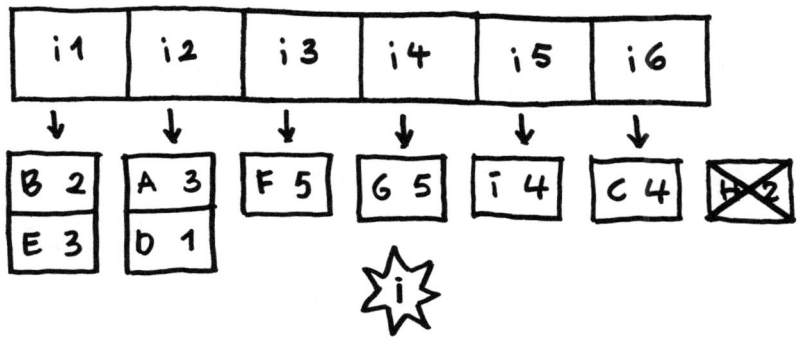

Exkurs

In einem Projekt bei einem Pensionsfonds blieben am Ende des Projekts drei Smart Use Cases über. Bei zweien sagte der Kunde, dass er sie lieber weglassen würde, da sie zusätzliche Datenkonvertierung per Hand erfordern würden. Im dritten ging es um eine Rentenübersicht. Auch diese fiel weg, da der Kunde feststellte, dass man die Webseite mit der Rentenübersicht auch ausdrucken konnte. Problem gelöst.

Es kann schwierig sein, den Kunden davon zu überzeugen, dass das Team optimal leistet und nicht ab und zu fünfe gerade sein lässt. Nun, da Work Items in Punkten geschätzt werden, kann man einen Preis pro Punkt aushandeln. So bekommt der Dienstleister weniger Geld, wenn weniger Punkte umgesetzt werden. Somit werden doch so viele Work Items wie möglich umgesetzt.

Der Fortschritt eines agilen Projekts wird ganz einfach anhand der Zahl der umgesetzten Punkte beurteilt. Jeden Tag wird der Status festgestellt, indem man diese Anzahl mit der Gesamtzahl von Punkten im Projektbacklog vergleicht. Per Hochrechnung kann jederzeit das *voraussichtliche* Enddatum des Projekts festgestellt werden. Das geschieht in einem *Burndown-Chart*.

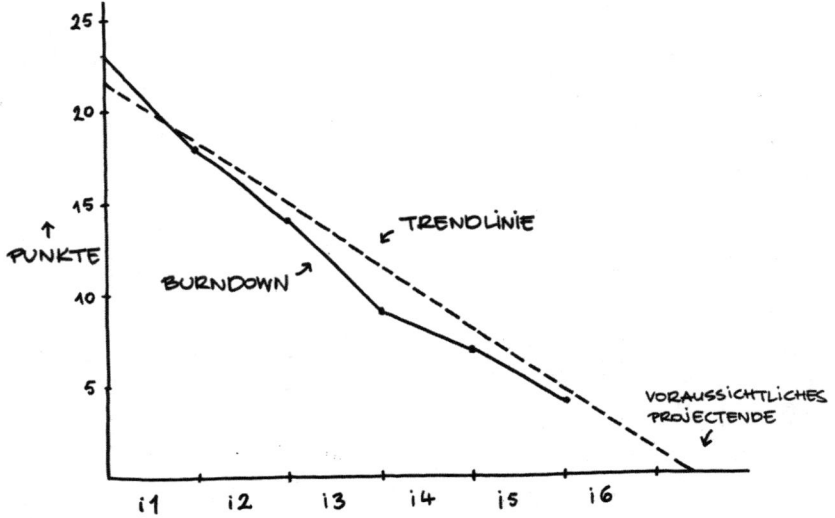

In agilen Projekten wird die Kommunikation zwischen Kunde und Team so weit wie möglich vereinfacht. Als Backlog reicht oft eine Excel-Tabelle aus. Dazu kommen in agilen Projekten einfache Dashboards, die aus Post-Its an einer Wand bestehen. Jeder, den es interessiert, kann so sehen, wieviel noch zu tun ist. Agile Projekte sind transparent.

Schließlich gibt es in agilen Projekten verschiedene einfache Formen der multidisziplinären Zusammenarbeit, wie beispielsweise das tägliche Stand-Up. Darin wird kurz und knapp der Status besprochen. In agilen Projekten bemüht man sich nach Möglichkeit um persönlichen Kontakt. Deshalb werden sie im Idealfall mit dem ganzen Team beim Kunden durchgeführt. Das nennt man *Co-Location*.

NEU	IN ITERATION	IN ARBEIT	FERTIG
C 4	D 1	A 3	B 2
F 5			E 3
G 5			
H 2			

Eine wichtige Frage, die noch offen ist, ist, wann das Backlog entsteht. Da unterscheiden sich die verschiedenen agilen Ansätze. In leichtgewichtigen agilen Ansätzen wie Scrum und Extreme Programming beginnt das Projekt, sobald das Backlog steht. Mittelschwere Ansätze wie DSDM, Feature Driven Development und Smart arbeiten mit einer oder mehreren Vorabiterationen um Ziel, Scope, Anforderungen, Architektur und Technologie des Projekts zu analysieren und das Backlog zusammenzustellen. Am Ende solcher Vorabiterationen liegen eine Schätzung und ein Projektplan vor.

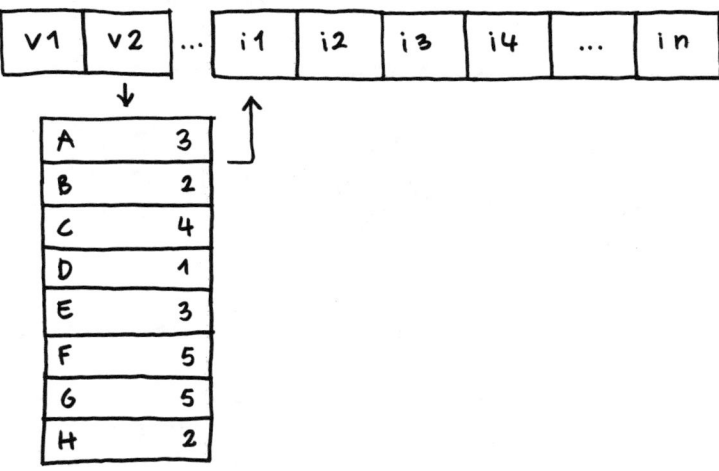

In jedem Fall gilt, dass Arbeit erst dann gemacht wird, wenn es auch erforderlich ist. Mit dem Aufschieben momentan irrelevanter Arbeit sparen agile Projekte viel Zeit und nutzen zudem den kontinuierlichen Wissenszuwachs optimal.

Agile gibt den Menschen die Werkzeuge an die Hand, um einfacher und früher festzustellen, wo Probleme liegen, und sie eher zu lösen. Agile bietet jedoch kein Werkzeug, mit dem man *alle* Probleme lösen kann. Herausforderungen gibt es immer. Manchmal kündigt jemand, manchmal sind Teammitglieder nur begrenzt verfügbar, jemand wird krank oder bekommt ein Kind, Technologie versagt. Auch Agile ist kein Allheilmittel.

2.7 Produkte, Kosten und Risiken

Zum Schluss ein kurzer Vergleich. Da man in traditionellen Projekten jede Phase nur einmal durchführt, nehmen die Risiken im Verlauf des Projekts zu und die Software wird erst ganz am Ende des Projekts an den Kunden geliefert. Das geht auch nicht anders, da vorher nun mal keine Software da ist, sondern vor allem Dokumentation. Das ist das sogenannte *Big Bang-Szenario.*

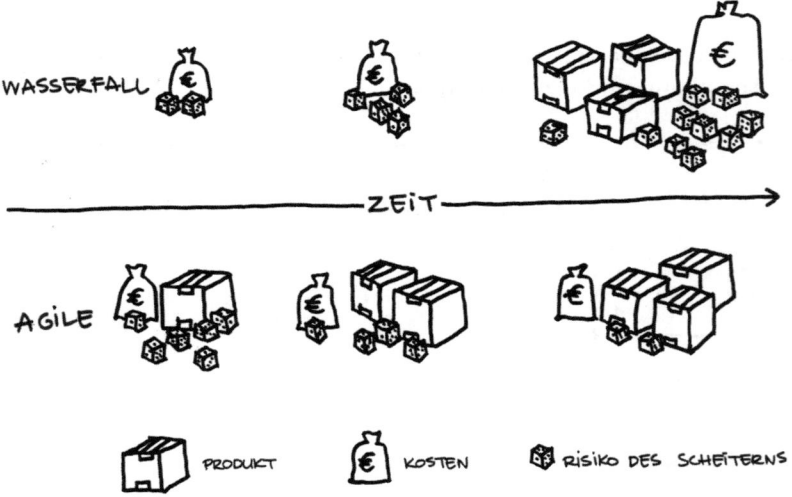

In agilen Projekten wird die Software dem Kunden immer in Iterationen oder Releases geliefert. Durch das ständige Priorisieren und vollständige Liefern von Work Items nehmen die Risiken immer mehr ab, umso weiter das Projekt voranschreitet, während immer mehr Software geliefert wird. Die meisten agilen Projekte rechnen die Kosten ganz nach Wahl einmal pro Iteration oder pro Release ab.

Kapitel 3

Kurze Iterationen

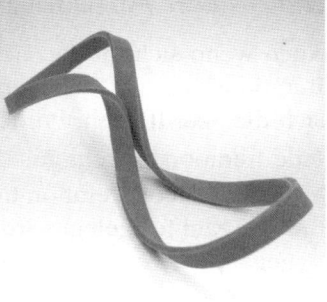

@AncientProverbs: Wir sind, was wir wiederholt tun. Hervorragende Leistung ist dann nicht eine Tat, aber eine Gewohnheit. – Aristoteles

Exkurs

Ich führte bei einem großen Projekt einer internationalen Bank ein Audit durch. An das erste Gespräch kann ich mich noch gut erinnern. Der Projektleiter erzählte mir stolz, sein Projekt laufe in Iterationen. Das fand ich bewundernswert, zumal ich wusste, dass er ein starker Verfechter von Wasserfall war. Während des Gesprächs dämmerte mir, dass er unter Iterationen etwas ganz anderes verstand als ich. „Wie lange dauern denn die Iterationen?" fragte ich. Als ob das vollkommen selbstverständlich sei, antwortete er ohne zu zögern: „Sechs Monate. Wieso?"

In der Theorie sind Iterationen von sechs Monaten auch Iterationen. Agile Iterationen sind jedoch meistens kürzer. Viel kürzer. In der Blütezeit von DSDM, den neunziger Jahren des vergangenen Jahrhunderts, waren Iterationen von sechs Wochen üblich. Seither sind Iterationen kürzer geworden und ich habe in Projekten mit vierwöchigen, dreiwöchigen und sogar einwöchigen Iterationen mitgearbeitet. In der Regel bin ich für Iterationen von zwei Wochen. Aber ehrlich gesagt unterscheidet sich die ideale Iterationslänge von Projekt zu Projekt.

3.1 Der Aufbau einer Iteration

Auch wenn sich die Bezeichnung, die Arbeitseinheiten und sogar die Iterationslänge in den verschiedenen Ansätzen unterscheiden, sind sich die Schriftgelehrten doch einig, *wie* eine Iteration aussieht.

Jede Iteration besteht aus drei Teilen:

- ▶ **Kickoff.** Jede Iteration beginnt mit einem Kickoff, in dem vom ganzen Team festgelegt wird, welche Work Items in dieser Iteration angegangen werden. Dabei werden so viele Work Items ausgewählt, dass das Team diese umsetzen kann. Nicht zu viel und nicht zu wenig. Das Team gibt dazu ein Commitment ab.

- ▶ **Arbeit.** Der größte Teil der Iteration besteht aus der Umsetzung der besprochenen Work Items. Die Umsetzung beinhaltet die Analyse, den Entwurf, Coden, Testen und auch die Abnahme der Work Items. Der Arbeitsfortschritt wird täglich im sogenannten Stand-Up festgestellt.

- ▶ **Evaluation.** Am Ende jeder Iteration findet eine Evaluation statt. Mit dem ganzen Team. Und den betroffenen Stakeholdern. Die gelieferten Work Items werden evaluiert. Oft gibt es dazu eine Demo. Aber zusätzlich wird auch die Arbeitsweise des Teams unter die Lupe genommen. Ist die Qualität ausreichend? Sind wir schnell genug? Können wir noch schneller werden? Verbesserungen der Arbeitsweise werden direkt in der nächsten Iteration in Angriff genommen. Und bei der Evaluation der nächsten Iteration werden diese Verbesserungen wieder evaluiert.

3.2 Warum Iterationen?

Iteratives Arbeiten ist eine wirkungsvolle Waffe. Viele Nachteile des Wasserfallmodells werden damit abgefangen. Die wichtigsten Vorteile auf einen Blick:

- ▶ **Risiken mindern.** Natürlich gibt es bei Agile die gleichen Risiken wie bei Wasserfall. Auch in agilen Projekten kann man an die Grenzen der Architektur stoßen, für die man sich entschieden hat, ist die Benutzeroberfläche anders als gewünscht, lässt die Performance manchmal zu wünschen übrig, funktioniert in der Produktiv-Umgebung doch nicht alles und sind die Schnittstellen mit anderen Systemen, Services und Middleware kompliziert. Der große Unterschied ist, dass in Iterationen die *gesamte* Arbeit an den geplanten Work Items durchgeführt wird. So erkennt man Risiken nicht erst am Ende des Projekts, sondern schon während der ersten Iterationen. Es ist genau dieses Vorziehen der Risiken, das die möglichen Folgen deutlich abfedert.

▶ **Umgang mit Veränderungen.** Zu Beginn jeder Iteration werden die Work Items ausgewählt, die zu diesem Zeitpunkt am wichtigsten sind. Für die Entscheidung kann es eine Vielzahl von Gründen geben. Wenn während einer Iteration neue Work Items identifiziert werden oder bestehende verändert werden, werden diese schlicht und einfach dem Backlog hinzugefügt. Wenn sie sich als wichtig herausstellen, dann können sie bereits für die nächste Iteration ganz nach vorne geholt werden. In Wasserfall werden dafür *Change Requests* erfasst. Diese werden gesammelt und im günstigsten Fall am Ende des Projekts noch umgesetzt. Wenn sich bei näherer Betrachtung herausstellt, dass bereits erfasste Work Items unwichtig sind, verschwinden sie bei agilem Vorgehen, noch bevor viel Arbeit investiert worden ist.

▶ **Zusammenarbeit der Rollen.** Während jeder Iteration werden die ausgewählten Work Items vollständig umgesetzt. Analyse, Entwurf, Coden, Testen und die Abnahme der Work Items folgen aufeinander wie bei einem Staffellauf, der im Idealfall innerhalb eines Tages beendet ist. Die verschiedenen Rollen arbeiten also nicht in verschiedenen Phasen des Projekts, wie bei Wasserfall, sondern gleichzeitig. Alle Rollen profitieren so von dem Wissen und der Erfahrung der anderen. Nehmen wir zum Beispiel das Erstellen eines Entwurfs für ein Work Item. Daran sind in einem Workshop der Fachexperte, der Entwickler und der Tester beteiligt. Im Idealfall trägt auch noch der Endanwender dazu bei. Mit so einem rollenübergreifenden Workshop kann man Fehler vermeiden, bevor sie gemacht werden. Dadurch steigt die Qualität der Work Items und auch die Geschwindigkeit, mit der sie umgesetzt werden, enorm.

▶ **Timeboxes.** Wie lange es tatsächlich dauert, ein Work Item umzusetzen, kann man nicht bis ins letzte Detail planen. Manchmal dauert die Umsetzung einfach länger. Manchmal gibt es technische Probleme. Es ist allerdings unvernünftig, Iterationen so lange laufen zu lassen, bis alle Work Items umgesetzt sind. Iterationen werden in *Timeboxes* durchgeführt. Sie haben eine feste Länge. Work Items, die zum Ende der Timebox nicht fertig sind, kommen zurück ins Backlog. Mir der Arbeit in Timeboxes verhindert man Endlositerationen.

▶ **Messen heißt wissen.** Die Umsetzung einzelner Work Items erleichtert die Messung des Fortschritts. Ein Work Item ist fertig oder
nicht. Ziemlich binär. Zu jedem Zeitpunkt des Projekts kann man
also feststellen, wie viele Work Items fertig sind, häufig in Punkten.
Diese genaue Zahl macht es möglich, früh und prompt zu reagieren,
wenn es zu Verzögerungen kommt.

Exkurs

In einem meiner Projekte sind momentan 758 der 1408 Smart-Use-Case-
Punkte umgesetzt. Wir haben also gerade die Hälfte geschafft.

3.3 Das Kickoff

Jede Iteration beginnt mit einem Kickoff. Dabei ist das wichtigste Ziel,
festzustellen, welche Work Items in der nächsten Iteration umgesetzt
werden. Jeder, der am Projekt beteiligt ist, nimmt an diesem Kickoff
teil. Auftraggeber, Endanwender, Projektleiter, Fachexperten, Entwickler und Tester.

Die Work Items werden aus der Gesamtliste der noch verbleibenden
Work Items, dem Projektbacklog, ausgewählt. Der Kunde trifft diese
Wahl. Er bezahlt schließlich für das Projekt. Oft delegiert der Kunde
diese Entscheidung auch an die Endanwender oder an die Fachexperten. Sie haben täglich mit dem Projekt zu tun und kennen die Materie,
das Fach, wie ihre Westentasche. Manchmal wird auch jemand eigens
für diese Rolle ausgewählt. In Scrum heißt diese Person *Product
Owner*. Die Liste der gewählten Work Items für eine Iteration heißt *Iterationsbacklog* und in Scrum *Sprintbacklog*.

Doch selbst für diejenigen, die tagtäglich mit dem Projekt zu tun
haben, ist es nicht immer einfach, diese Wahl zu treffen. Viele Aspekte
müssen berücksichtigt werden:

▶ **Wert.** Viele agile Ansätze sehen vor, dass die Work Items, die für
den Kunden den meisten Wert schöpfen, als erste umgesetzt werden
müssen. Leider ist es oft nicht einfach, festzustellen, welche Work
Items das denn genau sind.

▶ **Zusammenhang.** Die meisten Work Items stehen nicht für sich,
sondern im Zusammenhang mit anderen. Deshalb gibt es in Smart
Smart Use Cases als Arbeitseinheit. Mehrere Smart Use Cases stellen
einen Geschäftsprozess dar. Aus diesem Grund ist es nicht immer

einfach, einzelne Work Items auszuwählen. Die Wahl eines Work Items bedingt auch die Wahl eines anderen.

▶ **Risiken.** Es ist vernünftig, Work Items mit hohen Risiken frühzeitig einzuplanen. Dazu gehören zum Beispiel die Verfügbarkeit von Entwicklungsumgebungen, Spezialisten, die mit einbezogen werden müssen, die Performance, das Layout der Benutzeroberfläche oder die Verfügbarkeit von Webservices, die von anderen Projekten oder Unternehmen zur Verfügung gestellt werden müssen. Umso eher man Risiken angeht, desto geringer die Auswirkungen.

▶ **Balance.** Denken Sie an die Balance zwischen den verschiedenen Rollen. Sorgen Sie dafür, dass allen Rollen ausreichend Arbeit zugeteilt wird.

Exkurs

In einem Projekt für eine Versicherung mussten vier verschiedene Technologien verknüpft werden: drei externe Lösungen und Java. Also bestand das Team aus vier Entwicklerarten. Die Spezialisten für die externen Technologien waren rar und teuer und mussten somit laut Projektleiter „gut beschäftigt bleiben".

Um das klarzustellen: Es ist *nicht* der Projektleiter, der entscheidet, welche Work Items umgesetzt werden, wie das traditionell oft der Fall ist. Es ist auch nicht das Team, das die Wahl trifft. Natürlich werden Projektleiter und Team mit einbezogen und beraten bei der Entscheidung. Aber der Kunde sucht aus.

Damit die Auswahl der Work Items während des Kickoffs effizient verläuft, ist es vernünftig, vorab eine Vorauswahl zu treffen.

Exkurs

Ein Projekt bei einem Logistikunternehmen arbeitete mit Smart Use Cases als Arbeitseinheit. Schon vor dem Kickoff der folgenden Iteration hatte der Product Owner alle Diagramme ausgedruckt. Auf den Diagrammen hatte er festgehalten, welche Use Cases schon umgesetzt waren, welche er unbedingt und welche er vielleicht in der nächsten Iteration umsetzen wollte. Das Iterationsbacklog stand schnell – genauer gesagt in fünf Minuten.

Nun bleibt noch zu klären, *wie viele* Work Items in der folgenden Iteration geliefert werden können. Darüber entscheidet alleine das Team. Auch dabei muss ein Gleichgewicht gefunden werden. Nicht zu viel und nicht zu wenig:

▶ **Zu viel.** Es ist besser, nicht zu viele Work Items für eine Iteration zu wählen. Das macht es schwieriger, alle Work Items zu schaffen. An sich ist das nicht schlimm. Allerdings verlieren meiner Erfahrung nach Teams, die mehrere Iterationen hintereinander die geplanten Work Items nicht schaffen, schnell die Motivation. Teams, die gerade erst begonnen haben, agil zu arbeiten, zweifeln dann schnell an der agilen Arbeitsweise.

Exkurs

Im ersten agilen Projekt eines Unternehmens wussten wir nicht, wie schnell das Team arbeiten würde. Deshalb stellten wir die Ausgangsgeschwindigkeit des Teams in einer Stichprobe fest. Für einige relevante Work Items schätzten wir die Arbeitsstunden, die voraussichtlich für die Umsetzung benötigt würden. Dividiert durch die Anzahl geschätzter Punkte kamen wir so auf einen Wert für Stunden pro Punkt. Auf dieser Basis planten wir die Work Items für die erste Iteration. Schon nach drei Iterationen zeigten unsere Kennzahlen, dass wir immer wieder zu viele Work Items eingeplant hatten. Das frischgebackene agile Team hatte uns das schon signalisiert: Sie fanden die Iterationen zu kurz.

▶ **Zu wenig.** Es ist besser, nicht zu wenig in eine Iteration einzuplanen. Hier treten andere Phänomene auf. Eins davon ist das *Parkinsonsche Gesetz*. Es besagt: *„Arbeit dehnt sich in genau dem Maß aus, wie Zeit für ihre Erledigung zur Verfügung steht."* Auch wenn sich das Parkinsonsche Gesetz ursprünglich auf die Zunahme der Bürokratie bezog, ist dieses Gesetz doch auch auf Agile anwendbar. Wenn zu wenige Work Items ausgewählt werden, besteht das Risiko, dass diese bis ins Letzte in die Länge gezogen und *besser* geliefert werden, als nötig gewesen wäre. In dem Zeitraum, in dem sechs Work Items umgesetzt wurden, hätte man auch locker acht umsetzen können. In Agile gilt, dass gut gut genug ist. Oder wie ein Entwickler einmal schön sagte: „Gut genug ist besser als perfekt".

Ein anderes Phänomen ist das *Studentensyndrom*. Das ist das Phänomen, dass wenn genügend Zeit für eine Arbeit vorhanden zu sein scheint, Menschen so spät wie möglich damit anfangen. Wer studiert hat, dem dürfte das bekannt vorkommen. Auch in Agile funktioniert das Studentensyndrom. Wenn die Zeit für die Umsetzung der geplanten Work Items vollkommen auszureichen scheint, neigt das Team dazu, erst andere Aufgaben anzugehen.

Exkurs

Ich coachte ein Projekt, in dem jedes Teammitglied diverse andere Aufgaben hatte. Immer wieder waren sie für das Projekt nicht verfügbar, weil sie sich um allerlei andere Probleme kümmern mussten. Die Folge dessen war, dass die Work Items immer in den letzten Tagen der Iteration und somit in Hast und Eile umgesetzt wurden.

Um festzustellen, wie viele Work Items umgesetzt werden können, ist es wichtig, festzuhalten, wie viele Work Items in früheren Iterationen umgesetzt worden sind. Die Zahl der Work Items für Iteration zwanzig entspricht ungefähr der durchschnittlichen Anzahl Work Items, die in den ersten neunzehn Iterationen umgesetzt worden sind. Nehmen Sie diese Zahl also auch als Richtwert. Es ist schließlich unwahrscheinlich, dass die Produktivität in Iteration zwanzig plötzlich ganz anders ist.

Nicht alle Work Items sind gleich groß oder gleich schnell umzusetzen. Ich rate dazu, alle Work Items auf einer *relativen* Punkteskala zu schätzen und mithilfe dieser Punkte festzustellen, wie viel in eine Iteration hineinpasst. So kann die Geschwindigkeit des Projekts (die *Velocity*) in der Menge an Zeit ausgedrückt werden, die erforderlich ist, um einen einzelnen Punkt umzusetzen. Das ist einfach auszurechnen, indem man die Zahl der insgesamt geleisteten Stunden durch die insgesamt abgenommenen Punkte teilt. Eine zweite wichtige Kennzahl ist die Iterationsgeschwindigkeit oder Iteration Velocity. Das ist die Anzahl der Punkte, die im Verlauf des gesamten Projekts im Schnitt pro Iteration umgesetzt worden sind.

Exkurs

In einem meiner Projekte liegt die Velocity bei 10,7 Stunden pro Smart-Use-Case-Punkt. Die Iteration Velocity liegt über 42 Iterationen bei 25,2 Smart-Use-Case-Punkten.

Mithilfe der Iterationsgeschwindigkeit kann der Kunde während des Kickoffs *ungefähr* so viele Punkte aus den verbleibenden Work Items auswählen. So wird für die beginnende Iteration nicht zu viel, aber auch nicht zu wenig Arbeit eingeplant.

Wichtig ist auch, unter welchen Voraussetzungen die Work Items als fertig angesehen werden. Diese Voraussetzungen bezeichnet man als die *Definition of Done*. Der Use Case ist dokumentiert. Der Code ist geschrieben. Alle Unit Tests sind erfolgreich. Der Tester hat sein Okay gegeben. Der Endanwender hat das Work Item abgenommen.

Solange mindestens eine dieser Voraussetzungen nicht erfüllt ist, ist das Work Item nicht fertig. Erst wenn alle Voraussetzungen erfüllt sind, ist das Work Item fertig und das Team *bekommt* die Punkte. Dabei ist zu bedenken, dass es bei sehr unterschiedlichen Work Items länger dauert, für die einzelnen Work Items die Definition of Done festzustellen. Wählen Sie möglichst homogene Arbeitseinheiten innerhalb eines Projekts. So kann für die meisten Work Items dieselbe Definition of Done verwendet werden. Das erspart viel Arbeit. Außerdem ist dieser Ansatz eingängiger.

Kurzum, es ist wichtig, die Zahl der Work Items, die innerhalb eines Releases oder einer Iteration umgesetzt müssen werden, so sorgfältig, realistisch und ehrlich wie möglich festzustellen. Dafür müssen die Work Items realistisch und auf einer einheitlichen Skala eingeschätzt werden und es muss von Tag eins an im Projekt gemessen werden, mit welcher Geschwindigkeit tatsächlich gearbeitet wird.

3.4 Yesterday's Weather

Beim Planen von Work Items ist oft der Wunsch der Vater des Gedankens. Selbst wenn ein Team schon seit mehreren Iterationen mit einer bestimmten Geschwindigkeit arbeitet, kann der Projektleiter auf besorgniserregende Ideen kommen: „Wenn wir jetzt in den kommenden Iterationen mehr Punkte hinbekommen, schaffen wir es genau pünktlich zur Deadline." Das ist ein gefährlicher Gedanke. Das Team arbeitet schließlich mit einer *erwiesenen* Geschwindigkeit.

Es ist nicht realistisch, für kommende Iterationen mit einer höheren Geschwindigkeit zu kalkulieren. Das schadet der Motivation des Teams. Außerdem weckt es beim Kunden falsche Erwartungen. Dieser Projektleiter tut gut daran, mit dem Prinzip *Yesterday's Weather* zu arbeiten. Dabei geht man davon aus, dass man die zuverlässigste Wettervorhersage für den heutigen Tag bekommt, wenn man sich das Wetter von gestern anschaut.

Übertragen auf Agile: Am besten kann man die Geschwindigkeit der folgenden Iterationen vorhersagen, wenn man die Geschwindigkeit der gerade abgeschlossenen Iterationen zur Hand nimmt. Planen Sie Iterationen anhand dessen, was erwiesenermaßen möglich ist, nicht anhand dessen, was Sie *hoffen*. Yesterday's Weather gilt übrigens auch für das Erstellen von Angeboten. Aber allzu oft will der jeweilige Account Manager den Angebotspreis runter kriegen, indem er die Produktivität für das neue Projekt höher einschätzt, als man auf der Basis früherer vergleichbarer Projekte erwarten könnte. Mein Tipp: *Keine* gute Idee, lieber Account Manager.

3.5 Die Evaluation

Wenn ich die Unterschiede zwischen Wasserfall und Agile erkläre, stelle ich immer wieder die Frage: Wer hat an der Abschlussevaluation seines letzten Projekts teilgenommen? Die Abschlussevaluation ist ein interessantes Phänomen. Das Ziel einer Evaluation ist, aus seinen Handlungen zu lernen und es beim nächsten Mal besser zu machen. Vom netten Bierchen mal abgesehen ist die Abschlussevaluation für das fertige Projekt selbst vollkommen sinnlos. Es ist schließlich abgeschlossen. Der Grund, warum man sie dennoch veranstaltet, ist, dass man für kommende Projekte etwas lernen will. Da tun wir uns meistens schwer. Trotz der Evaluationen machen wir in den nächsten Projekten einfach wieder die gleichen Fehler.

In Agile ist das anders. In Agile wird am Ende jeder Iteration eine Evaluation durchgeführt. Es kostet natürlich mehr Zeit, nach jeder Iteration zu evaluieren, aber es bewirkt auch viel. Ganz klar dann, wenn mögliche Verbesserungen früh in einem Projekt identifiziert werden. Von möglichen Verbesserungen, die in einer zweiten Iteration bemerkt werden, profitiert das Team schließlich schon ab der dritten Iteration. Ein chinesisches Sprichwort sagt: *„Verbesserung ist leichter als Perfektion."* Agile Projekte sind lernende Projekte.

Exkurs

Ein Team lernt übrigens nie aus. Ein Projekt, das ich coache, hat mittlerweile mehr als vierzig Iterationen auf dem Buckel. Immer noch gibt es kleine Verbesserungen. Manchmal geht es darum, wann das Stand-Up stattfindet. Manchmal darum, wie wir modellieren und dokumentieren. Und manchmal schaffen wir auch Prozesse ab, die funktionierten, aber mehr Zeit kosteten, als sie sparten.

So ist dann auch jedes Teammitglied bei den Evaluationen anwesend. Der Auftraggeber und die Endanwender, der Projektleiter, die Fachexperten, die Entwickler und die Tester. Die Evaluation trägt übrigens in verschiedenen Ansätzen unterschiedliche Namen. Die bekannteste Bezeichnung ist die *Retrospektive* aus Scrum.

Wie läuft so eine Evaluation nun ab? Eine Evaluation beginnt vorzugsweise mit den folgenden Fragen:

▶ Sind die zu liefernden Work Items fertig?

▶ Ist die Arbeitsweise optimal?

Evaluieren Sie zunächst, was während der Iteration abgeschlossen worden ist. Welche der Work Items, die während des Kickoffs ausgewählt wurden, erfüllen die Definition of Done? Es kommt wirklich selten vor, dass am Ende einer Iteration genau das geliefert wird, was geplant war. Während der Evaluation werden alle Work Items besprochen und es wird beschlossen, ob sie endgültig fertig sind oder ob noch etwas zu tun ist. Meistens zeigt das Team auch eine Demo der umgesetzten Work Items.

Exkurs

An einer schönen Demo durfte ich einmal am Ende eines ersten Sprints teilnehmen. Es ging um ein komplexes Projekt mit einem Java-Portal, einer serviceorientierten Architektur und diversen Systemen im Backend, darunter SAP und PeopleSoft. Der Kunde, der jahrelange, träge und sich ewig verzögernde Projekte gewöhnt war, setzte sich gelangweilt an den Tisch. Bis die Demo begann. Das Team hatte Smart Use Cases umgesetzt, die einen kompletten Geschäftsprozess von Portal bis Backend-System abdeckten. Und das in zwei Wochen. Selten habe ich einen so überraschten Kunden gesehen.

Danach geht es um die Arbeitsweise. Sorgen Sie dafür, dass jedes Teammitglied offen sagen kann, was gut läuft, aber auch was *nicht* gut läuft. Das Team entscheidet übrigens, ob das mit oder ohne Kunde geschieht. Dabei berät üblicherweise ein Agile-Coach. Ich ziehe die völlige Transparenz vor und lasse den Kunden auch an diesem Teil der Evaluation teilnehmen. Gerne mache ich die Runde und lasse analog zur Retrospektive bei Scrum jeden die folgenden Fragen beantworten:

▶ Was läuft gut?

▶ Was könnte besser laufen?

Die Antworten werden notiert. Manchmal auf einem Whiteboard, manchmal in einer Excel-Datei, die über einen Beamer an die Wand geworfen wird. Wenn es Verbesserungsmöglichkeiten gibt, werden sofort Maßnahmen beschlossen und jemandem aus dem Team zugeteilt. So profitiert man schon in der nächsten Iteration optimal von den Verbesserungen.

Eine umfassende Evaluation dauert je nach Länge der Iteration etwa eine bis drei Stunden. Auch wenn die Evaluation überaus wichtig ist, versuche ich, den zeitlichen Aufwand zu begrenzen. Schließlich ist das ganze Team anwesend. Vor allem wenn jemand nicht Vollzeit am Projekt mitarbeitet, nimmt die Evaluation einen großen Teil seiner oder ihrer Zeit in Anspruch. Deswegen versuche ich, Diskussionen nicht ausufern zu lassen, und organisiere im Zweifelsfall direkt im Anschluss ein Gespräch in kleinerer Runde.

Ein letzter Tipp ist, Kickoff und Evaluation direkt nacheinander abzuhalten. Das Kickoff von Iteration *n+1* findet dann direkt nach der Evaluation von Iteration *n* statt. So müssen alle Beteiligten, die anderswo angesiedelt sind, nur einmal statt zweimal pro Iteration anreisen.

3.6   Die Iterationslänge

Das Projekt, in dem die Iterationen sechs Monate dauerten, habe ich schon erwähnt. Das ist nicht optimal. Aber warum eigentlich nicht? Welches ist denn eine gute Länge für Iterationen? Gibt es eine ideale Länge? Die Antwort auf diese Fragen hängt von vielen Faktoren ab:

▶ **Kurze Projekte oder Releasezyklen.** Will man in einem drei- bis sechsmonatigen Projekt optimal Feedback geben und regelmäßig neu priorisieren können, erfordert das kurze oder sehr kurze Iterationen. Wählen Sie in diesen Fällen Iterationen von einer oder zwei Wochen. Gleiches gilt für lange Projekte, die in einzelne Releases unterteilt sind. Das ist vor allem bei Unternehmen der Fall, die ein Produkt kontinuierlich weiterentwickeln. Jährlich werden mehrere Releases des Produkts ausgerollt, oft zu festen Terminen. Jedes Release ist wie ein eigenes kurzes Projekt zu behandeln. Auch schätzen Unternehmen, die mobile oder Web-Lösungen entwickeln, häufig eine kurze Time-to-Market. Diese Unternehmen arbeiten also mit sehr kurzen Iterationen. Neue Features im Facebook-Takt.

▶ **Neue Teams.** Ein Team, das gerade erst anfängt, agil zu arbeiten, entscheidet sich oft für lange Iterationen. Ich rate davon ab. In längeren Iterationen neigen Teams dazu, auf eine Art Mini-Wasserfall zurückzufallen. Sie arbeiten erst für alle Work Items einen technischen Entwurf aus, dann werden alle Work Items umgesetzt. Die Tests reißt ein solches Team dann in den letzten Tagen der Iteration runter. Das Risiko dabei ist, dass das Team am Ende der Iteration kein einziges Work Item fertig hat, sollten die Work Items komplexer sein oder die Geschwindigkeit geringer als erwartet. Neuen Teams rate ich also, kurze Iterationen zu planen und dabei zu bleiben.

Mir ist es schon passiert, dass ein Team mit der Begründung, sie würden mit der Arbeit nicht fertig, die Iterationen verlängern wollte. Das ist häufig ein Zeichen dafür, dass das Team in Mini-Wasserfällen arbeitet. Anstatt die Dauer zu verlängern, ist es besser, die Work Items eins nach dem andern abzuarbeiten. Dann sind am Ende der Iteration sicher mehrere fertig und nicht alle nur halb. Denn in Agile bedeutet das, dass keins fertig ist.

▶ **Arbeitseinheiten.** Man kann nur mehrere Work Items vollständig abschließen, wenn man mit kleinen Arbeitseinheiten arbeitet. Smart Use Cases und User Stories eignen sich hierfür hervorragend. Wenn die gewählten Work Items immer noch recht groß sind, müssen sie weiter aufgeteilt werden.

▶ **Feedbackfrequenz.** Feedback von allen Rollen ist in Agile überlebenswichtig: Vom Fachexperten, vom Entwickler, vom Tester und ganz besonders von Kunde und Anwender. Umso kürzer der Feedbackzyklus ist, desto effizienter ist die Arbeitsweise. In der Realität ist allerdings nicht jeder immer verfügbar.

Exkurs

In einem meiner Projekte waren die Fachexperten insgesamt 4 Tage pro Woche verfügbar. Dadurch stieg die Abarbeitungszeit der einzelnen Work Items auf bis zu zwei Wochen an. Hier entschied man sich dann auch für dreiwöchige Iterationen.

▶ **Overhead.** Zwar sind Kickoff und Evaluation ausgesprochen wichtig, doch kosten sie auch eine Menge Zeit. Das gilt für alle Teammitglieder. Manchmal dauern diese Termine bis zu einen halben Tag. Wenn man sich dann für einwöchige Iterationen entscheidet, nimmt der zeitliche Aufwand für Kickoff und Evaluation unverhältnismäßig viel Zeit in Anspruch. In einem solchen Fall bieten sich kürzere Evaluationen oder längere Iterationen an.

▶ **Geänderte Prioritäten.** Es hat sich bewährt, den Scope einer laufenden Iteration nicht zu verändern, da das viel Unruhe im Team verursacht. Manchmal ändern sich die Prioritäten und Wünsche jedoch schnell. So *entdeckt* man während einer Iteration neue Work Items, andere ändern sich. Auch dann sollten Iterationen nicht zu lang sein. So kann man der Ungeduld des Kunden entgegenwirken.

▶ **Messen.** Zu Beginn eines Projekts ist nicht immer klar, wie schnell ein Team arbeiten wird. Es ist wichtig, diese Geschwindigkeit so früh wie möglich zu messen. Diese ist immerhin – hochgerechnet – ausschlaggebend für die Gesamtlaufzeit. Wenn die Geschwindigkeit zu niedrig ist, ist es an der Zeit, schnell Maßnahmen zu ergreifen. Das spricht für kurze Iterationen. So kann die anfängliche Velocity schneller festgestellt werden.

▶ **In Arbeit.** In kurzen Iterationen werden weniger Work Items umgesetzt. Die Zeit ist schließlich begrenzt. Das Team arbeitet so nicht an zu vielen Work Items gleichzeitig. Das sorgt für kurze Zyklen pro Work Item. So bleibt wenig Arbeit liegen, was ein Vorteil ist. Liegengebliebene Arbeit in einer folgenden Iteration fortzusetzten kostet Zeit. In Lean wird das als *Waste* bezeichnet. Reduzieren Sie Waste.

▶ **Verbessern.** In Agile verbessert das Team die Vorgehensweise in jeder Iteration. Ist die Vorgehensweise unzulänglich oder ineffizient, so kommt das in den Evaluationen zur Sprache. Kürzere Iterationen ermöglichen es Teams, solche Unzulänglichkeiten schnell auszuräumen. Dabei kann es um die Verbesserung der Zusammenarbeit, die Einbeziehung von Stakeholdern, die Anpassung von Spalten auf dem Dashboard oder die Einführung von Unit Tests und Continuous Deployment gehen. Der mögliche Zugewinn an Effektivität in einem Team ist zu Beginn des Projekts am größten.

▶ **Konzentration.** Längere Iterationen geben einem Team Spielraum, sich um allerhand andere Dinge zu kümmern, wie zum Beispiel Probleme in anderen Projekten, endlose Designsessions oder eine Vielzahl von Abstimmungsmeetings. Kürzere Iterationen sorgen dafür, dass sich das Team auf die abzuarbeitenden Work Items konzentriert.

Mit diesen Faktoren im Hinterkopf entscheiden sich die meisten agilen Teams für kurze Iterationen. Ich persönlich präferiere Iterationen von zwei Wochen. In längeren Projekten arbeite ich gerne in Releases von sieben bis acht Iterationen. Ich habe auch schon in Projekten mit drei- oder vierwöchigen Iterationen mitgearbeitet, sogar mit einwöchigen Iterationen.

Aber die ideale Iterationslänge? Die gibt es nicht.

3.7   Feste Länge

Es ist sinnvoll, Iterationen mit einer festen Länge zu wählen. Machen Sie nicht eine dreiwöchige, dann eine zweiwöchige und dann eine vierwöchige Iteration. Entscheiden Sie sich unabhängig von den Work Items für dieselbe Laufzeit in allen Iterationen eines Projekts. Dafür gibt es verschiedene Gründe:

▶ **Herzschlag.** Die Länge der Iterationen bildet den Herzschlag eines Projekts. Eine feste Länge sorgt für Ruhe und Sicherheit; jeder weiß woran er ist. „Die nächste Evaluation ist in einer Woche" ist handfester als „Mal schauen, diese Iteration dauert drei Wochen, also ist die Evaluation dann am 28. September."

▶ **Timeboxes.** Iterationen funktionieren am besten in einer Timebox. Das bedeutet, dass die Iterationslänge nicht gekürzt wird, wenn zufällig alle Work Items früher fertig sind, oder – schlimmer noch – verlängert wird, wenn das innerhalb der abgesprochenen Zeit nicht der Fall ist. Vor allem Letzteres ist tödlich. Projekte gehen damit das Risiko ein, dass die Work Items nie fertig werden, einfach weil es immer noch etwas zu verbessern gibt. In Agile gilt: Gut ist gut genug. Die Work Items, die innerhalb einer Timebox nicht fertig werden, kommen zurück ins Backlog. Vielleicht kommen sie in der nächsten Iteration wieder an die Reihe.

▶ **Planung.** Bei einer festen Länge hat man auch die Möglichkeit, Termine für Kickoffs und Evaluationen länger im Voraus festzulegen. Das steigert die Chancen dafür, dass Kunden und Anwender dabei sein können, die kurzfristig oft nur schwer verfügbar sind. Wenn mit einem Knopfdruck alle Termine für das ganze Projekt feststehen, ist es einfacher, diese einzuplanen.

Exkurs

In einem meiner Projekte stehen diese Termine ein ganzes Jahr im Voraus fest. So kann der vielbeschäftigte Kunde vorausplanen. Hier ist das besonders wichtig, da die Endanwender einmal alle vier Wochen aus Deutschland, Frankreich und Schweden anreisen.

▶ **Messen.** Die Geschwindigkeit eines Teams wird in der Anzahl Punkte pro Iteration ausgedrückt. Das ist nur realistisch, wenn alle Iterationen gleich lang sind. Wenn Iterationen unterschiedlich lang sind, kann man meistens lediglich die Zahl der Punkte pro Woche messen.

3.8 Beginn und Ende

Um den idealen Tag zu finden, an dem die eine Iteration endet und die Evaluation stattfindet, und den richtigen Zeitpunkt für den Beginn der nächsten Iteration, also auch für das Kickoff, sollte man Folgendes bedenken:

▶ **Verfügbarkeit.** Längst nicht alle Teammitglieder arbeiten Vollzeit. Das heißt, dass nicht jeden Tag alle Teilnehmer für Kickoff und Evaluation verfügbar sind. Beim Festlegen von Beginn und Ende der Iterationen sollte das berücksichtigt werden. Gleiches gilt für Teilnehmer, die anreisen müssen.

▶ **Wochenende.** In vielen Projekten fangen neue Iterationen am Montag an und enden einige Wochen später an einem Freitag. An sich logisch. Das Kickoff legt man dann auf den Montagmorgen und die Evaluation auf den Freitagnachmittag. Das ist jedoch nicht immer von Vorteil. Am Montagmorgen ist bei vielen Leuten die Erinnerung ans Wochenende noch frisch, wenn sie bei der Arbeit ankommen: „Wie war dein Wochenende?" – „Prima, ich war mit den Kindern im Zoo." Montagmorgens steht nicht jedem der Sinn danach, über Work Items für die nächste Iteration nachzudenken. Zudem ist es vernünftig, vor dem Beginn des Kickoffs einen Vorschlag für die nächsten Work Items fertig zu haben. Wenn das Kickoff montagmorgens um zehn Uhr anfängt, müssen Kunde und Endanwender *noch* früher ran. Auch die Evaluation am Freitagnachmittag ist nicht immer sinnvoll.

▶ **Ein oder zwei Tage.** In Scrum ist es üblich, die Evaluation bestehend aus *Sprint Review* und *Retrospektive* an einem Tag stattfinden zu lassen. Nicht selten dauert das mehrere Stunden bis zu einem halben Tag, oft abhängig von der Dauer der Iteration. Vier Stunden für Vierwochensprints, zwei für zweiwöchige. Meistens wird das Kickoff dann direkt für den nächsten Tag eingeplant. In Smart ist es üblich, Evaluation und Kickoff an ein und demselben Tag abzuhalten, in einem etwa zweistündigen Termin. Ein Vorteil ist, dass alle Beteiligten nur einmal in zwei Wochen erscheinen müssen.

▶ **Morgens oder nachmittags.** In vielen Projekten findet die Evaluation spätnachmittags statt. Ich persönlich lege sie lieber auf den Morgen. Die Evaluation ist dann zur Mittagszeit vorbei. So wird man sicher pünktlich fertig, weil die Teilnehmer zum Essen wollen. Liebe geht durch den Magen. Ein weiterer Vorteil ist, dass so für Last-Minute-Änderungen im Code keine Zeit bleibt.

Kurzum: Es ist nicht selbstverständlich, dass Kickoff und Evaluation am Montag respektive Freitag stattfinden. Die zwei Termine sind zu wichtig, um sie mit einem Team abzuhalten, das noch oder schon mit einem Fuß im Wochenende ist. Immer häufiger entscheidet man sich in Projekten dafür, Iterationen mitten in der Woche beginnen zu lassen und zu beenden, also zum Beispiel am Dienstagnachmittag zu evaluieren und am Mittwochmorgen wieder loszulegen. Ich persönlich kombiniere die beiden Termine meistens und lege sie dann auf den Dienstag- oder Mittwochmorgen.

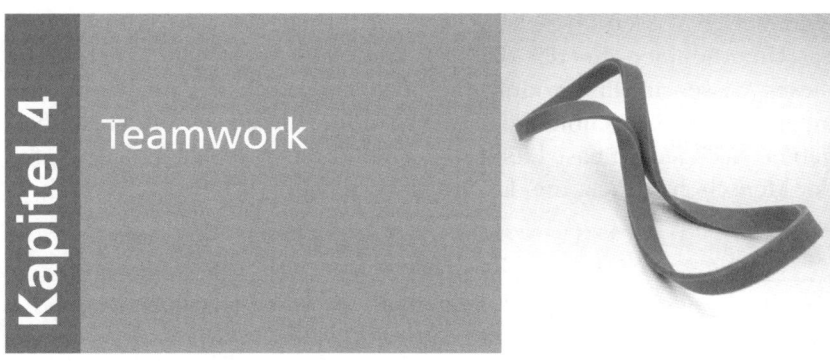

Kapitel 4

Teamwork

@LV_Sports: Ein Mensch mag für ein Team entscheidend sein, aber ein Mensch alleine ist noch kein Team. – Kareem Abdul-Jabbar

Neben dem Arbeiten in kurzen Iterationen, oder besser gesagt *wegen* des Arbeitens in kurzen Iterationen, gibt es noch etwas, was Agile klar von Wasserfall unterscheidet. Es ist die Art und Weise, wie Menschen mit verschiedenen Rollen zusammenarbeiten.

Im Wasserfall hängen Rollen von Phasen ab. Analytiker pflegen die Anforderungen. Architekten oder Designer sind zuständig für den funktionellen und technischen Entwurf. Entwickler setzen diesen in Code um. Tester stellen sicher, dass der Code die Anforderungen korrekt erfüllt. Und wenn die Anwendung fertig ist, wird sie von Betreibern betrieben. Da alle Phasen nur einmal durchlaufen werden und zu je einem Endprodukt, dem sogenannten *Milestone* führen, ist es üblich, dass alle Rollen *nacheinander* am Projekt arbeiten. Sequenziell. Die Übergabe von einer Phase zur nächsten besteht darin, dass den Menschen der nächsten Phase das Endprodukt geliefert wird.

Dieses Modell erscheint praktisch und übersichtlich. Während einer Phase arbeitet immer nur eine Rolle. Es wirkt obendrein kosteneffizient. Schließlich braucht man die anderen Kollegen während einer Phase noch nicht, oder sie sind schon fertig und deswegen schon in ein anderes Projekt gewechselt. Und doch hat das Wasserfallmodell so einige Nachteile. Überlegen Sie mal. In jeder Phase erlangt die jeweilige Rolle eine Menge Wissen über das Projekt, das Fachgebiet des Kunden und das Unternehmen, für das das Projekt durchgeführt wird. Auch wenn dieses Wissen im Endprodukt dieser Phase so gut wie möglich dokumentiert wird, ist es unmöglich, das *gesamte* Wissen schriftlich zu übergeben. Nach jeder Phase bleibt so ein Teil dieses Wissens in den Köpfen der Menschen zurück, die das Projekt verlassen.

Exkurs

Eine große internationale Bank fragte mich als Coach für die Entwicklungsphase eines Projekts an. An meinem ersten Arbeitstag bekam ich vom Projektleiter einen dicken Stapel Papier in die Hand gedrückt. „Bitteschön", sagte er feierlich. „Das ist der funktionale Entwurf." Für ihn war damit alles gesagt. Dem Team und mir musste klar sein, was zu bauen war. Aber nachdem ich die siebenhundert Seiten gelesen hatte, hatte ich immer noch keine Ahnung.

Mein erster Reflex war, mit den Autoren des Schriftstücks zu sprechen. Den Designern. Leider war das nicht möglich. Der eine war schon in ein anderes Projekt in einer anderen Niederlassung der Bank gewechselt. Der andere hatte gekündigt und arbeitete mittlerweile für die Konkurrenz.

4.1   Zusammenarbeit in agilen Projekten

Wie anders ist das in agilen Projekten. Unabhängig vom gewählten Ansatz oder der gewählten Methode legen agile Projekte viel Wert auf die enge Zusammenarbeit zwischen den verschiedenen Rollen in Teams. Nicht nacheinander, sondern miteinander. Dabei entsteht unmittelbar Mehrwert:

▶ **Konzentration.** Alle Rollen im Team konzentrieren sich auf genau die Work Items, die in einer Iteration umgesetzt werden. Diese Konzentration macht ein Team effizient.

▶ **Feedback.** Das gemeinsame Arbeiten an dieser begrenzten Zahl von Work Items sorgt dafür, dass alle Rollen zu einem Work Item Feedback geben und dieses innerhalb eines oder mehrerer Tage umgesetzt werden kann. In einem Wasserfallprojekt dauert das oft Monate.

▶ **Unterschiedliche Blickwinkel.** Jede Rolle in einem Team schaut aus einer anderen Perspektive auf die umzusetzenden Work Items. Ein Analytiker hat eine andere Sicht auf eine User Story oder einen Smart Use Case als ein Entwickler. Ein Tester hat vor allem Ausnahmen und Abnahmekriterien im Blick. So wird ein Work Item gleichzeitig von allen Seiten beleuchtet.

▶ **Übergabe.** Es gibt keine Übergaben wie in traditionellen Projekten. Es werden keine Dokumente *über den Zaun geworfen*. Die verschiedenen Rollen arbeiten gleichzeitig an einem Work Item.

4.2 Teams

Agile Zusammenarbeit geht mit einem anderen Konzept von Teams einher. So wie erfolgreiche Sportmannschaften sind agile Teams viel mehr als eine Gruppe von Individuen mit unterschiedlicher Expertise.

Exkurs

Eines der Projekte, die ich betreute, lief mit fünfundzwanzig Leuten über mehrere Jahre und wechselte langsam von Wasserfall zu Agile. Die Projektleiter zeichneten sich durch langjährige Erfahrung in traditionellen Projekten aus. Das machte meine Arbeit als Coach nicht einfacher.

Ständig hielten die Projektleiter Meetings mit allen Vertretern einer bestimmten Rolle ab, also mit den Testern oder den COBOL-Entwicklern. Oder noch spezieller, Meetings mit einzelnen Mitarbeitern für persönliche Instruktionen. An manchen entscheidenden Tagen wurden die Entwickler sogar einer nach dem anderen in einen Besprechungsraum gebeten. Lassen Sie mich das vorsichtig ausdrücken: Diese eher vertikale Arbeitsweise ist nicht besonders agil und außerdem auch nicht besonders effektiv.

Optimal funktionierende agile Teams funktionieren nicht so wie in diesem Beispiel, sondern sind an folgenden Merkmalen zu erkennen:

▶ **Multidisziplinär.** In einem agilen Team sind alle Rollen und Disziplinen vertreten, die erforderlich sind, um alle Work Items umzusetzen. Welche Rollen das sind, ist von Projekt zu Projekt und von Unternehmen zu Unternehmen unterschiedlich. In dem oben genannten Projekt gehören zum Beispiel zu jedem Team ein COBOL-Designer, ein .NET-Entwickler, ein COBOL-Entwickler und ein Tester. Manchmal werden mehrere Rollen von einer Person wahrgenommen.

▶ **Kompakt.** Agile Teams sind ausnahmslos klein und kompakt. Ich mache es selten mit, dass ein Team größer ist als acht bis zehn Menschen. Scrum definiert Teamgröße als sechs plus/minus drei Menschen. Sobald Teams größer werden, nimmt die Effizienz ab. Schließlich nimmt die Kommunikation stark zu, umso größer ein Team wird. Das sieht man zum Beispiel gut an Stand-Ups. In der Regel dauern diese etwa zehn bis fünfzehn Minuten. In einem großen Team dauern Meetings deutlich länger.

Exkurs

Das längste Stand-Up, was ich erlebt habe, dauerte über 40 Minuten in einem Team von zwanzig Leuten.

Ich rate dazu, keine Teams mit mehr als zehn Leuten zu bilden. Auch wenn es vielleicht besser ist, mit noch kleineren Teams zu arbeiten, ist das nicht immer möglich. Das gilt zum Beispiel für komplexe Projekte, in denen mit verschiedenen Technologien gearbeitet wird.

Exkurs

Einmal hatte ich in einem Projekt vier verschiedene Typen Entwickler: Java, .NET, SAP XI und ABAP. Außerdem gehörten ein Analytiker, ein SAP-CRM-Berater, ein Architekt und zwei Tester zum Team. Bei einer solchen Zusammensetzung ist es schwierig, ein Team kompakt zu halten.

▶ **Mehrere Teams.** Ist ein Team größer als zehn Personen, rate ich dazu, das Team in mehrere Teams aufzuteilen, wobei jedes Team wieder die multidisziplinäre Zusammensetzung hat, die erforderlich ist, um die Work Items umzusetzen.

Natürlich erfordern mehr Teams mehr Koordination. Für die Stand-Ups bedeutet das zum Beispiel, dass jedes Team ein eigenes Stand-Up hat. Anschließend gibt es ein zweites Stand-Up, in dem ein oder zwei Personen jedes Team vertreten. In Scrum heißt das Stand-Up *Scrum* und das zweite Meeting entsprechend *Scrum of Scrums*.

▶ **Verantwortlich.** Während man traditionell vor allem Wert auf individuelle Verantwortung für individuelle Aufgaben legte, sind agile Teams *als Team* für *alle* Aufgaben verantwortlich. Wenn jemand bei einer Aufgabe nicht weiterkommt oder eine Aufgabe liegen bleibt, weil beispielsweise jemand krank ist, ein Kind bekommt oder im Urlaub ist, wird diese so schnell wie möglich von jemand anderem übernommen, der auch eine andere Rolle haben kann. Selbst die Teammitglieder sind multidisziplinär.

Exkurs

Mitten in einer Iteration standen elf der zwanzig Work Items auf *Test*. Die Frau des Testers hatte gerade das zweite Kind zur Welt gebracht, weswegen wir mit dem Testen hinterher waren. Die Fachexperten und Entwickler haben, wo möglich, zusammen das Testen der Work Items übernommen.

▶ **Selbstorganisierend.** Viel Wert wird darauf gelegt, dass agile Teams sich selbst organisieren. Teams treffen selbständig Entscheidungen darüber, wie sie die Arbeit machen und verteilen. Agile Teams funktionieren am besten, wenn man ihnen Vertrauen schenkt, sie die Verantwortung übernehmen und ihnen nicht sämtliche Vorgesetzte über die Schulter schauen. Also ohne die direkten Weisungen vom Projektleiter.

▶ **Transparent.** Teams in agilen Projekten laufen optimal, wenn die Kommunikation transparent ist. Jeder im Team weiß über das Projekt und das gesamte Drum und Dran Bescheid. Das schafft Vertrauen. Das oben genannte Beispiel von Besprechungen hinter verschlossenen Türen mit einzelnen Teammitgliedern ist verpönt.

▶ **Co-Location?** Der Schwerpunkt bei Agile liegt auf *persönlicher* Kommunikation. Deshalb ist es sinnvoll, wenn Teams so viel wie möglich an einem gemeinsamen Ort arbeiten. Vorzugsweise beim Kunden vor Ort. Co-Location ermöglicht blitzschnelle Abstimmung zwischen den Teammitgliedern. Wenn jemand eine Frage hat, geht er einfach in das Büro desjenigen, der sie beantworten kann. Er bekommt eine Antwort und kann weiterarbeiten, fast ohne Overhead. Die Kommunikation ist direkt und offen. Umso weiter sich Menschen geographisch voneinander entfernen, desto ineffizienter wird ihre Kommunikation.

Exkurs

In einem meiner Projekte saßen die Entwickler im selben Büro wie die Fachexperten. Die Entwickler konnten ihre Fragen direkt bei den Fachexperten loswerden, zum Beispiel, welche Felder auf dem Bildschirm zu sehen sein sollten oder was eine Business Rule genau bedeutete. Die Fachexperten, die neben diesem Projekts, noch allerhand andere Aufgaben hatten, empfanden das als sehr unruhig. Auf Anraten des Projektleiters hin zogen die Fachexperten zwei Büros weiter. Danach wurde es im Projekt in der Tat ruhiger. Aber wenn ein Entwickler jetzt eine Frage stellte, stand er von seinem Platz auf, lief zu den Fachexperten, die manchmal nicht einmal am Platz waren, stellte die Frage, lief wieder zurück und versuchte dann, wieder zurück in den Programmier-Flow zu finden.

Der Unterschied in der Effizienz ist groß. Erst kostete es eine Minute, eine Antwort auf eine Frage zu bekommen. Später kostete es acht Minuten. Eine weitere Nebenwirkung war, dass die Entwickler ihre Fragen auch noch sammelten, bevor sie losgingen. Das verlängerte den Feedbackzyklus noch zusätzlich.

4.3 Menschen, Projekte, Teams

Meistens wird zu Projektbeginn das bestmögliche Team zusammengestellt. Hier spielt die Verfügbarkeit einzelner Fachexperten, Entwickler und Tester eine Rolle. Sobald ein Projekt vorüber ist, gehen alle wieder auseinander und stehen für neue Projekte zur Verfügung. So läuft es weltweit seit Jahren.

Aber die Frage ist, ob dieses Vorgehen für agile Unternehmen optimal ist. Das Modell geht von den besten verfügbaren Einzelpersonen aus, nicht vom besten verfügbaren Team. In jedem Projekt dauert es eine ganze Weile, bis eine Gruppe von Menschen sich tatsächlich zu einem Team entwickelt.

Exkurs

In einem Unternehmen, das ich coachte, entstand nach diesem Prinzip das Team, das das allererste agile Projekt durchführte. Das Projekt war erfolgreich, und man beschloss, statt das Team wieder zu trennen, es einfach für das nächste Projekt beisammen zu lassen. Das Motto: Never change a winning team. Auch das zweite Projekt war ein Erfolg. Die Produktivität des mittlerweile eingespielten Teams war noch höher als im ersten Projekt. Zwei Jahre später hatte das Team mit nur kleinen Veränderungen in der Teamzusammensetzung aufgrund von Kündigungen sechs erfolgreiche Projekte hintereinander durchgeführt.

In vielen Unternehmen wird ein Projekt besetzt, sobald es sich anbahnt. Für Filmliebhaber: Man bezeichnet das auch als das *Hollywood Model*.

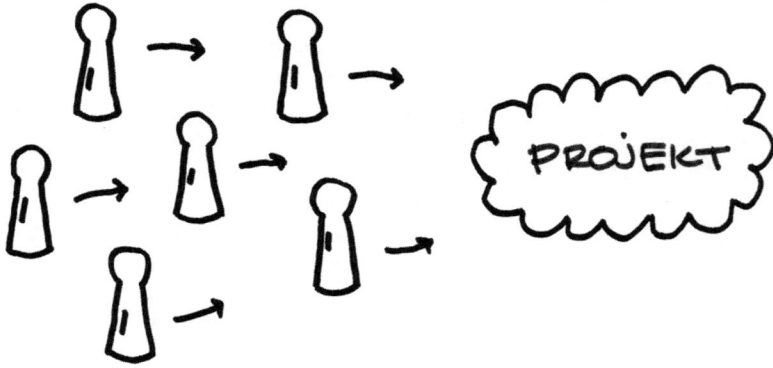

In agilen Organisationen kommt ein ganz anderes Modell für das Besetzen von Projekten ins Spiel: Erfolgreiche Teams bleiben zusammen und die Projekte werden auf diese verteilt. Noch einmal für die Filmliebhaber: So arbeitet Pixar Studios.

Für viele Unternehmen ist das vermutlich noch Zukunftsmusik, aber dieses Modell macht die Projektplanung einfacher und überschaubarer. Anstatt für jedes Projekt die passenden Leute zusammenzusuchen, teilt man Projekte eingearbeiteten und fertig ausgestatteten Teams zu, die häufig auf besondere Technologien, Frameworks oder Plattformen spezialisiert sind.

Das macht es leichter, das Projekt*portfolio* oder sogar Teile von Projekten in einem Unternehmen zu priorisieren. Projekte mit hoher Priorität werden schlichtweg früher einem funktionierenden Team zugeteilt.

Dabei kann sogar noch die Geschwindigkeit mit einbezogen werden, mit der Teams Work Items umsetzen. Manche Teams sind einfach schneller als andere. Das heißt übrigens nicht, dass sie deswegen auch besser sind. Aber wenn die Geschwindigkeit von den verschiedenen Teams bekannt ist, können zum Beispiel dringende Projekte schnellen Teams zugeteilt werden.

Dieses innovative Modell bietet obendrein die Möglichkeit, den rollen-
basierten Abteilungsstrukturen ein Ende zu bereiten, die so vielen
Unternehmen im Weg stehen. Endlich!

4.4 Meetings und Techniken für die Zusammenarbeit

Die multidisziplinäre Zusammenarbeit ist also in Agile unverzichtbar.
Daher sind Meetings und Techniken auch darauf ausgelegt, die
Zusammenarbeit im Team zu fördern und Work Items als Team zu lie-
fern.

▶ **Kickoff.** Während des Kickoffs einer Iteration ist das ganze Team
anwesend. So hat jeder zum Einstieg den gleichen Stand, was für die
Iteration geplant ist.

▶ **Stand-Up.** Jeden Tag findet ein kurzes Meeting statt, in dem jeder
im Team kurz erzählt, was er am vorigen Tag getan hat, was er heute
tut, mit welchen Herausforderungen und Hindernissen (auch *Impe-
diments* genannt) er dabei konfrontiert wird und wessen Hilfe er
beim Ausräumen der Hindernisse braucht.

▶ **Evaluation.** Auch während der Evaluation einer Iteration ist das
ganze Team anwesend. Jeder liefert so einen unmittelbaren Beitrag
zur Optimierung der Arbeitsweise.

▶ **Workshops.** In agilen Projekten wird viel Arbeit in Workshops erledigt. Auch dabei sind wieder diverse Rollen aus dem Team zuge-
gen, um beispielsweise User Stories in Tasks aufzuteilen oder Smart
Use Cases zu spezifizieren.

▶ **Pair Programming.** Entwickler arbeiten gerne zusammen. Vier Augen sehen nun einmal mehr als zwei. Es gibt verschiedene Techniken, mit denen man die Zusammenarbeit zwischen Entwicklern fördern kann. Eine davon ist das Pair Programming, bei dem zwei
Entwickler an einem Rechner sitzen und zusammen entwickeln.
Pair Programming eignet sich gut, um Wissen zu teilen und um
komplexen Code zu schreiben.

▶ **Side-By-Side Programming.** Eine ähnliche Technik ist das Side-By-
Side-Programming, bei dem zwei Entwickler dasselbe Work Item
nebeneinander an ihren jeweiligen Rechnern bearbeiten. Side-By-
Side-Programming steigert vor allem die Effektivität.

▶ **Pair Testing.** Auch Tester arbeiten im Projekt nicht allein. Sie testen
die Work Items zusammen mit den Endanwendern. Das gilt sowohl

für die Erstellung der Testszenarien und Testfälle für die einzelnen Funktionen als auch für das Durchführen dieser Tests. Die Erkenntnisse aus den Tests werden anschließend direkt zusammen mit den Entwicklern verarbeitet.

Ein letzter Tipp, bevor ich auf einige Techniken genauer eingehe: Planen Sie alle Meetings – Kickoffs, Stand-Ups, Evaluationen und Workshops – mit einem klaren zeitlichen Rahmen. So wird konzentriert gearbeitet und das Projekt bekommt einen eigenen Rhythmus.

4.5 Stand-Ups

Das tägliche Stand-Up-Meeting ist eine der nützlichsten Techniken aus dem breiten agilen Spektrum. Während des Stand-Ups wird jeden Tag im Team der Projektfortschritt besprochen. So haben alle immer den Überblick, woran jeder einzelne *jetzt gerade* arbeitet. Außerdem findet man so schnell heraus, ob jemand Hilfe von anderen benötigt.

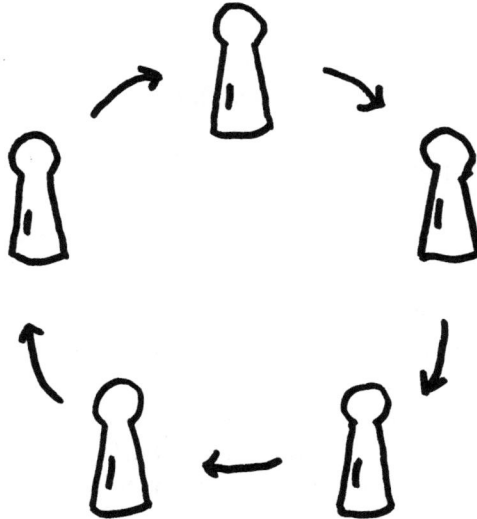

Ein Stand-Up dauert zehn bis fünfzehn Minuten. Das ganze Team nimmt daran teil. Man macht kurz und knapp die Runde, jeder berichtet. So bleibt der Overhead dieses täglichen Meetings im Rahmen. Während des Stand-Ups bleibt jeder – der das kann – auch tatsächlich stehen, um zu vermeiden, dass alle sich gemütlich hinsetzen und das Stand-Up sich zieht und zieht.

Exkurs

Einmal besuchte ich ein Unternehmen, das ich ein Jahr zuvor beim Einführen einer agilen Arbeitsweise betreut hatte. Als ich den Manager fragte, wie es laufe, sagte er, er sei sehr zufrieden mit Agile. „Nur die Stand-Ups", sagte er, „Die haben wir wieder abgeschafft."

Überrascht fragte ich ihn nach dem Grund. „Die Meetings dauerten so lange", erklärte er arglos, „oft bis zu einer Stunde. Deswegen haben wir sie abgeschafft. Jetzt haben wir wieder ein wöchentliches Statusmeeting von ein oder zwei Stunden. Viel effizienter."

Davon rate ich ab. Das Daily Stand-Up dient ja gerade dem Zweck, dass man jederzeit weiß, woran jeder arbeitet. Das Stand-Up soll die traditionelle wöchentliche Statusbesprechung verhindern, die im Regelfall zu lange dauert und in der hinter verschlossenen Türen allerlei Entscheidungen getroffen werden, die das Team danach einfach vorgesetzt bekommt. Stand-Ups sorgen für Transparenz.

Der Ablauf eines Stand-Ups ist simpel. Jeder im Team beantwortet, im Idealfall in dreißig bis fünfundvierzig Sekunden, kurz die folgenden Fragen:

▶ Woran habe ich gestern gearbeitet?
▶ Woran arbeite ich heute?
▶ Welche Herausforderungen oder Hindernisse habe ich und wessen Hilfe brauche ich dabei?

So hat jedes Teammitglied im Blick, woran die anderen arbeiten, und jeder kann seine Hilfe anbieten, wenn jemand mit einer Herausforderung kämpft.

Ein zusätzlicher und oft unterschätzter Vorteil ist, dass es schnell auffällt, wenn jemand sehr lange braucht, um mit seinem Work Item fertig zu werden. Das ist schwer zu verbergen, wenn jemand jeden Tag erzählt, dass er immer noch an diesem Work Item arbeitet. Natürlich gibt es hierfür eine ganze Reihe an möglichen Gründen. Ein Work Item kann komplex sein, jemand kann demotiviert sein, aber manchmal hat jemand auch schlichtweg nicht die Kapazitäten verfügbar, um das Work Item abzuschließen, oder ist zu eigensinnig oder verlegen um um Hilfe zu bitten. Das muss so schnell wie möglich erkannt und dann behoben werden. Genau dafür gibt es das Stand-Up.

Genauso wie bei dem Unternehmen, welches das Stand-Up wieder abschaffte und zu einem wöchentlichen Statusmeeting zurückkehrte, sehe ich bei vielen anderen Projekten, dass sie sich damit schwer tun, das Stand-Up kurz und effizient zu halten. Ein paar Tipps:

▶ **Inhaltliche Diskussionen vertagen.** Während des Stand-Ups verlieren sich Teams häufig in inhaltlichen Diskussionen. Diese sind natürlich nützlich und wichtig, aber in den meisten Fällen geht es um ein Work Item, an dem nur ein Teil des Teams arbeitet. In diesen Fällen muss man das Thema identifizieren und *vertagen* und vorschlagen, *nach* dem Stand-Up weiter darüber zu sprechen. In kleiner Runde. Beim Vertagen sollte klar festgelegt werden, wann wer mit wem weshalb noch einmal darüber redet. Dieses Vertagen ist die Aufgabe des Agile-Coaches.

▶ **Timebox.** Ein Stand-Up braucht einen klaren zeitlichen Rahmen. Meistens entscheiden sich die Projekte für eine Viertelstunde. In vielen Projekten habe ich einen Küchenwecker eingeführt, damit der zeitliche Rahmen klar ist. Am Anfang wird er auf fünfzehn Minuten gestellt. Das hilft vielen Teams auf praktische Art dabei, nicht zu überziehen.

▶ **Zeitpunkt.** Eine Frage, die man mir häufig stellt, ist die nach dem geeigneten Zeitpunkt für das Stand-Up. Morgens läuft ein Stand-Up am besten. So kann die Arbeit für den Tag besprochen werden. Viele Projekte halten ihr Stand-Up um zehn ab.

Exkurs

In einem meiner Projekte war das Stand-Up um halb zehn. Jeder kam gegen neun Uhr zur Arbeit. Als das Stand-Up noch um zehn stattfand, nutzte jeder die erste Stunde um jede Menge Dinge projektfremder Dinge zu tun, zum Beispiel Emails zu lesen oder sich über das Wochenende zu unterhalten. Das kostete täglich pro Person eine Stunde reine Arbeitszeit. Deshalb entschieden wir uns für eine Verschiebung des Stand-Ups auf halb zehn.

Im Idealfall findet das Stand-Up jeden Tag *zur selben Zeit* statt. Und am selben Ort. So weiß jeder genau, wann er da sein muss.

▶ **Teamgröße.** Stand-Ups sind effektiv, wenn das Team nicht zu groß ist. Wenn ein Team aus mehr als zehn Personen besteht, dauert das Stand-Up zu lange. Oft entscheidet man sich in diesen Fällen dafür, das Team aufzuteilen und zwei Stand-Ups abzuhalten. Eine solche Teilung erfolgt dann anhand der Work Items, an denen gearbeitet wird. Bei Projekten, an denen mehrere Teams arbeiten, hat jedes

Team ein eigenes Stand-Up. Anschließend treffen sich Vertreter der verschiedenen Teams noch zu einem gemeinsamen Stand-Up.

▶ **Pigs und Chickens.** Eine wichtige Frage ist, wer in einem Stand-Up zu Wort kommt. Stand-Up-Meetings erregen viel Aufmerksamkeit, vor allem in Unternehmen, in denen das ein neues Phänomen ist. Viele Menschen sind neugierig auf das erste agile Projekt, sind gespannt darauf, woran das Team arbeitet, oder wollen wissen, wie es um das Projekt steht.

Natürlich bekommt nicht jeder Redezeit. Ein weithin bekannter Cartoon über ein Schwein und ein Huhn verdeutlicht gut den Unterschied zwischen Team und Besuchern. Das Schwein und das Huhn eröffnen zusammen ein Restaurant. Das Huhn schlägt vor, das Restaurant ‚Ham & Eggs‘ zu nennen. Genau da liegt der Unterschied zwischen Team und Besuchern. Die Schweine bekommen Redezeit, die Hühner nicht. Nur diejenigen, die am Projekt arbeiten.

▶ **Dashboard.** Fast alle Projekte haben ein Dashboard, das aus Post-Its an der Wand besteht. Ich rate dazu, das Stand-Up an diesem Dashboard abzuhalten. Das macht es noch einfacher, den Fortschritt zu besprechen.

Das Stand-Up ist eine einfache Technik, zu der ich *allen* Projekten rate. Auch traditionelle Projekte profitieren von so einer einfachen täglichen Statusbesprechung.

4.6 Workshops

Es sehen zwar nicht alle agilen Ansätze Workshops vor, sie können in agilen Projekten jedoch trotzdem sehr effektiv sein, beispielsweise um ein oder mehrere Work Items auf einmal als Team auszuarbeiten. Einige Vorteile von Workshops in agilen Projekten sind:

▶ **Multidisziplinär.** Workshops in agilen Projekten sind multidisziplinär. Alle Rollen, die erforderlich sind, um das Ziel des Workshops zu erreichen, nehmen teil. So wird ein Work Item innerhalb kurzer Zeit aus allen Blickwinkeln beleuchtet. Alle Teilnehmer des Workshops profitieren unmittelbar vom Wissen und der Erfahrung der anderen Teilnehmer und Rollen. Ein Tester betrachtet eine User Story oder einen Smart Use Case ganz anders als ein Fachexperte oder ein Entwickler. Ein Tester hat einen besseren Blick für Ausnahmen, ein Fachexperte und ein Entwickler konzentrieren sich eher auf den

Standard. Ein Entwickler hat wiederum einen besseren Blick für technische Möglichkeiten und Einschränkungen.

▶ **Eingenordet.** In einem Workshop kommen alle verschiedenen Ansichten zu einem Work Item zur Sprache. So kann das Team sich besser auf eine gemeinsame Lösung einigen, der alle zustimmen.

▶ **Schnell.** Da mehrere Rollen an einem Workshop teilnehmen, wirkt diese Vorgehensweise auf den ersten Blick alles andere als effektiv. Ein Workshop ermöglicht es jedoch, Entscheidungen viel schneller zu treffen, als wenn alle Rollen separat an einem Work Item arbeiten.

▶ **Keine Übergaben.** Ein zusätzlicher Vorteil von Workshops ist, dass es keine Übergaben mehr gibt. Alle Beteiligten sitzen zusammen am Tisch. Es gibt also keinen Wissensverlust wie zwischen den Phasen traditioneller Projekte. Der Übergabe-Effekt ist in kleinerem Rahmen anfangs noch bei neuen agilen Teams zu beobachten, die dazu neigen, Work Items innerhalb der Iterationen in Mini-Wasserfällen abzuarbeiten. Workshops helfen dabei, diesem Phänomen vorzubeugen.

In Agile sind mir zwei Arten von Workshops bekannt. Manche agilen Ansätze wie DSDM und Smart setzen Workshops zum Projektstart ein. Diese Workshops dienen zum Beispiel dazu, das Kickoff des Gesamtprojekts vorzubereiten oder den Scope, die Architektur oder die Wünsche und Bedürfnisse für die Umsetzung herauszufinden. Am Ende solcher Workshops steht ein gefülltes Backlog.

Darüber hinaus finden viele Workshops während der Iterationen statt, um ein oder mehrere Work Items auszuarbeiten. Solche Workshops gibt es regelmäßig. Ziel, Teilnehmerkreis und Ablauf bleiben stets gleich. So ist die Vorbereitung minimal. Da man sich am Ende über das Ergebnis einig ist, sind auch später keine Korrekturen erforderlich.

Ein gutes Beispiel ist die Smart Use Case Design Session aus Smart. Während dieses Workshops, der meistens auf 60 Minuten beschränkt ist, wird gemeinsam die Spezifikation eines einzelnen Smart Use Case ausgearbeitet. Erst der Standardablauf, dann alle möglichen Alternativen. Dann wird erarbeitet, welche Felder auf dem Bildschirm angezeigt werden, wo validiert werden muss und welche nicht-funktionalen Anforderungen dazugehören. Das Endergebnis ist ein ausgearbeiteter und abgestimmter Smart Use Case. Das Team kann diesen nun umsetzen.

Viele agile Teams machen zudem intensiven Gebrauch von White-boards, um ad hoc spezielle Probleme zu lösen, zum Beispiel was die Architektur betrifft. Auch das ist eine Form von Workshops, die sehr effektiv ist.

Achten Sie beim Organisieren eines Workshops auf Folgendes:

▶ **Vorbereitung.** Eine gute Vorbereitung ist unverzichtbar. Sie macht den Workshop effektiv. Was ist das Thema? Was ist das Ziel? Sorgen Sie für die passenden Rahmenbedingungen. Flipchart, Stifte, ein Beamer und vor allem Kaffee und Tee.

▶ **Konkretes Ziel.** Setzen Sie jedem Workshop ein konkretes und re-alistisches Ziel. Das Erarbeiten aller Aufgaben für eine User Story. Die Spezifikation eines Smart Use Case. Das Layout eines Screens. Workshops sind auch hilfreich, um technische Herausforderungen angefangen bei der Benutzeroberfläche über Abhängigkeiten von externen Zulieferungen bis hin zur Architektur zu meistern.

▶ **Timebox.** Legen Sie vorab eine realistische Timebox fest. So wird konzentriert gearbeitet. Bei mir sind das oft ein oder zwei Stunden. Wer clever ist, plant seinen Workshop bis an die Mittagspause he-ran. So werden die Teilnehmer ganz sicher pünktlich fertig.

▶ **Multidisziplinär.** Workshops sind am effizientesten, wenn alle Rol-len, die man zur Erreichung des Ziels benötigt, vertreten sind. Jeder betrachtet ein Work Item aus seiner eigenen Perspektive. So kann man sich schnell mit allen Disziplinen gemeinsam einigen und spä-ter muss nichts mehr geändet werden. An einer Smart Use Case De-sign Session nehmen zum Beispiel die Endanwender, Fachexperten, Entwickler und Tester teil.

▶ **Struktur.** Erfolgreiche Workshops folgen einer Struktur. Problem analysieren, mögliche Lösungen identifizieren und die umzusetzen-de Lösung auswählen.

▶ **Festhalten.** Halten Sie Ergebnisse schon *während* des Workshops fest. Das erspart Nacharbeit, über die wieder eine Entscheidung ge-fällt werden muss.

„Danke, dass ihr da wart. Wir arbeiten den Entwurf aus und schi-cken ihn rum. Dann könnt ihr alle mal drüberschauen. Danach schi-cken wir die endgültige Version rum." Wem kommt das bekannt vor?

▶ **Nächste Schritte.** Einigen Sie sich gemeinsam über die nächsten Schritte. So weiß jeder sofort, was für ihn im Rahmen der gewählten Lösung zu tun ist.

▶ **Commitment.** Machen Sie noch einmal die Runde, wenn das Ziel erreicht ist. Fragen Sie, ob jeder mit der Lösung einverstanden ist. So ist klar, ob man zu der gewählten Lösung steht und ob jedem die Konsequenzen klar sind.

Beinahe jeder agile Ansatz hat eine Standardarbeitseinheit, zum Beispiel User Stories, Features oder Smart Use Cases. Wenn diese in Workshops ausgearbeitet werden, kann man diese Workshops gut standardisieren. Das schafft eine klare Struktur für die Teilnehmer, macht die Workshops effizient und reduziert den Aufwand für die Vorbereitung.

4.7 Pair Programming

Pair Programming ist eine tolle Technik. Zwei Entwickler coden zusammen an einem Rechner. Ein Entwickler schreibt den Code. Er ist der *Driver*. Der andere schaut ihm über die Schulter und reviewt den Code, während er geschrieben wird. Dieser Entwickler ist der *Navigator*. Ab und an tauschen sie die Rollen.

Exkurs

Ich kann mich noch gut an mein erstes Pair Programming erinnern. Das war 1997. Ich war einer der Architekten eines verbreiteten Frameworks für Power-Builder. Eines der damals neuen Konzepte, das wir unterstützen wollten, war ein Domain Layer. Gleichzeitig implementierten wird das Model-View-Controller Design Pattern. Eine Herausforderung.

Ich schloss mich mit einem anderen Architekten, Wim, drei Tage lang in einem Büro ein. Wir haben die Tasten meines Laptops ganz schön zum Glühen gebracht. Über neue Ideen stimmten wir schnell ab und schrieben die ganze Lösung zügig und relativ fehlerfrei. Nach drei Tagen gab es weißen Rauch. Ohne diese intensive Form des Pair Programming hätte es sicher Wochen gedauert, zum gleichen Ziel zu kommen.

Was den Zeitaufwand angeht, wirkt Pair Programming ineffizient. Zwei Pair Programmer schreiben zusammen durchaus schneller Code als ein einzelner Entwickler, jedoch nicht so schnell, dass Pair Programming billiger wäre. Dafür müssten die Pair Programmer schließlich um die Hälfte schneller sein. Und doch bietet Pair Programming interessante Vorteile:

▶ **Wissen teilen.** Wenn zwei Entwickler zusammen Code schreiben, teilen sie das Wissen über diesen Code. Wenn Pair Programming regelmäßig mit wechselnden Paaren stattfindet, verbreitet sich das Wissen über Architektur und Technologie schnell im Team.

▶ **Schneller lösen.** Code schreiben ist ein kreativer Prozess, bei dem oft mehrere Alternativen zur Wahl stehen. Beim Pair Programming werden Alternativen schneller gefunden und Lösungen schneller ausgewählt und ausprobiert.

▶ **Verringerte Komplexität.** Wenn ich an komplexem Code arbeite, tue ich das gerne mit einem anderen Entwickler zusammen. Zwei wissen schließlich immer mehr als einer allein.

▶ **Weniger Code.** Studien und die eigene Erfahrung haben gezeigt, dass zwei Entwickler, die zusammenarbeiten, für eine Lösung weniger Code brauchen als einzelne Entwickler. Weniger Code bedeutet schlichtweg weniger Fehler.

▶ **Cleaner Code.** Über Geschmack lässt sich streiten, aber meiner Erfahrung nach schreiben Pair Programmer eleganteren, cleaneren Code. Der ist natürlich einfacher zu warten.

Aus diesen Gründen ist Pair Programming je nach Situation eine interessante Technik, die oft von ganz allein angewendet wird, meistens wenn ein Entwickler einen anderen um Hilfe bittet: „Robert Jan, guck doch mal eben. Ich schlage mich hier gerade mit sperrigem generischem Code rum." Eine Voraussetzung für Pair Programming ist natürlich, dass die Entwickler miteinander sprechen können, ohne dass die Unterhaltung jemanden stört.

Exkurs

Zu einem umfangreichen Projekt in Belgien gehörten über sechzig Java-Entwickler, darunter sowohl Anfänger als auch Profis. Außerdem kannten sich bei Weitem nicht alle Entwickler mit dem Fachgebiet des Kunden aus. Der Projektleiter ordnete an, dass die Entwickler ab jetzt Pair Programming zu machen hätten. Die Entwickler mussten täglich den Partner wechseln. Wenn das auch recht strikt war, gelang es dem Projektleiter so, das Fachwissen, Architekturkenntnisse und Expertise zur Technologie schnell im ganzen Team zu verbreiten.

Ich würde Pair Programming jedoch nicht so einfach vorschreiben. Meiner Erfahrung nach ist diese intensive Zusammenarbeit zwischen Entwicklern am effektivsten, wenn sie mehr oder weniger spontan zustande kommt. Meiner Ansicht nach ist Pair Programming in drei Situationen effizient:

▶ **Technisch komplex.** Es gibt ein einmaliges, technisch komplexes Problem, für das schnell eine Lösung gefunden werden muss.

▶ **Wissen teilen.** Wenn Wissen schnell im Team verbreitet werden muss, zum Beispiel um einen neuen Entwickler einzuarbeiten oder Arbeit von einem Entwickler an einen anderen zu übergeben.

▶ **Lernen.** Nicht alle Entwickler sind erfahren. Pair Programming ist eine gute Technik, um weniger erfahrene Entwickler mit an Bord zu holen.

Achtung: In der zweiten Situation ist es wichtig, dass der weniger erfahrene Entwickler als Driver agiert. Natürlich ist bei erfareneren Entwicklern die Versuchung groß, das Steuer zu übernehmen. „Lass mich mal eben. Das geht schneller." Obwohl dem erfahrenen Entwickler die Finger jucken, ist der Lerneffekt größer, wenn er das Steuer nicht übernimmt.

4.8　Side-By-Side Programming

Eine ähnliche Technik wie das Pair Programming ist das Side-By-Side Programming. Hier arbeiten zwei Entwickler am gleichen Code, aber jeder an seinem eigenen Rechner. Meistens sitzen beide Entwickler direkt nebeneinander, Manchmal auch einander gegenüber. Side-By-Side Programming funktioniert am besten, wenn sich die Entwickler gegenseitig auf den Bildschirm schauen können.

Die Entwickler analysieren gemeinsam, welche Möglichkeiten es gibt, und entscheiden sich für eine Lösung. Diese wird in einzelne Aufgaben unterteilt, von denen jede durch einen der Entwickler bearbeitet wird. Auch beim Side-By-Side Programming arbeiten Entwickler intensiv zusammen und überlegen viel. „Hey, Erwin, wenn du noch an dem Task arbeitest, schreibe ich schon mal die Business Rules für das Domain Object."

Side-By-Side Programming ähnelt dem Pair Programming, es gibt aber auch subtile Unterschiede. Side-By-Side ist effektiv, wenn der Code aus einzelnen unabhängigen Aufgaben besteht. Pair Programming ist effektiver, wenn es um ein komplexes Problem geht oder wenn der Wissensaustausch das höchste Ziel ist. Side-By-Side Programming hat auch eine höhere Produktivität pro Entwickler als Pair Programming. Dafür ist der Vorteil des cleaneren Codes nicht so ausgeprägt.

4.9   Pair Testing

Ich verwende den Ausdruck Pair Testing, um auszudrücken, dass Tester am besten in Kombination mit anderen Rollen eingesetzt werden. Tester haben oft einen anderen Blickwinkel als Fachexperten oder Entwickler. Letztere schauen vor allem auf positive Szenarien. Tester decken Ausnahmen auf. Diese Expertise trägt deutlich dazu bei, die Qualität der zu liefernden Work Items schon frühzeitig zu steigern. Tester gehören deshalb auch vom ersten Tag an zum Team.

Die effizienteste Arbeitsweise ist eine direkte Zusammenarbeit zwischen Endanwender und Tester. Sie vergleichen zusammen an einem Rechner die Testszenarien eines Work Items mit dem gelieferten Code. Sie arbeiten Testfälle ab und halten fest, ob die Ergebnisse den Erwartungen entsprechen. Außerdem prüft das Paar, ob die Definition of Done erfüllt ist. Besteht die Funktion den Test und ist die Definition of Done erfüllt, ist das Work Item abgenommen.

Wie schon beim Pair Programming gibt es einen *Driver*, der die Hände auf der Tastatur hat, und einen *Navigator*, der die Ergebnisse prüft. Meistens ist der Endanwender der Driver und der Tester der Navigator. Diese Zusammenarbeit bezeichne ich als *Pair Testing*. Manchmal arbeitet der Tester beim Pair Testing übrigens nicht mit dem Anwender, sondern mit dem Fachexperten zusammen. Ich ziehe die Kombination aus Endanwender und Tester jedoch klar vor.

Manchmal arbeiten auch Entwickler und Tester eng zusammen, nämlich dann, wenn viele der Tests automatisiert sind. Bei neuen Techniken wie Specification by Example und Acceptance Test Driven Development ist das Tandem aus Entwickler und Tester unverzichtbar. Bei diesen Techniken versucht man, die Spezifikation oder Akzeptanzkriterien der Work Items anhand von Beispielen im Testcode festzuhalten. Die tatsächliche Funktion wird dann so umgesetzt, dass diese anhand vom Testcode automatisch geprüft werden kann.

Pair Testing hat eine Reihe von Vorteilen. Es sorgt für eine stärkere tägliche Einbeziehung des Endanwenders und steigert somit auch die Bereitschaft, Work Items abzunehmen. Außerdem sinkt damit die Arbeitsbelastung für Endanwender. Abschließend bietet es auch noch eine gute Gelegenheit zur Abnahme der einzelnen Work Items.

4.10 Verteilte Teams

Co-Location beim Kunden ist für ein agiles Projekt die beste Wahl. Trotzdem gibt es Situationen, in denen das nicht möglich ist. Diverse Unternehmen entscheiden sich für Offshore-Lösungen. Die Entwickler und Tester sitzen dann in Rumänien, der Ukraine, Indien oder China.

Die Argumente für Offshore sind unterschiedlich. Ein Argument ist, dass vor Ort nicht genügend Personal mit den erforderlichen Kapazitäten verfügbar ist. Dreißig Java-Entwickler stehen hier nun mal nicht herum und warten auf Arbeit. Dann ist es sinnvoll, diese Entwickler anderswo zu suchen. Hinzu kommt die Annahme, dass Offshore billiger ist. Das scheint mit Blick auf die reinen Stundensätze auch zu stimmen. Aber der in Offshore unvermeidliche Overhead und die komplexere Kommunikation gleichen einen Teil dieses Vorteils wieder aus. Bedenken Sie auch, dass das Fachgebiet vieler Projekte überaus komplex ist und dass lokale Gesetze und Richtlinien bisweilen eine große Rolle spielen. Das verkompliziert eine Auslagerung enorm.

In der Vergangenheit entschied man sich bei Offshore-Projekten einstimmig für Wasserfall. Das *erscheint* einfacher. Analyse und Design finden vor Ort statt, und sobald diese abgeschlossen sind, wird das Projekt extern vergeben. Nichtsdestotrotz fällt auf, dass in Offshore-Wasserfallprojekten dieselben Probleme entstehen wie in lokalen Wasserfallprojekten. Die Deadline muss verschoben werden, das Budget wird gesprengt, und die gelieferte Software erfüllt zwar die Anforderungen, die man zu Projektbeginn hatte, aber nicht die Anforderungen, die am Ende des Projekts bestehen. Der Wissenszuwachs kann kaum berücksichtigt werden. Hinzu kommt, dass das Fachgebiet des Projekts für Offshore-Entwickler oft schwer zu begreifen ist. Und letztlich wählt meistens der Kunde die Technologie. Die Entwickler sind nicht immer mit der gewählten Technologie vertraut. Das führt zu schlechtem Code, wenn auch die Fähigkeiten der Offshore-Entwickler nicht schlechter sind als hier.

Die entscheidende Frage ist also: Profitieren Offshore-Projekte von Agile? Man kann zwischen Onshore- und Offshore-Projekten einen spannenden Vergleich ziehen, wenn man den *Preis pro Punkt* vergleicht.

Exkurs

Eines der Onshore-Projekte, die ich betreute, setzte Work Items zu einem Preis von 937 Euro pro Smart Use Case Punkt um. Ein Konkurrent, der sich dafür entschied, das Projekt nach Indien auszulagern, kam in seinem Angebot auf einen Preis von 1000 Euro pro Smart Use Case Punkt. Hier war Offshore nicht billiger.

Wenn sich ein Unternehmen dafür entscheidet, ein Projekt verteilt durchzuführen, rate ich zu einem agilen Ansatz. Natürlich gibt es in einem agilen Offshore-Projekt Herausforderungen. Schließlich ist die persönliche Kommunikation nicht so einfach, ebensowenig die Verwendung von Dashboards. Und letztlich ist auch die technische Organisation komplizierter. Daraus ergeben sich die folgenden Ratschläge:

▶ **Kennenlernen.** Es ist wichtig, dass das Team sich wie ein Team fühlt. Das klappt am besten, wenn sich alle persönlich kennenlernen. Holen Sie beispielsweise das Offshore-Team für den Projektkickoff zum Kunden. Bitten Sie den Kunden, sein Ziel und den Kontext des Projekts zu erläutern. Das hilft beim Verstehen der Aufgaben. Lassen Sie das Team zusammen an der benötigten Agile-Schulung teilnehmen. Unternehmen Sie etwas zusammen, zum Beispiel ein gemeinsames Essen oder einen Betriebsausflug. Denken Sie an Paintball oder das klassische Bowling – auch in Indien sehr beliebt. Natürlich entstehen bei so einer Begegnung zusätzliche Kosten, aber sie vergrößert auch das Zusammengehörigkeitsgefühl des Teams enorm und räumt spätere Kommunikationshemmnisse aus.

▶ **Feature Teams.** Besteht ein Projekt aus mehreren Teams, ist es sinnvoll, diese nach Features oder Work Items aufzuteilen. Dabei wird Offshore und Onshore zusammen am selben Work Item gearbeitet. Solche Teams nennt man *Feature Teams*. Feature Teams fördern die Zusammenarbeit und stärken das Gefühl einer gemeinsamen Verantwortung für die Umsetzung der Work Items.

▶ **Kickoff und Evaluation.** Planen sie die Kickoffs und Evaluationen so, dass sowohl die Offshore- als auch die Onshore-Kollegen teilnehmen können. Am einfachsten geht das mit einer schnellen Videoverbindung, bei der an beiden Enden ein Bildschirm und eine Kamera angeschlossen sind. Eine gute Moderation des Kickoffs und der Evaluation durch den Agile-Coach ist empfehlenswert, da Videoverbindungen mit einiger Verzögerung einhergehen und man deshalb nacheinander sprechen muss. Ein Tipp ist, den Anfangszeitpunkt von Kickoffs und Evaluationen regelmäßig zu ändern. So leidet jeder einmal unter den bisweilen unangenehmen Anfangszeiten. Niemand fühlt sich zurückgesetzt.

▶ **Stand-Up.** Auch für das Stand-Up eignet sich eine Videoverbindung, damit trotzdem eine Art persönlicher Kommunikation stattfinden kann. Stand-Ups per Telefon sind deutlich weniger effektiv. Die Verbindungsqualität und die verschiedenen englischen Dialekte machen die telefonische Kommunikation schwierig.

▶ **Täglicher Austausch.** Es ist wichtig, dass jeder an seinem Ende der Welt Fragen dann stellen kann, wenn eine Antwort erforderlich ist. Von der Zeitverschiebung abgesehen ist es also wichtig, dass Kommunikation jederzeit möglich ist. Viele Projekte benutzen Messenger-Programme wie den Microsoft Live Messenger. Ich habe sogar schon erlebt, dass der Live Messenger für remote Side-By-Side Programming verwendet wurde.

▶ **Virtuelle Dashboards.** Auch wenn es unheimlich praktisch ist, das Dashboard mit Post-Its an der Wand zu haben, funktioniert das bei verteilten Teams weniger gut. In einem Projekt stellten wir zweimal täglich ein Foto des Dashboards ins Netz. Viele verteilte, aber auch viele zusammensitzende Teams arbeiten stattdessen mit einem virtuellen Dashboard. Dafür gibt es diverse Tools auf dem Markt, einige als Freeware und andere, wie Mingle oder Capgeminis Agile Dashboard, gegen Gebühr. Teams verwenden zusätzlich auch gemeinsame Tools um Bugs zu tracken, zum Beispiel Jira oder gleich

Team Foundation Server (TFS). Momentan bieten auch viele solcher Tools digitale Dashboards an.

▶ **Standardisieren.** Bei verschiedenen Kulturen in einem Projekt ist es schwierig, gemeinsam auf die gleiche Art und Weise zu arbeiten. Es hilft, wenn man so viele Aspekte des verteilten Arbeitens standardisiert wie man kann, ohne dabei die Flexibilität des Projekts in Gefahr zu bringen. Versuchen Sie zum Beispiel, die Arbeitseinheit einheitlich zu lassen, um Fehlinterpretationen vorzubeugen. Ich verwende in diversen verteilten agilen Projekten Smart Use Cases. Diese funktionieren immer gleich. Zudem gibt es etwa dreißig Standardtypen von Smart Use Cases, die die Standardisierung vereinfachen. Teams reden dann von einem „manage" oder sagen „das kann man besser als list-detail als als master-detail umsetzen."

▶ **Unit Tests und Continuous Integration.** Wenn an verschiedenen Orten Code geschrieben wird, ist die Überwachung der Qualität entscheidend. Ich rate allen agilen Projekten dazu, für sämtlichen Code Unit Tests zu schreiben und Continuous Integration als Standard einzuführen. Bei jeder Änderung sieht so jeder sofort, ob sie zu Fehlern führt.

Kapitel 5

Die Zusammenarbeit der Rollen

@ltsCartman: Bleib immer du selbst. Es sei denn, du kannst Batman sein. Dann sei Batman.

Welche Rollen gibt es in agilen Projekten? Darauf antworte ich gerne mit einer weit verbreiteten agilen Phrase. *Es kommt ganz drauf an.* In Extreme Programming gibt es die Rollen Kunde, Coach und Entwickler. Scrum beschränkt sich neben dem unvermeidlichen *Product Owner*, dem Vertreter des Kunden, und dem *Scrum Master*, dem Coach des Teams, auf das Team. Dieses Team deckt alle Rollen ab, die das Projekt zusammen umsetzen.

Andere agile Ansätze benennen Rollen im Team wieder expliziter. OpenUP, DSDM und Smart kredenzen mehrere Rollen. Dazu gehören Auftraggeber, Anwender, Projektleiter, Coach, Fachexperte, Entwickler und Tester. Das ist zwar weniger flexibel, aber das explizite Benennen von Rollen hat auch Vorteile:

▶ **Abstimmung mit bestehender Organisation.** Die explizit benannten Rollen lassen sich oft auf die bestehende Organisation abstimmen. Das kann den Übergang zum agilen Vorgehen vereinfachen.

▶ **Zusammenstellen des Teams.** Das Besetzen der Rollen im Team wird einfacher. Natürlich wird die Zusammensetzung von Teams in den Iterationen noch verfeinert.

▶ **Abstimmung von Rollen und Produkten.** Man kann konkret angeben, welche zusammenarbeitenden Rollen welche Produkte liefern. Das schafft Klarheit, insbesondere bei Teams in großen, komplexen Projekten und bei Teams, für die Agile noch neu ist.

Kleinere Teams kombinieren die Rollen. Dort haben oft auch die Coaches noch eine andere Rolle. Manchmal sind sie Fachexperte, manchmal Entwickler. Auch die Kombination aus Fachexperte und Tester kommt regelmäßig vor. Kurzum, die Rollen in Agile unterscheiden sich von Projekt zu Projekt und von Ansatz zu Ansatz.

5.1 Rollen in agilen Projekten

Das führt natürlich zu der Frage, welche Rollen ich für mein agiles Team brauche. Das hängt vom Projekt und der erforderlichen Expertise ab. In einem serviceorientierten Projekt braucht man einen Experten für Geschäftsprozesse und für die Middleware. Oder die dahinter liegenden Systeme. Beim Entwickeln von Webanwendungen ist wieder anderes Fachwissen ausschlaggebend, zum Beispiel UI-Design. Die Rollen in agilen Teams unterscheiden sich daher von Projekt zu Projekt. In jedem Projekt gilt:

▶ **Fachwissen.** Alles Fachwissen, welches erforderlich ist, um das Produkt zu entwickeln, ist vertreten. Man braucht immer Fachleute für Analyse, Entwicklung und Tests. Und immer braucht man auch zusätzliche Expertise, zum Beispiel für Social Media, Webdesign, Middleware, Software, mobile oder Unternehmensarchitektur, Lösungen wie SAP oder Oracle oder Datenbanken.

Exkurs

Zu einem der Teams, die ich betreute, gehörten ein Architekt, ein SAP CRM-Berater, ein Anforderungsanalytiker, ein Java-Entwickler, ein .NET-Entwickler, zwei SAP XI-Entwickler, ein ABAP-Entwickler und zwei Tester. Keine alltägliche Zusammensetzung.

▶ **Generalisierende Spezialisten.** Jedes Teammitglied bringt Fachkenntnisse auf einem oder mehr Gebieten mit. Sie sind *Handwerker*. Sie beherrschen ihr Handwerk. Aber meistens beherrschen sie noch viel mehr als nur ihr Handwerk. Scott Ambler bezeichnet diese Handwerker als *generalisierende Spezialisten*. Handwerker mit Expertise und Fachkenntnissen auch über Dinge links und rechts des eigenen Fachgebiets.

Exkurs

Der Anforderungsanalytiker aus dem oben genannten Beispiel kannte sich sehr gut mit UML aus. Aber auch das Fachgebiet des Kunden kannte er wie seine Westentasche. Und sowohl der SAP CRM-Berater als auch die Tester konnten in ABAP entwickeln.

▶ **Stabilität.** Gerade weil die Zusammenarbeit zwischen den Rollen in Agile so entscheidend ist, rate ich dazu, Teams so wenig wie möglich zu verändern, sie intakt zu lassen. So kann man den Fortschritt gut messen und prognostizieren. Wechselnde Besetzungen funktionieren in agilen Teams nicht. Gute Zusammenarbeit braucht Zeit.

Exkurs

In einem Projekt in Norwegen war die Produktivität niedrig. Jeden Monat wuchs und veränderte sich das Team. Die gewünschte Produktivitätssteigerung blieb allerdings aus. Obwohl das Team in einem halben Jahr um 29 Prozent wuchs, stieg die Produktivität nur um 11 Prozent. Diese Gruppe von Individuen bekam nicht die Chance, zu einem Team zu werden.

▶ **Ausgewogen.** Eine Frage, die man mir oft stellt, ist: Wie sorgt man dafür, dass in einem agilen Team alle beschäftigt sind? Meistens gefolgt von: Was macht der Analytiker wenn der Entwickler die User Story baut? Und was macht der Tester, wenn der Analytiker am Use Case arbeitet? Die Antwort auf solche Fragen ist einfach. In einem agilen Team *sind* alle beschäftigt. Ich hab es seit 1998 noch nie erlebt, dass Menschen sich einen lauen Lenz machen. Agile Teams sind ausgewogene Teams, die an mehreren Work Items zusammenarbeiten. Alle Rollen sind permanent beschäftigt. In einem Team, das Verantwortung übernimmt, kümmern sich die Teammitglieder obendrein selbst darum, dass sie Arbeit haben, zunächst innerhalb ihres eigenen Fachgebiets, und sonst beim Unterstützen anderer Teammitglieder oder bei der Vorbereitung von Work Items für die nächste Iteration.

▶ **Spezialisten.** Ab und an sind tatsächlich echte Spezialisten vorübergehend bei einem Projekt mit an Bord, um besonderes Fachwissen einzubringen. Das können Betreiber eines Systems sein, Unternehmensarchitekten, Webdesigner oder Spezialisten für elektronisches Banking oder Konfiguration. Sie gehören für eine begrenzte Zeit zum Team und gehen wieder, wenn ihre Expertise nicht mehr erforderlich ist.

Kurzum, agile Teams verteilen die Arbeit und die Verantwortlichkeiten anders als traditionelle Teams. Höchste Zeit, die am häufigsten in agilen Projekten auftauchenden Rollen wie Stakeholder, Kunden, Anwender, sogenannte Product Owner, Projektleiter, Fachexperten, Entwickler und Tester unter die Lupe zu nehmen.

5.2 Stakeholder

Um ein agiles Projekt zum Erfolg zu führen, ist es unerlässlich, festzulegen, *wie* das Projekt erfolgreich werden soll. Wie bei jedem Projekt ist eine Bestandsaufnahme der Stakeholder und Zielsetzungen unverzichtbar. Wer ist der Initiator? Wer ist betroffen? Für wen im Unternehmen hat das Projekt Vorteile und Folgen? Und welche? Welches Ausmaß haben sie?

Erfassen Sie die beteiligten Parteien, die sogenannten Stakeholder. Es gibt sie reihenweise:

▶ **Team.** Für alle Teammitglieder wie Projektleiter, Architekten, Fachexperten, Entwickler und Tester verändert sich die Arbeit unmittelbar.

▶ **Betreiber.** Agile Projekte liefern andere Produkte. Die Betreiber der zu liefernden Software sind also Stakeholder.

▶ **Andere Parteien.** Oft ist ein Team von externen Parteien abhängig. Oder von anderen Projekten, die noch traditionell arbeiten. Eine wahre Freude.

▶ **Externe.** Vielleicht werden externe Mitarbeiter für ein Projekt eingekauft, die möglicherweise auch schon Erfahrung mit Agile haben. Oder auch nicht.

▶ **Personalabteilung.** Es kann eine gute Idee sein, anstatt der Leistung des Einzelnen die Leistung der Teams zu belohnen. Vielleicht ändert sich auch die Einstellungspolitik.

▶ **Vertrieb.** In Unternehmen, die Produkte entwickeln, entstehen möglicherweise andere Vertragsformen, da die Produkte in viel kleineren Releases geliefert werden können.

▶ **Kunde.** Zu guter Letzt hat Agile Vorteile und Folgen für den Kunden als Abnehmer der zu produzierenden Software.

Für all diese Stakeholder gilt, dass sie bei einem agilen Projekt regelmäßiger und direkter einbezogen sind als traditionell üblich. Halten Sie fest, welche Ziele die Stakeholder mit der Einführung von Agile verfolgen, welche Erwartungen man an Agile hat und überlegen Sie, wie man die Ziele quantifizieren kann, um den Erfolg von Agile zu messen. Jeder Stakeholder hat andere Ziele. Diese Ziele bestimmen, welche Aspekte von Agile vorrangig eingeführt werden müssen.

Exkurs

Ein Unternehmen, das eine Reihe kommerzieller Produkte entwickelt, führte Agile ein, um die Codequalität zu verbessern. Die sorgfältige Einführung von Code Reviews, Unit Tests und Continuous Integration war am wichtigsten. Ganz unabhängig von Iterationen und gemeinsamen Büros für Teams.

Führen Sie immer die Teile von Agile zuerst ein, mit denen Sie die vorrangigen Ziele erreichen können. So wird auch das Einführen von Agile agil. Man kann zum Beispiel ein *Improvement Backlog* aufstellen, sodass konkret an der Umsetzung dieser Ziele gearbeitet wird.

5.3 Der Kunde

Die Rolle, die sich im Vergleich zu traditionellen Projekten am meisten verändert, ist die des Kunden. Traditionell treten Kunden nur zu Beginn und Ende des Projekts in Aktion. Sie formulieren die Anforderungen, holen Angebote ein und vergeben dann das Projekt. Erst wenn die Software fertig ist, wird der Kunde herbeizitiert, um zu prüfen, ob alles zur Zufriedenheit ist. Möglicherweise etwas überzeichnet, aber noch immer die aktuelle Vorgehensweise.

In Agile sieht die Rolle des Kunden *völlig* anders aus. Der Kunde hat hier während des gesamten Projekts das Zepter in der Hand. Das Projekt wird schließlich *für* den Kunden durchgeführt. Es ist daher erforderlich, dass der Kunde immer einbezogen wird. Der Kunde ist für das Projekt verantwortlich, deshalb ist seine Beteiligung während des Projekts an vielen Stellen erforderlich:

▶ **Projektbeginn.** Der Kunde bestimmt den Scope und die Anforderungen. Aber er ist auch für das Füllen des Backlogs und das Schätzen der Work Items im Backlog zusammen mit dem Team verantwortlich.

▶ **Iterationsbeginn.** Zum Beginn jeder Iteration wählt der Kunde die Work Items aus, die während dieser Iteration umgesetzt werden. Dabei berät ihn oft das Team. Auch legt der Kunde die *Definition of Done* für diese Work Items fest. Eventuell kann auch eine *Definition of Ready* für die Work Items aufgestellt werden, die für eine folgende Iteration vorbereitet werden.

▶ **Täglich.** Im Alltag ist der Kunde daran beteiligt, einzelne Work Items auszuarbeiten. Das ist zum Beispiel bei der Aufteilung von User Stories in Tasks in Scrum der Fall oder beim Ausarbeiten der Smart Use Cases in Smart.

▶ **Iterationsende.** Die umgesetzten Work Items werden durch den Kunden abschließend abgenommen, natürlich auf der Basis der Definition of Done. Während der Evaluation äußert der Kunde auch seine Zufriedenheit oder Unzufriedenheit mit der Arbeitsweise. Gerade Lob und Anerkennung bringen ein Team in Schwung.

Und auch wenn viele Projekte das nicht machen, sollte jedes Projekt am Ende jeder Iteration die go/no-go-Entscheidung über die Weiterführung des Projekts fällen. In jedem Projekt gibt es einen Wendepunkt, da in jeder Iteration die zu diesem Zeitpunkt wichtigsten Work Items umgesetzt werden. Eventuell übersteigen die Kosten für die Umsetzung der folgenden Work Items den potentiellen Gewinn. Das ist ein guter Zeitpunkt, dem Projekt ein Ende zu machen und nicht mehr in folgende Iterationen zu investieren. Ein solches Modell sollte am besten vertraglich fixiert werden.

Ein anderer Grund, ein Projekt zu beenden, ist eine radikale Änderung des Scopes. Vertraglich kann zum Beispiel festgehalten werden, dass, sobald der Scope um mehr als einen bestimmten Prozentsatz angewachsen ist, das Projekt überprüft wird.

Exkurs

Das Backlog eines meiner Projekte bestand anfangs aus neunzig Smart Use Cases. Durch eine Fehlinterpretation eines der Ausgangspunkte übersahen sowohl Kunde als auch Team etwa vierzig Smart Use Cases. Die Folge war, dass das Projekt niemals zur vereinbarten Deadline fertig geworden wäre. Nach reiflicher Überlegung wurde das Projekt nach vier Iterationen abgebrochen.

Kurzum spielt der Kunde in Agile eine größere Rolle als in traditionellen Projekten. In agilen Projekten ist er unentwegt mit dem Projekt beschäftigt. Zu Recht. Der Kunde ist König. Das bedeutet aber auch, dass der Kunde sich bereit erklärt, die verbleibenden Work Items stets neu zu priorisieren und in den Iterationen mitzuarbeiten. Das setzt voraus, dass er eng mit dem Team zusammenarbeitet und ein grundlegendes Verständnis dafür hat, welche Konsequenzen das Hinzufügen neuer Anforderungen oder Änderungen an bestehenden hat. Zudem muss der Kunde auch mit der Unvollständigkeit der Anforderungen umgehen können.

Agile bedeutet auch einen anderen Umgang mit der Zeit, die der Kunde dem Projekt einräumt. Anders als viele Menschen vermuten ist Agile für den Kunden *nicht* zeitaufwändiger als ein traditionelles Projekt. Während der Kunde bei traditionellen Projekten am Anfang und am Ende des Projekts so gut wie Vollzeit am Projekt arbeitet, ist diese Zeit bei Agile auf einige Stunden pro Iteration verteilt. Für viele Kunden, die neben dem Projekt noch viele andere Aufgaben haben, ist Agile dadurch viel effizienter und viel leichter einzuplanen.

5.4 Die Rollen des Kunden

So betrachtet hat der Kunde eine ganze Reihe von Verantwortlichkeiten, für die die unterschiedlichen Ansätze auch verschiedene Rollen vorsehen. Extreme Programming benennt dafür schlicht und einfach den Kunden. Scrum besetzt diese Position mit dem *Product Owner*, der als Stellvertreter des Kunden fungiert. DSDM und Smart sprechen von Projektsponsoren und Anwendern. Smart kennt darüber hinaus noch Fachexperten. In DSDM gibt es die Vertreter der Anwender.

Zusammen decken diese Rollen die Verantwortlichkeiten der Kunden in Agile gut ab:

▶ **Projektsponsor.** Derjenige, der für das Projekt verantwortlich ist. Der Projektsponsor bezahlt das Projekt, sitzt in eventuellen Lenkungsausschüssen und trifft Entscheidungen über Scope und Budget. Manchmal eskalieren inhaltliche Entscheidungen in Richtung Sponsor, wenn das Team keine Entscheidung treffen kann.

▶ **Product Owner.** Wenn das Projekt mehrere Stakeholder hat, ist es sinnvoll, diese vertreten zu lassen. Ein solcher Vertreter heißt meistens Product Owner und ist verantwortlich für die alltäglichen Entscheidungen bezüglich Scope sowie Priorisierung und Umsetzung der Work Items.

▶ **Anwender.** Diejenigen, für die die Software entwickelt wird. Anwender kennen das Fachgebiet und arbeiten oft schon mit Vorgängerversionen der zu entwickelnden Software. Im Idealfall sind sie tagtäglich an der Umsetzung der Work Items beteiligt.

▶ **Fachexperten.** Wenn die täglichen Anwender nicht verfügbar sind, werden diese oft durch Fachexperten vertreten. Das ist zum Beispiel bei der Entwicklung öffentlicher Webanwendungen so, bei denen der tatsächliche Anwender unbekannt ist. Fachexperten sind oft Business- oder Anforderungsanalytiker aus dem Unternehmen des Kunden.

In Agile sind die oben genannten Rollen berechtigt, im Rahmen ihrer Verantwortlichkeiten Entscheidungen zu fällen.

5.5   Der Product Owner

Die Rolle des Product Owners stammt aus Scrum, ist aber mittlerweile in so gut wie alle agilen Projekten durchgesickert. Wie schon erwähnt vertritt der Product Owner die Kunden und die Stakeholder, die üblicherweise *meinen*, zu wenig Zeit zu haben, um sich täglich mit einem Projekt auseinanderzusetzen. Oft ist der Product Owner einer der erfahrenen Anwender der umzusetzenden Software, hat solide Fachkenntnisse, kennt die zukünftigen Entwicklungen und den Markt. Darüber hinaus ist der Product Owner im Idealfall sehr kommunikationsstark, meiner Ansicht nach sogar ein wenig dominant.

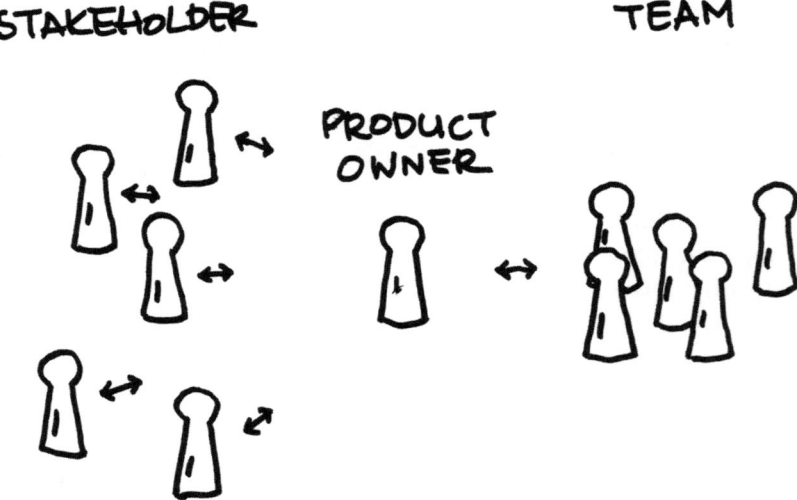

Der Product Owner priorisiert oder ordnet das Project Backlog und ist zu Iterationsbeginn dafür verantwortlich, auszusuchen, *welche* Work Items umgesetzt werden sollen. Das Team gibt an, *wie viele* Work Items umgesetzt werden können. Jeden Tag trifft der Product Owner inhaltliche Entscheidungen über die Work Items, wobei auch die Fachexperten im Team das regelmäßig tun.

Auffällig ist, dass mir auch Projekte begegnen, in denen der Product Owner extern eingekauft wird. Das ist zum Beispiel erforderlich, wenn die tatsächlichen Anwender keine Zeit für das Projekt einräumen können, oder man ihnen nicht zutraut, schnell und auf täglicher Basis die erforderlichen Entscheidungen zu treffen. Auch wenn es in einem Unternehmen keine tatsächlichen Anwender gibt oder wenn ein breites Spektrum an Projekten gleichzeitig ausgeführt wird, kann ein externer Product Owner eine Lösung sein.

Exkurs

Ein Unternehmen im Bereich Consumer Electronics baut Software für mobile Geräte. Es laufen etwa fünfzehn Projekte gleichzeitig. Das Unternehmen heuert von Capgemini einige Product Owner an, die den Überblick über die Projekte behalten.

Der Product Owner ist der feste Ansprechpartner für das Team. Daher empfiehlt es sich auch, genau einen Product Owner pro Projekt zu haben. Mehrere Product Owner verwirren das Team.

Exkurs

In einem Projekt in Norwegen gab es drei Product Owner, die sich allesamt um das Team bemühten, jeder mit einem leicht anderen Standpunkt. Das machte es schwierig, die Work Items eindeutig umzusetzen. Nach einem halben Jahr teilte man das Projekt in drei eigenständige auf, jedes mit einem eigenen Product Owner.

Ich rate übrigens dazu, die Rolle des Product Owners nicht mit der Rolle beispielsweise des Projektleiters, Scrum Masters oder Agile-Coaches zu kombinieren. Die Arbeit als Product Owner ist dafür zu anspruchsvoll und darüber hinaus haben diese Rollen unterschiedliche Interessen. Die Rolle lässt sich jedoch gut mit der des Fachexperten kombinieren.

5.6 Der Fachexperte

Viele Unternehmen entwickeln Software, deren Endanwender anonyme oder potentielle Kunden sind. Dann steht der tatsächliche Endanwender nicht direkt zur Verfügung. Das ist zum Beispiel bei Banken oder Webshops der Fall. Es kommt auch vor, dass die Endanwender *wirklich* keine Zeit für das Projekt haben, trotz der Bedeutung, die Agile dem beimisst. Die Frage ist dann: Wer bringt die unverzichtbaren Wünsche und Anforderungen ins Projekt ein? Das ist schließlich essentiell, da der Erfolg des Unternehmens oft unmittelbar von der Software abhängt.

Wenn Endanwender nicht unmittelbar am Projekt teilnehmen, werden sie vertreten. DSDM bezeichnet diese Rolle als *Vertreter der Anwender*. Smart verwendet den Ausdruck *Fachexperte*. Beide Rollen tragen inhaltlich zum Projekt bei.

Bei drei Kategorien von Software spielen Fachexperten eine vorrangige Rolle:

▶ **Crowd Software.** Software, deren Endanwender anonym ist, wie zum Beispiel bei dem Portal einer Fluglinie oder einer Oberfläche für mobiles Banking. Hier kommt der Fachexperte aus dem Unternehmen des Kunden. Manchmal ist es ein Business Consultant oder ein Business Analyst. Oder ein traditioneller Anforderungsmanager. Oft wird das Feedback anonymer Anwender verwendet, um die Software weiterzuentwickeln.

▶ **Produktentwicklung.** Kommerzielle Software von Produktentwicklern wie Dienstplanverwaltungs- oder CRM-Software. Kunden kaufen Lizenzen für diese Software. Der Produktentwickler bringt regelmäßig neue Releases auf den Markt. Darin sind Probleme aus vorigen Releases behoben und neue Features hinzugefügt worden. Die Endanwender sind schwer zu erreichen. Sie arbeiten schließlich nicht für den Produktentwickler. Hier werden Wünsche und Anforderungen meistens in Gesprächen oder in Nutzergruppen durch Produktmanager erfasst. Der Produktmanager vertritt dann die Endanwender als Fachexperte.

▶ **Interne Entwicklung.** Was, wenn Software für das eigene Unternehmen entwickelt wird und die Endanwender nicht genug Zeit zur Verfügung haben? Oft ist für solche Projekte sehr spezielles Wissen erforderlich. In diesem Fall ist es oft der traditionelle Anforderungsanalytiker, der die Rolle des Fachexperten wahrnimmt. Ich habe auch erlebt, dass Berater mit SAP- oder PeopleSoft-Kenntnissen als Fachexperten fungierten.

Der Fachexperte liefert einen wichtigen Beitrag. Er vertritt die Endanwender und erfasst ihre Wünsche und Anforderungen. Häufig geschieht das in Workshops mit den Anwendern und an verschiedenen Orten. Auch kennt er oft die Komplexität und die Eigenheiten der Systemlandschaft beim Kunden. Aber der Fachexperte ist auch Teil des Teams, das die Wünsche und Anforderungen in brauchbare und funktionierende Work Items verwandelt (und oft auch dokumentiert). Manchmal wird sogar beschlossen, dass der Fachexperte für die Abnahme der Work Items zuständig ist. So bleibt der Feedbackzyklus schön kurz.

So gesehen hat die Rolle des Fachexperten einiges mit der des Product Owners gemeinsam. Es gibt allerdings einen großen Unterschied. Der Product Owner vertritt die Stakeholder und sorgt dafür, dass die richtigen Work Items umgesetzt werden. Der Fachexperte kennt sich inhaltlich gut aus und sorgt dafür, dass die Work Items *richtig* umgesetzt werden.

5.7 Das Team

Neben den diversen Rollen des Kunden ist es in Agile vor allem das Team, das das Projekt abwickelt. Mit dem Team wird die multidisziplinäre Zusammenarbeit der Rollen abgebildet, die zusammen die Software umsetzen.

Aus welchen Rollen das Team besteht, ist je nach Unternehmen, der verwendeten Technologie und der erforderlichen Expertise von Projekt zu Projekt unterschiedlich. Und doch gibt es einen gemeinsamen Nenner für all diese Rollen. Die oben genannten Fachexperten sind oft im Spiel, ebenso die Entwickler und die Tester. Dann gibt es noch den Agile-Coach. Natürlich kommt immer die Frage auf, ob agile Teams einen Projektleiter haben. Letztendlich verändert das Arbeiten in agilen Teams sich für all diese Rollen grundlegend. Agile Teams arbeiten anders zusammen. Agile Teams verwenden andere Techniken. Ein Überblick.

5.8 Der unterstützende Projektleiter

Ah. Der Projektleiter. „Wie schaffe ich es, dass mein Projekt innerhalb des zeitlichen und finanziellen Rahmens die gewünschte Funktionalität liefert?" Traditionell stellt der Projektleiter den Plan auf, verteilt die Arbeit, überwacht die Planung, managt die Risiken und berichtet über den Status. Kurzum: Der traditionelle Projektleiter hält alle Fäden in der Hand. Es ist *sein* Projekt.

Traditionelle Projektleiter tun sich schwer mit Agile:

▶ *„Wasserfall funktioniert. Solange man nur keine Change Requests zulässt."* Schade, lieber Projektleiter. Veränderungen kann man nicht ausschließen.

▶ *„Wir machen schon seit Jahren erfolgreich Wasserfall."* Zahlreiche Studien zeigen, dass siebzig bis achtzig Prozent aller Wasserfallprojekte fehlschlagen. Ihre natürlich nicht.

▶ *„If it ain't broken don't fix it."* Eine Binsenweisheit. Aber schließen Sie Ihre Projekte tatsächlich pünktlich im finanziellen Rahmen ab und liefern dabei die gewünschte Funktionalität?

▶ *„Eigentlich machen wir schon lange kein Wasserfall mehr. Wir arbeiten schon agil."* Das mag durchaus sein. Leider stelle ich fest, dass viele Organisationen, in denen Projektleiter solche Äußerungen tätigen, nur vorgeben, agil zu arbeiten.

▶ *„Wir machen Scrum. Momentan sind wir mit der Analyse fast fertig. Und auch mit dem Plan, was wir in welchem Sprint machen. Sobald die Analyse abgenommen ist, machen wir eine Iteration für Entwurf und Architektur."* Oft handelt es sich hier um wohlmeinende Projektleiter, die meinen, agil zu arbeiten, aber eigentlich Wasserfall verwenden.

In Agile ist die Rolle des Projektleiters ganz anders. Teams sind selbstorganisierend. Das Team übernimmt die Verantwortung für das Ergebnis. Es ist in der Lage, die Arbeit unter anderem in Stand-Ups selbst einzuteilen und zu erledigen. Eine Frage, die Projektleiter oft stellen, ist: „Wie sorge ich dafür, dass jeder im Team jederzeit Arbeit hat?" Ganz einfach. In selbstorganisierenden Teams ist es nicht nötig, „jeden mit Arbeit zu versorgen." Dafür sorgen die Teams selber. Wenn jemand etwas weniger zu tun hat, hilft er anderen. Auch wenn das für diejenigen, denen Agile noch neu ist, etwas gewöhnungsbedürftig ist. Es ist so, wie Tom de Marco sagt: *„Es ist wichtiger, die Arbeit zu priorisieren und zu strukturieren, als die Menschen zu beschäftigen."*

Während die Arbeit des Projektleiters traditionell oft für das Team nicht sichtbar ist, legen agile Projekte vor allem Wert auf Transparenz. Diese schafft Vertrauen. Der Projektleiter ist Teil des Teams, nimmt an Kickoffs und Evaluationen teil und beantwortet im Stand-Up die Frage, woran er heute arbeitet.

Die Rolle des agilen Projektleiters ist so vor allem eine organisierende und unterstützende. Dazu gehört zum Beispiel:

▶ **Projektplan aufstellen.** Jedes Projekt, traditionell oder agil, braucht einen Projektplan. Darin werden die Vereinbarungen zwischen Kunde und Team festgehalten: Die Ziele, das verfügbare Budget, die Rollen und Verantwortlichkeiten vom Stakeholder bis zum Betreiber, die Deadlines. Und nicht zu vergessen: Die gewählte Arbeitsweise und Form der Zusammenarbeit, zum Beispiel dass in Releases und Iterationen gearbeitet wird, was die Arbeitseinheit ist und welche Abnahmekriterien gelten.

▶ **Risiken managen.** Risiken zu managen und zu minimieren ist wichtig. In Agile bedeutet das, dass das Team Work Items mit größeren Risiken nach Möglichkeit während der ersten Iterationen umsetzt.

Exkurs

Zu einem Projekt gehörten über zwanzig Berichte. Hierfür musste neue Technologie ausprobiert werden. Darum wurden zwei Berichte als Work Items für die zweite Iteration ausgewählt. Die Wahl eines Frameworks und die Umsetzung dieser Berichte kostete eine Menge Zeit. Sie konnten innerhalb der zweiten Iteration deshalb nicht abgeschlossen werden und wurden für die dritte erneut eingeplant. Jetzt konnte das Team sie abschließen. Bei den restlichen Berichten waren die Risiken minimal.

▶ **Erwartungen steuern.** Der Projektleiter bespricht fortwährend den Status und Fortschritt des Projekts mit dem Kunden und den anderen Stakeholdern. So weiß jeder ganz genau Bescheid. Das steigert die Akzeptanz und sorgt für realistische Erwartungen.

▶ **Kickoff und Evaluation organisieren.** Oft ist es der Projektleiter, der die Kickoffs und Evaluationen organisiert. Er legt Zeit und Ort fest. Er kümmert sich auch darum, dass ein Beamer vorhanden ist. Zur Vorbereitung des Kickoffs gehört auch, dass er am Vortag herausfindet, ob der Kunde die Work Items für die kommende Iteration schon ausgewählt hat.

▶ **Iterationsplan aufstellen.** Während des Kickoffs wird entschieden, welche Work Items umgesetzt werden. Der Projektleiter hält das in einem kurzen Iterationsplan fest, oft nicht mehr als eine Seite oder ein Arbeitsblatt. So kann auch später nachgehalten werden, wie die Iterationen verliefen, zum Beispiel im Fall einer Eskalation.

▶ **Fortschritt überwachen.** Projektleiter sind Meister im kreativen Umgang mit Excel. In vielen agilen Projekten werden Fortschritt, Geschwindigkeit und Burndown in einem Excel-Sheet erfasst, das oft mit viel Liebe durch den Projektleiter gestaltet wird. So kann der Projektleiter mögliche Abweichungen schnell feststellen und diese mit Team und Kunde besprechen.

▶ **Hindernisse ausräumen.** Zusammen mit dem Agile-Coach stellt der Projektleiter immer wieder die Frage, was die Effektivität des Teams einschränkt. Organisatorisch, funktionell oder technisch.

Manchmal müssen die Fachexperten komplexe Funktionen analysieren. Manchmal sind Lizenzen nicht verfügbar. Der Projektleiter räumt Hindernisse so schnell wie möglich aus.

▶ **Infrastruktur betreuen.** Die Infrastruktur eines Projekts besteht aus unterschiedlichen Systemen. Eine Entwicklungsumgebung, in der die Software entwickelt wird. Ein Testsystem, in der die entwickelte Software getestet wird. Ein Abnahme-System, in der die Anwender die getestete Software abnehmen. Und zum Schluss natürlich die Produktivumgebung. Zu bestimmten Zeiten wird die Software auf der nächsten Instanz ausgerollt. Es ist die Aufgabe des Projektleiters, dafür zu sorgen, dass die verschiedenen Systeme und Accounts verfügbar sind.

Exkurs

Eines meiner Teams spielt die Software mehrmals täglich von der Entwicklungsumgebung auf die Testumgebung, sobald genügend neue Features zum Testen verfügbar sind. Die getestete Software wird mehrere Male pro Iteration im Abnahme-System ausgerollt. Jetzt nehmen die Fachexperten die neuen Features ab. Am Ende jeder dritten Iteration gehen die neuen Features live.

▶ **Das Team vertreten.** In den meisten Unternehmen ist es üblich, dass Projekte einen Lenkungsausschuss haben. Dieser legt das Budget fest und stellt einen Eskalationsmechanismus auf. Alle Stakeholder nehmen am Lenkungsausschuss teil. Der Projektleiter vertritt darin das Team.

▶ **Politik außen vor halten.** Viele Projekte werden in komplexen Unternehmen mit mehreren beteiligten Abteilungen und Managern durchgeführt. Andere Projekte sind geografisch verteilt. Teams befinden sich dann an unterschiedlichen Orten, wie zum Beispiel bei Offshore. Manchmal ist die Zusammenarbeit zwischen Kunde und Auftraggeber mühsam. Zum Beispiel wenn die Geschwindigkeit zu wünschen übrig lässt. Der Projektleiter sorgt jetzt dafür, dass sich alle an die gemeinsame Linie halten und dass Politik und Probleme für das Team außen vor bleiben.

Diese Verantwortlichkeiten und Aufgaben einen kommunikationsstarken Projektleiter, der gut mit anderen zusammenarbeiten kann. Auch wenn man manchmal hört, dass agile Projekte ohne Projektleiter funktionieren, sehe ich das eher als eine Abgrenzung gegenüber traditionellen Rollen denn als realistische Option. Gerade in größeren, komplexen oder langfristigen agilen Projekten ist die Unterstützung eines guten unterstützenden Projektleiters unverzichtbar.

Eine andere Aussage, die ich häufig höre, ist dass der Agile-Coach prima die Rolle des Projektleiters übernehmen kann. Auch wenn das in kleineren Projekten funktioniert, rate ich in größeren, komplexeren Projekten davon ab. Es gibt eine deutliche Aufgabentrennung. Ein Coach kümmert sich um die Arbeitsweise und die Zusammenarbeit *innerhalb* des Teams und der Projektleiter um die *Umgebung* des Projekts. In größeren Projekten reicht die Zeit schlicht und einfach nicht aus, um beide Rollen zu kombinieren. Zudem werden Agile-Coaches (zu) oft von extern eingekauft. Projektleiter kommen meistens aus den eigenen Reihen und kennen das Gelände.

5.9   Der Agile-Coach

Nahezu alle agilen Projekte werden durch einen Agile-Coach begleitet, der unterschiedliche pokemon-eske Bezeichnungen wie *Scrum Master* oder *Lean Champion* haben kann. Er hilft dem Team bei der Umsetzung von Agile. Dazu gehört die Verwaltung von Backlogs, das Schreiben von User Stories oder das Modellieren von Smart Use Cases. Aber vor allem unterstützt der Coach bei der Zusammenarbeit der verschiedenen Rollen und bei der Umsetzung von klassischen agilen Best Practices wie Schätzen, Dashboards und Stand-Ups. Außerdem begleitet der Coach die Evaluationen der Iterationen und greift mögliche Verbesserungspunkte auf. So entsteht die einzigartige agile Arbeitsweise im Projekt.

Da jedes Projekt anders ist, erfordert die Rolle Fachwissen über die vielen agilen Ansätze und Techniken. Leider beschränkt sie das Wissen der Coaches oft auf einen speziellen agilen Ansatz. Auch wenn es momentan zahllose agile Zertifizierungen gibt, halte ich nicht viel davon. Zwei Tage Training haben noch niemanden zum Coach gemacht.

Exkurs

In einem meiner Teams habe ich drei zertifizierte Scrum Master. Keiner der drei hat je in einem agilen Projekt mitgearbeitet.

Zu oft sind Coaches am Anfang ihrer Tätigkeit nicht in der Lage, über den Tellerrand des erlernten Ansatzes hinauszuschauen. Vor allem unerfahrene Coaches setzen den von ihnen favorisierten Ansatz sehr dogmatisch um. Ich finde die praktische Erfahrung von Coaches wichtiger als die Theorie, in Agile wie auch in Wasserfall. Vorgängerprojekte in Unternehmen wenden oft Techniken an, die auch in Agile gut funktionieren. Ein guter Coach ist flexibel und besitzt die richtigen kommunikativen Fähigkeiten, um das Team zu motivieren und zu beraten. Zusätzlich sollte ein Agile-Coach auch Geduld beweisen, wenn es einem Unternehmen nicht gelingt, nach drei Iterationen komplett agil zu arbeiten. Veränderungen brauchen besonders in größeren Unternehmen Zeit. Ich rate auf jeden Fall dazu, beim ersten Projekt einen externen Coach zu engagieren. So hat der Coach mehr Autorität. Außerdem ist er weniger in der bestehenden Struktur des Unternehmens verhaftet.

Die Rolle des Coaches ist oft keine Vollzeitbeschäftigung. Ich selbst arbeite etwa zwei bis drei Tage pro Woche und kombiniere das gerne mit der Arbeit als Architekt oder Entwickler. Ich mache mir gerne noch selber die Hände schmutzig. Außerdem geht es bei vielen agilen Techniken auch um den Entwickler, wie zum Beispiel bei Pair Programming, Refactoring, Unit Tests und Continuous Integration. Mein Motto: Warum nur Agile coachen, wenn man auch agil *sein* kann?

5.10 Der Allround-Entwickler

In Agile spielt der Entwickler eine zentrale Rolle. Sein Aufgabengebiet ist viel größer als in traditionellen Projekten. Entwickler sind an der Erfassung der Anforderungen, der Erfassung und dem Schätzen der Work Items für Iterationen und Releases, am Design und am Coden der Work Items und am testbaren Liefern der Work Items beteiligt.

Beziehen Sie Entwickler so früh wie möglich in ein Projekt mit ein. Das ist einerseits sinnvoll, um so früh wie möglich verlässliche Aussagen über die technische Machbarkeit zu bekommen, andererseits um so früh wie möglich fachliches Wissen über das Projekt aufzubauen. Das spart später viel Zeit, vor allem wenn es sich um externe Entwickler handelt und sie nur eingeschränkte Kenntnisse des Fachgebiets haben.

Exkurs

Ein besonders unangenehmes Beispiel dafür ist ein Wasserfallprojekt, das ich Ende der neunziger Jahre des vergangenen Jahrhunderts für eine Bank betreute. Man bat mich, die Umsetzungsphase zu coachen. Das Fachgebiet: Tilgungen und Pfandbriefe. Da dies mein erstes Projekt für eine Bank war, hatte ich davon nicht den leisesten Schimmer. Leider waren die Designer schon wieder vom Projekt abgezogen. Meine einzige Informationsquelle war das fertig ausformulierte Designkonzept. Das hat für einiges Kopfzerbrechen gesorgt. Gelinde gesagt.

Beziehen Sie Entwickler gleichermaßen beim Schätzen der Work Items mit ein. Auch wenn diese Schätzung für ein Angebot benötigt wird. Meine Faustregel ist, dass Arbeit am besten von denen eingeschätzt wird, die sie auch ausführen. Also *nicht* durch einen Account Manager oder den Vertrieb.

Beim Auswählen der Work Items für das nächste Release oder die nächste Iteration berät das Team den Kunden. Entwickler erkennen oft Abhängigkeiten zwischen einzelnen Work Items. „Wenn wir den Use Case *Kontoauszug automatisch zuordnen* machen, ist es sinnvoll, auch *Kontoauszug importieren* umzusetzen." Solche Querverbindungen haben Auswirkungen auf die Priorisierung.

Dann geht es an die Umsetzung der gewählten Work Items. User Stories werden in *Tasks* aufgeteilt. Smart Use Cases werden zu *Flows* ausgearbeitet. Diese funktionellen und technischen Ausarbeitungen können am besten in multidisziplinären Workshops durchgeführt werden. Der Entwickler ist natürlich dabei, ebenso der Tester. So erspart man sich unnötiges Hin und Her im Nachhinein. Während der Workshops haben Entwickler und Tester meist eine *fragende* Rolle. So entlocken sie den Endanwendern oder Fachexperten die gewünschte Funktionalität. Anschließend verwandelt der Entwickler die Tasks, Screens und Smart Use Cases in Code und Testcode. Für Laien ist das oft ein unbegreifliches Zusammenspiel von Fingern, Tastatur und Maus.

Agile Entwickler zeichnen sich durch eine Vielzahl von Fertigkeiten aus. Hier eine kleine Auswahl:

▶ **Kommunikation.** Entwickler sind eine wichtige Schnittstelle zwischen Kunde und Anwendern einerseits sowie Fachexperten und Testern andererseits. Das erfordert besonders in kleinen Teams hervorragende Kommunikationsfähigkeiten.

▶ **Zusammenarbeit.** Mehr als je zuvor sind Entwickler imstande, gut, langfristig und intensiv mit anderen Entwicklern, aber auch mit anderen Rollen zusammenzuarbeiten.

▶ **Architektur.** Entwickler übernehmen mehr als je zuvor die Rolle eines Architekten. Sie müssen gut ausgerüstet antreten. Softwarearchitektur, Programmiersprachen, Frameworks, Services, mobile Applikationen und Webapplikationen gehören zu ihrer Expertise.

▶ **Design.** In Agile fehlt meistens die Rolle des funktionellen und technischen Designers. Diese Tätigkeiten teilen sich der Fachexperte, der Entwickler und der Tester. So kennen sich auch Entwickler im Fachgebiet aus, entwerfen Benutzeroberflächen und arbeiten mit Design Patterns, Objektorientierung und Modelliertechniken.

▶ **Testen.** Mehr als je zuvor testen Entwickler ihren Code. Dabei verwenden sie Techniken wie Test Driven Development und Specification by Example.

Wie mein Kollege Rob sagt: „Wir suchen die eierlegende Wollmilchsau." Glücklicherweise gibt es für die Sau viele Techniken, die das Leben erträglich machen. Viele stammen aus Extreme Programming, zum Beispiel *Evolving Architecture*, *Test Driven Development*, *Refactoring* und *Continuous Integration*.

5.11 Automagische Architektur

Ein vielgenutzter Ansatz für die Softwarearchitektur ist, sie während eines Projekts natürlich *entstehen* zu lassen. Es ist schließlich unmöglich, sie schon beim Projektstart umfassend und bis ins Detail auszuarbeiten. Es spart viel Zeit, das nicht zu tun. Logisch. Ich habe noch kein Projekt erlebt, das nicht unterwegs Verbesserungen an der Architektur vornahm. Test Driven Development und Continuous Integration machen das in agilen Projekten möglich.

Leider wird Evolving Architecture oft so interpretiert, dass es überflüssig ist, überhaupt über Softwarearchitektur nachzudenken. Nicht besonders clever. Man kann nicht davon ausgehen, dass Softwarearchitektur einfach *automagisch* entsteht, insbesondere in den komplexen Applikationslandschaften, die in vielen Unternehmen bestehen.

Da klar ist, dass die Softwarearchitektur sich kontinuierlich weiterentwickelt, rate ich dazu, zu Projektbeginn zumindest eine *Baseline* festzulegen. Diese Baseline dient als Richtlinie, an der das Team sich orientieren kann. Die Entwickler arbeiten diese Richtlinie bei der Umsetzung der ersten Work Items weiter aus. Diese sind dann im Idealfall auch *end-to-end*, ein Durchstich durch alle Ebenen der Softwarearchitektur.

5.12 Test Driven Development

Eine wichtige Technik ist Test Driven Development. Hierbei beschränkt sich der Entwickler nicht darauf, nur Code für die Funktionalität zu schreiben, sondern schreibt zunächst Tests für den geplanten Code. Danach schreibt er den Code und lässt die Tests laufen. Letzteres geschieht mit Entwicklertools wie Visual Studio und Eclipse automatisch. Wenn seine Tests fehlschlagen, passt der Entwickler den funktionellen Code so lange an, bis die Tests erfolgreich sind.

Ein einfaches Codebeispiel macht einiges klarer. Nehmen wir eine Klasse **CustomerRepository**, für die eine Methode **Get()** geschrieben wird. Diese Methode bekommt eine **Id** als Parameter und liefert einen gültigen **Customer** zurück. In der Programmiersprache C# rufe ich **Get()** wie folgt auf.

```
Customer c = CustomerRepository.Get(Id id);
```

Bevor ich **Get()** implementiere, schreibe ich erst Testcode, der **Get()** auf so viele Arten wie möglich aufruft. Dieser Testcode heißt *Unit Test* und beschreibt, welches Verhalten von **Get()** erwartet werden kann.

```
CustomerRepository.Get(834);
CustomerRepository.Get(114);
CustomerRepository.Get(null);
```

Hier rufe ich **Get()** mit einer gültigen Id **834** auf, mit einer vorher als ungültig identifizierten Id **114** und mit einem leeren Wert **null**. Im ersten Fall erwarte ich einen bestehenden Kunden. Im letzten Fall eine Fehlermeldung. Aber wenn ich eine nichtexistente Id mitgebe, muss ich eine Designentscheidung treffen. Bekomme ich eine Fehlermeldung? Einen leeren Kunden? Oder vielleicht einen neuen? Ich entscheide mich für einen leeren Kunden und schreibe meinen Unit Test.

```
Assert.IsEqual ( CustomerRep. Get (114), CustomerRep.Empty);
```

Nun implementiere ich **Get()**, sodass die Methode meinen Tests genügt.

Test Driven Development bietet große Vorteile. Es zwingt Entwickler dazu, über das *nach außen hin wahrnehmbare* Verhalten von Code nachzudenken. Test Driven Development führt zu *cleanerem* Code. Noch wichtiger ist diese Technik in langfristigen Projekten. Beim Hinzufügen von neuem Code lässt man im Anschluss *alle* Unit Tests laufen. So kann man blitzschnell feststellen, ob neuer Code keine Fehler in bestehendem Code verursacht. Test Driven Development führt also auch zu besserer Qualität.

Noch ein paar Anmerkungen:

▶ **Disziplin.** Test Driven Development erfordert Disziplin. Unter Zeitdruck ist es nicht einfach, weiterhin konsistente Unit Tests zu schreiben. Die Technik muss sich in den normalen Arbeitsablauf der Entwickler einfügen. Treffen Sie darüber genaue Absprachen. Kennzeichnen Sie zum Beispiel Work Items erst als fertig, wenn auch die Unit Tests geschrieben sind und fehlerfrei durchlaufen.

▶ **Falsche Sicherheit.** Die Technik weckt ein falsches Gefühl von Sicherheit. Test Driven Development testet das korrekte Funktionieren von Code, jedoch nicht, ob dieser Code die gewünschte Funktionalität abbildet. Letzteres ist das Fachgebiet von Testern und vom vergleichbaren Acceptance Test Driven Development, bei dem auch die Akzeptanztests vom Tester in Testcode umgesetzt werden.

▶ **Pflege.** Test Driven Development steigert das Codevolumen eines Projekts deutlich. Auch Unit Tests sind Code. Und der muss gepflegt werden. Wenn sich Funktionalitäten und somit auch der Code ändern, müssen auch die Unit Tests angepasst werden. Wenn das nicht passiert, verlieren sie schnell an Wert.

▶ **Code Coverage.** Es ist üblich, nachzuhalten, wie viel des tatsächlichen Codes durch die Tests abgedeckt wird. Das nennt man *Code Coverage*. „Unsere Unit Tests decken 83,2 Prozent des Codes ab." Auch wenn Code Coverage ein Indikator für die Codequalität ist, kann das *niemals* als Werturteil gelten. Zu oft wird Code Coverage in Projekten als Ziel verfolgt und nicht als Mittel angewendet. Manchmal werden Test sogar nur deswegen geschrieben, damit die Code Coverage steigt.

5.13 Refactoring

Eine andere, häufig eingesetzte Technik ist *Refactoring*. Das Ziel dabei ist, Struktur und Qualität des Codes zu verbessern, ohne dass die bestehende Funktionalität geändert oder neue hinzugefügt wird. Beim Refactoring werden verschiedene Schritte abgearbeitet, die für sich jeweils den Code verbessern, zum Beispiel durch Verschieben von Code, das Extrahieren neuer Methoden aus vorhandenen oder die Umbenennung von Klassen oder Methoden. Entwicklertools ermöglichen es, solche Refactorings durchzuführen.

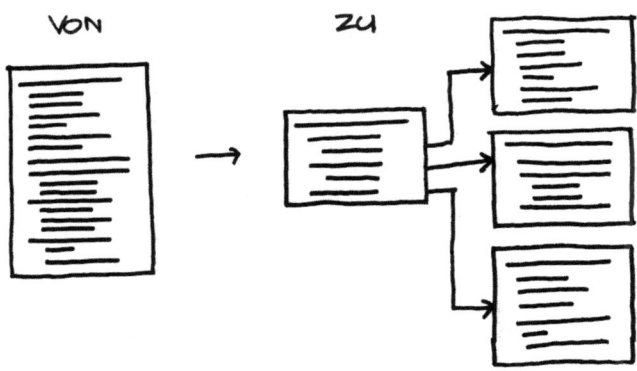

Refactoring ist deswegen nötig, weil dem Code Work Item ein Work Item hinzugefügt wird. Manchmal fehlt die Zeit oder man denkt nicht daran, sich auch um die Architektur oder die Codequalität zu kümmern. Im Laufe der Zeit nimmt die Wartbarkeit des Codes ab und das Hinzufügen neuer Work Items wird immer zeitaufwändiger. Refactoring verringert die Komplexität und verbessert die Lesbarkeit des Codes.

Exkurs

Bei einer Schulung wurde ich gefragt, wann man Refactoring am besten durchführt. Und wie man den Projektleiter davon überzeugt, dafür ein Buchungskonto anzulegen. Ich antwortete, dass Refactoring ununterbrochen stattfindet. So wie das Schreiben von Code und Tests.

Refactoring ist keine Aktivität, die jeden Dienstagabend um zehn stattfindet. Es ist ein Automatismus. Für Refactoring sind alle Entwickler zuständig, wenn auch nicht jeder gleich viel Gefühl dafür hat. Refactoring ist auch eine Frage der Ästhetik.

5.14 Continuous Integration

Code besteht aus Dateien und Ordnern mit Klassen und Oberflächen, aber auch Bildern, Konfiguration oder Webseiten. Diese Dateien und Ordner befinden sich in einem *Repository*, einer Datenbank, in der alle verschiedenen Versionen seit Tag eins gespeichert werden. Ein solches Repository ist unverzichtbar, wenn mehrere Entwickler am Code arbeiten.

Sobald ein Entwickler mehrere dieser Dateien ändert, fügt er seine Änderungen dem Repository hinzu. Da das aber alle Entwickler tun, können andere Entwickler dieselben Dateien geändert haben. Jetzt muss der Entwickler seine Änderungen mit denen der anderen Entwickler integrieren. Das kostet Zeit. Umso länger ein Entwickler an seinem Work Item arbeitet, desto mehr Zeit kostet die Integration.

Hier kommt *Continuous Integration* ins Spiel. Bei dieser Technik integrieren Entwickler ihren Code regelmäßig, mindestens einmal täglich. Als Continuous Integration bezeichnet man die folgende Arbeitsweise.

- ▶ **Kopieren.** Der Entwickler beginnt damit, dass er eine Kopie von dem Repository macht. Meistens machen Entwickler das morgens, sobald sie Kaffee oder Tee geholt haben.

- ▶ **Schreiben.** Der Entwickler schreibt den Code und die Tests für sein neues Work Item. Die Dateien, die er anpasst, werden dann *ausgecheckt*.

- ▶ **Kompilieren.** Der Entwickler *baut* bei sich lokal. Der gesamte Code wird dabei kompiliert und die Unit Tests laufen.

- ▶ **Einchecken.** Der Entwickler ist jetzt bereit, seinen Code *einzuchecken*. Andere Entwickler haben in der Zwischenzeit jedoch vielleicht auch Code eingecheckt. Daher macht der Entwickler noch einmal eine neue Kopie von allem Code aus dem Repository und baut noch einmal. Wenn es bei der Integration Probleme gibt, kompiliert der Code nicht oder Tests schlagen fehl. Der Build-Prozess schlägt fehl. Jetzt passt der Entwickler seinen Code und seine Tests an, sodass die Integration klappt. Erst dann checkt er seinen Code ein. In vielen Projekten checken Entwickler mindestens einmal kurz vor Feierabend ihren Code ein.

- ▶ **Automatischer Build-Prozess.** Sobald der Code von einem Entwickler eingecheckt worden ist, wird im Repository noch einmal gebaut. Der gesamte Code wird neu kompiliert und alle Tests laufen noch einmal. Erst wenn dieses Build erfolgreich ist, ist die Integration abgeschlossen.

Ich rate dazu, den Build-Prozess soweit wie möglich zu automatisieren. Vermeiden Sie manuellen Aufwand. So kann so oft wie möglich gebaut werden, idealerweise immer dann, wenn ein Entwickler Code eincheckt. Dafür muss der Build-Prozess so schnell wie möglich sein. Praktisch ist es, wenn die Tests in diesem Build in einer Kopie des Produktivsystems laufen können. So findet man schnell heraus, wo dieses System seine Grenzen hat.

Continuous Integration wirkt umständlich, macht aber umständliches und teures Integrieren überflüssig. Continuous Integration ist in allen agilen Projekten unverzichtbar.

5.15 Tester und Testen

Bemerkenswerterweise wird in den meisten agilen Ansätzen die Rolle des Testers nicht als eigene Rolle benannt. Und doch ist diese Rolle unverzichtbar. Ihre Bedeutung wird in Boehms Gesetz deutlich.

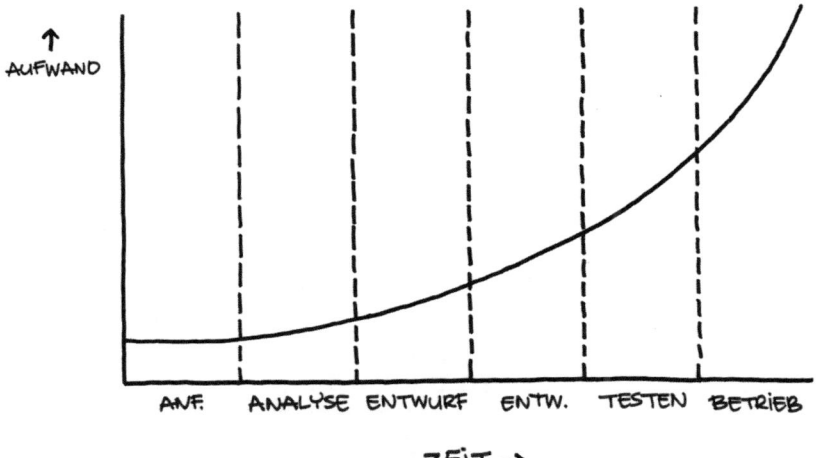

In seinem bekannten Gesetz hielt Barry Boehm fest, dass umso mehr Aufwand erforderlich ist, um einen Fehler zu beheben, je später er entdeckt wird, und zwar exponentiell viel mehr. Das gilt vor allem bei Wasserfall. Der gestiegene Aufwand wird dadurch verursacht, dass jede Phase nur einmal durchlaufen wird. Wenn ein Fehler erst spät gefunden wird, ist in vorherigen Phasen schon viel Arbeit investiert worden.

Boehms Gesetz zeigt deutlich, warum Testen in Agile viel effektiver ist. Beim Umsetzen der Work Items werden hier zwar auch vergleichbare Phasen durchlaufen, aber das pro Iteration. Die Umsetzung einzelner Work Items dauert einen oder mehrere Tage, nicht mehrere Monate. Getestet wird also ab dem ersten Tag. Damit ist der benötigte Aufwand deutlich beschränkt.

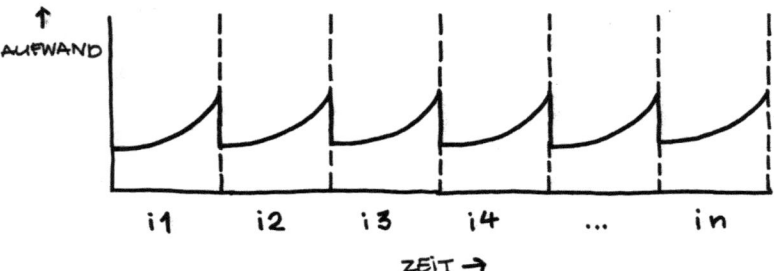

Aber es geht noch effektiver. Gerade aufgrund Boehms Gesetz rate ich dazu, Work Items in ein und derselben Iteration zu entwickeln, zu testen und abzunehmen. So wird der Aufwand für das Beheben von Fehlern noch weiter verringert.

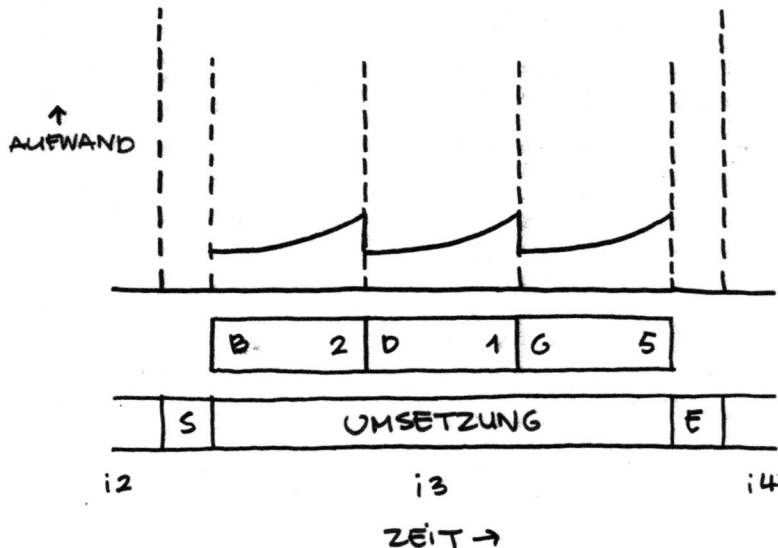

Leichtgewichtige agile Ansätze setzen voraus, dass der Kunde selbst die Verantwortung für das Testen der Work Items übernimmt. Daraus entstehen einige Herausforderungen. Häufig fehlt es dem Kunden,

Anwender oder Fachexperten an ausreichend Zeit und Wissen. Darüber hinaus ist es in komplexen Projekten wichtig, gründlicher zu testen, als Anwender das im Allgemeinen tun, zum Beispiel wenn es um Services in einer serviceorientierten Architektur in einer komplexen Applikationslandschaft geht. Hier ist es sinnvoll, wenn ein Tester die Tests durchführt und nur die finale Abnahme der Work Items dem Kunden überlassen wird. Beziehen Sie Tester wie auch Entwickler so früh wie möglich in Projekte mit ein. So eignen sich auch Tester von Anfang an Wissen über den Kunden und das Fachgebiet an.

Was genau machen Tester in Agile? Genau wie Entwickler beziehe ich auch Tester beim Schätzen von Umfang und Komplexität der Work Items mit ein. Schätzungen werden schließlich von denjenigen abgegeben, die auch die Arbeit leisten. Als Nächstes sind sie bei der Umsetzung der Work Items in Iterationen mit an Bord. User Stories werden meistens in *Tasks* unterteilt, zu denen auch Test-Tasks gehören. Aus Smart Use Cases entstehen *Basic Flow* und *Alternative Flows*.

In beiden Techniken werden Szenarien ausgearbeitet. Tester spielen dabei meiner Erfahrung nach eine entscheidende Rolle. Sie sehen die Welt anders als Fachexperten und Entwickler. Letztere sehen die positiven Szenarien. Tester haben eher die Einschränkungen und Ausnahmen im Blick, noch bevor der Code geschrieben ist. So beugt man Fehlern vor, und vorbeugen ist ja bekanntlich besser als heilen.

Danach erstellt der Tester die Testszenarien und Testfälle und der Entwickler schreibt den Code. Sobald der Entwickler ein Work Item umgesetzt hat, vergleichen der Tester und Entwickler das Ergebnis gemeinsam mit Testszenarien und Testfällen. Mögliche Fehler werden jetzt sofort korrigiert. Damit nimmt man Boehms Gesetz von vornherein den Wind aus den Segeln. Zudem nimmt der Tester auch den Fachexperten oder Anwendern viel Arbeit ab, die die Work Items am Ende abnehmen müssen. Tester begleiten diese Abnahme. Das verringert die Arbeitslast für Product Owner, Anwender und Fachexperte und steigert die Geschwindigkeit.

Umso mehr Funktionalitäten vorgesehen sind, desto wichtiger wird es, den Gesamtzusammenhang fortlaufend weiter zu testen. Das nennt man *Regressionstest*. Oft hört man, Regressionstests würden in Agile durch Unit Tests ersetzt. Da gibt es jedoch einen großen Unterschied. Unit Tests testen, ob der Code funktioniert. Regressionstests testen, ob der Code das macht, was angefordert war. Unit Tests sind gut für das Team. Regressionstests sind gut für das Produkt.

Wenn ein Projekt langfristig angesetzt oder in einzelne Releases unterteilt ist, werden Regressionstests zunehmend wichtiger. Ich rate dazu, regelmäßig Regressionstests zu machen, zum Beispiel in der letzten Iteration vor einem Release. Dafür sind die Tester verantwortlich. Regressionstests sind sehr zeitintensiv, deswegen sollte man sie so weit wie möglich automatisieren. Auch das erfordert wieder enge Zusammenarbeit zwischen Testern und Entwicklern.

Kurzum: Auch wenn die Rolle des Testers in vielen agilen Ansätzen nicht explizit erwähnt wird, trägt diese Rolle doch enorm zum Erfolg von Projekten bei. Ein Tester pro Team ist leicht machbar. Ist er an Bord, steigt die Qualität und der Kunde spart viel Zeit. Ein Muss!

5.16 Specification by Example

Eine interessante neue Technik ist *Specification by Example*. Der Kern des Ganzen ist, dass der Kunde zusammen mit dem Team für die Anforderungen von Work Items eine gemeinsame eindeutige Definition aufstellt. Das geschieht üblicherweise in Workshops, im besten Fall mit Fachexperten, Entwicklern und Testern. Anschließend werden Beispiele gesucht, mit denen diese eindeutige Definition automatisch getestet werden kann. Auch diese Beispiele werden zwischen Kunde und Team abgestimmt.

Genau wie bei Test Driven Development werden diese Tests in Code umgesetzt. Mittlerweile gibt es mehrere Frameworks, die Specification by Example unterstützen. Bekannte Beispiele sind SpecFlow und Fitnesse. Auch das automatisierte Testen von Smart Use Cases, das in Smart üblich ist, fällt in diese Kategorie.

Specification by Example, auch als *Acceptance Test Driven Development* bezeichnet, ist eine elegante Art und Weise, die Abnahme von Software zum Teil zu automatisieren. Wie Mark Twain sagt: *„Wenige Dinge auf Erden sind lästiger als die stumme Mahnung, die von einem guten Beispiel ausgeht."* Das setzt natürlich voraus, dass sich Kunde und Team über eine eindeutige Definition einig werden, und noch viel mehr, dass sie sich auf gute Beispiele einigen können, die das Work Item testen. Es ist damit ein Gegenstück zu vielen traditionellen, eher standardisierten Testtechniken, die häufig auf das Testen *aller* Möglichkeiten setzen. Das ist oft nicht so einfach wie es scheint, was die Beliebtheit von Specification by Example erklärt.

Genau wie beim Test Driven Development ist es auch bei diesen automatisierten Abnahmetests ein großer Vorteil, dass sie wiederholt werden können. Und genau wie bei Test Driven Development ist es wichtig, nicht zu unterschätzen, dass bei Änderungen an den Anforderungen während des Projekts auch der Testcode häufig angepasst oder erweitert werden muss.

5.17 Traditionelle Rollen in agilen Projekten

Viele Unternehmen sind traditionell aufgestellt. Es gibt Projektleiter, Business Analysts, Anforderungsanalytiker, funktionelle und technische Designer, Entwickler, Tester und Betreiber. Der Aufbau ist analog zu Wasserfall. Oft fragt man mich: „Was passiert mit diesen traditionellen Rollen in Agile?" Eine berechtigte Frage. Rollen und Verantwortlichkeiten sind in Agile anders organisiert. Eine kurze Übersicht:

▶ **Projektleiter.** Auch wenn agile Teams selbstorganisierend sind, habe ich in agilen Projekten gerne einen Projektleiter mit an Bord. Vor allem dann, wenn das Projekt aus mehreren Teams besteht, Teams an verschiedenen Orten arbeiten oder wenn mit externen Parteien zusammengearbeitet wird.

   Die Rolle des agilen Projektleiters ist allerdings deutlich anders. Er *begleitet* das Team. Für viele traditionelle Projektleiter ist das eine echte Herausforderung.

▶ **Unternehmensarchitekten.** In großen Unternehmen ist das Überwachen der Applikationslandschaft von essentieller Bedeutung. Viele Unternehmen haben hierfür Unternehmensarchitekten. Traditionell haben sie in Projekten eine überwachende Rolle. Sie geben Anforderungen und Design nur dann frei, wenn diese sich *im Rahmen* der Architektur bewegen. In Agile führen solche nachgeordneten Freigaben oft zu Verzögerungen. Ich rate Unternehmensarchitekten dazu, sich eigeninitiativ zu beteiligen, zum Beispiel bei der Ausarbeitung der Work Items. So werden sie gleich zu Anfang abgeholt, nicht erst hinterher.

▶ **Business Analysts.** Der traditionelle Business Analyst ist die Schnittstelle zwischen Auftraggeber und Auftragnehmer. Er kennt das Fachgebiet und hat guten Kontakt zu den Stakeholdern. Agile Business Analysts sind oft gut als Product Owner und Fachexperten geeignet. So bleiben sie die Schnittstelle zwischen Team und Stakeholdern und setzen im Projekt die Prioritäten.

► **Anforderungsanalytiker.** Der traditionelle Anforderungsanalytiker übersetzt Anforderungen in umzusetzende Funktionalität. Anforderungsanalytiker kennen die Applikationslandschaft des Kunden und spielen meiner Erfahrung nach eine große Rolle in komplexen Projekten, die zum Beispiel Geschäftsprozesse in einer service- oder cloudorientierten Architektur umsetzen. Hier sind sie Fachexperten. Sie sind mitverantwortlich für das Erstellen und Ausarbeiten von User Stories oder Smart Use Cases.

► **Designer.** Traditionell übersetzen funktionelle und technische Designer die umzusetzende Funktionalität in einen Entwurf. Dieser wird dann durch Entwickler umgesetzt. In einem agilen Projekt sitzen Designer zwischen allen Stühlen. Die enge Zusammenarbeit zwischen Kunde, Fachexperte, Entwicklern und Testern, oft in Workshops, verringert die Zahl der Zwischenschritte. Sie sind *implizit*. Die traditionelle Rolle des Designers verschwindet somit.

► **Entwickler und Tester.** Für traditionelle Entwickler und Tester verändert sich viel, sobald sie in einem agilen Projekt landen. Sie werden früher mit einbezogen und haben viel breitere Verantwortlichkeiten. Das erfordert deutlich mehr Kenntnisse und Fertigkeiten. Gut entwickeln oder testen zu können reicht oft nicht aus.

► **Betreiber.** Applikationen bleiben über Jahre in Betrieb, auch wenn sie als Zwischenlösung entwickelt wurden. Nach der Lieferung gehen sie in Betrieb. Das ist der größte Teil ihrer Lebensdauer.

```
PROJEKT | BETRIEB
```

► Für diesen Betrieb sind traditionell sowohl bei Funktionen als auch bei der Technik Betreiber oder Admins verantwortlich. Betreiber haben Anforderungen daran, wie Dokumentation und Code geliefert werden und wie deployed wird. Ich rate dazu, zukünftige Betreiber vor dem Projekt als Stakeholder zu betrachten. So werden auch ihre Wünsche zum Beispiel für Dokumentation und Konfiguration mit aufgenommen.

Letzten Endes ist es nie der gewählte agile Ansatz, der ein Projekt erfolgreich macht. Ein guter und vor allem klarer Ansatz hilft, aber es sind die Menschen im Team und ihre Zusammenarbeit, die ein Projekt zum Erfolg führen.

Kapitel 6

Agile Anforderungen

@TheMarkTwain: Hätte ich mehr Zeit gehabt, hätte ich weniger geschrieben.

Projekte werden durchgeführt, um die Wünsche und Forderungen des Kunden, also die Anforderungen umzusetzen. Diese werden in Work Items für das Projekt übertragen. Das können zum Beispiel User Stories, Smart Use Cases oder Features sein. Diese Work Items bilden dann das Projektbacklog.

Genau wie in traditionellen Projekten durchlaufen die Anforderungen in agilen Projekten verschiedene Stadien, in denen unterschiedliche Arbeiten daran durchgeführt werden. In beiden Projekttypen gibt es Analyse, Entwurf, Entwicklung, Testen und Abnahme der Anforderungen. Der große Unterschied zwischen traditionell und agil liegt somit auch nicht darin, *wie* die Anforderungen ausgearbeitet werden, sondern *wann* sie ausgearbeitet werden. Ich vergleiche die Effektivität der beiden hier anhand eines einfachen Rechenbeispiels.

6.1 Traditionelle Anforderungen

Ein traditionelles Projekt beginnt mit der Ausarbeitung der Anforderungen, die so lange dauert, bis die Anforderungen vollständig und komplett sind. Vollständig bedeutet, dass *alle* Anforderungen ausgearbeitet sind. Komplett bedeutet, dass alle benötigten Details beschrieben worden sind. Das macht man traditionell so, um Sicherheit zu schaffen. Die Anforderungen sind immerhin die die Basis für die

Schätzung der zu erwartenden Kosten und der Laufzeit des Projekts. Daraus entsteht der Projektplan.

Dieses Vorgehen hat zur Folge, dass sehr früh im Projekt viel Zeit darauf verwendet wird, die Anforderungen auszuarbeiten. Nehmen wir mal an, dass es in einem beliebigen Projekt hundert Anforderungen gibt und dass für die detaillierte Ausarbeitung zwanzig Stunden pro Anforderung gebraucht werden. Insgesamt gehen also für die Anforderungen zweitausend Stunden drauf.

Auch wenn viele Unternehmen davon ausgehen, dass diese Arbeitsweise effizient ist und viel Unsicherheit vermeidet, ist das Gegenteil wahr, denn:

▶ **Wissen.** Um Anforderungen so früh so detailliert auszuarbeiten, muss man sich gut auskennen. Oft ist dieses Wissen so früh im Projekt noch nicht umfassend aufgebaut. Daher erfordert das Ausarbeiten der Anforderungen viel mehr Zeit, als wenn man das später im Projekt täte.

▶ **Klar.** Viele Anforderungen sind so früh im Projekt noch gar nicht klar. Der Kunde kann so detailliert einfach noch gar nicht Auskunft geben.

Exkurs

In einem agilen Projekt setzen wir mehr als dreihundert Smart Use Cases um. Das Projekt läuft mittlerweile seit mehr als zwei Jahren. Immer noch gibt es Smart Use Cases, deren Details wir ohne gute Vorbereitung noch nicht erfassen können. Ganz zu schweigen davon, dass das zu Projektbeginn möglich gewesen wäre.

▶ **Ändern.** Es ist weithin bekannt, dass sich die Anforderungen während eines Projekts ändern. Unabhängig davon, ob es ein Wasserfall-Projekt oder ein agiles ist. Das ist unvermeidlich. Es entstehen neue Anforderungen. Man lernt über bestehende Anforderungen dazu. Ab und an werden Anforderungen auch hinfällig. Studien zeigen, dass sich Anforderungen im Schnitt zu bis zu 20 bis 25 Prozent ändern. Wenn das passiert, bedeutet das in meinem Beispiel, dass 20 bis 25 Prozent der zweitausend Stunden umsonst waren. Das ist eine ganz schöne Hausnummer. Vier- bis fünfhundert Stunden. Anforderungen so früh im Projekt detailliert auszuarbeiten ist also nicht effektiv. Außerdem: Wofür ist dieser Detaillierungsgrad erforderlich?

6.2 Agile Anforderungen

Agile Projekte gehen mit Anforderungen anders um. Von der Arbeit an den Anforderungen wird so viel wie möglich aufgeschoben und erst in dem Moment erledigt, in dem die Anforderungen benötigt werden. Das ist an zwei Punkten der Fall:

▶ **Schätzen.** Zu Projektbeginn bestimmen wir den Umfang der Anforderungen, sodass eine Schätzung abgegeben werden kann. Dafür sind eigentlich nicht viele Details zu den Anforderungen erforderlich. Sie müssen vor allem erfasst sein.

▶ **Umsetzen.** Erst in dem Moment, in dem die Anforderungen als Work Items in einer Iteration umgesetzt werden, braucht man die Details wirklich. Jetzt werden die Anforderungen und Work Items weiter ausgearbeitet. Just in time.

Vor diesem Hintergrund kann ganz anders mit Anforderungen umgegangen werden. Man kann das mit der Abkürzung YAGNI zusammenfassen. *You Aren't Gonna Need It.* In aller Kürze lässt sich die Abkürzung so erklären: Wenn die Arbeit jetzt nicht erforderlich ist, muss sie jetzt auch nicht gemacht werden. Agile Projekte erledigen alle Arbeiten an Anforderungen erst dann, wenn sie *wirklich* gemacht werden müssen.

Für die Anforderungen in meinem Beispiel bedeutet das Folgendes: In einem frühen Projektstadium werden die Anforderungen identifiziert oder so weit ausgearbeitet, wie es nötig ist, um eine Schätzung für das Projekt zu bekommen. Dafür sind weniger Details erforderlich als in einem traditionellen Projekt. Statt der zwanzig Stunden pro Anforderung kostet das in einem agilen Projekt vielleicht vier Stunden. Erst wenn eine Anforderung als Work Item ausgewählt wird, wird diese so detailliert ausgearbeitet, dass man sie umsetzen kann. Das hat deutliche Vorteile:

▶ **Wissenszuwachs.** Alles, was man bis zur Ausarbeitung dazugelernt hat, fließt automatisch mit ein. Man braucht also keine *Change Re-*

quests, um diese Erkenntnisse festzuhalten und nach Projektende separat umzusetzen.

▶ **Wissen.** Umso länger ein Projekt läuft, desto mehr lernen Kunde und Team über das Fachgebiet, über die verwendeten Techniken, über die Technologie dazu. Dank dieses Wissens geht die Ausarbeitung der Anforderungen später im Projekt schneller. Man muss schließlich weniger recherchieren. Das bedeutet, dass für die detaillierte Ausarbeitung der Anforderungen weniger Zeit benötigt wird. Vielleicht nur noch acht Stunden pro Anforderung.

▶ **Sicherheit.** Abschließend ist bei der Auswahl einer Anforderung für eine Iteration auch sicher, dass sie umgesetzt wird. Wieder sparen agile Projekte hier Zeit im Vergleich mit traditionellen Projekten. In traditionellen Projekten werden auch Anforderungen ausgearbeitet, die nie umgesetzt werden. In agilen Projekten werden nur Anforderungen ausgearbeitet, die auch tatsächlich umgesetzt werden.

Daraus folgt, dass in traditionellen und agilen Projekten die gleiche Arbeit an Anforderungen gemacht wird. Aber der *Zeitpunkt* unterscheidet sich. In meinem Rechenbeispiel spart das agile Projekt mal eben so ganze acht Stunden pro Anforderung.

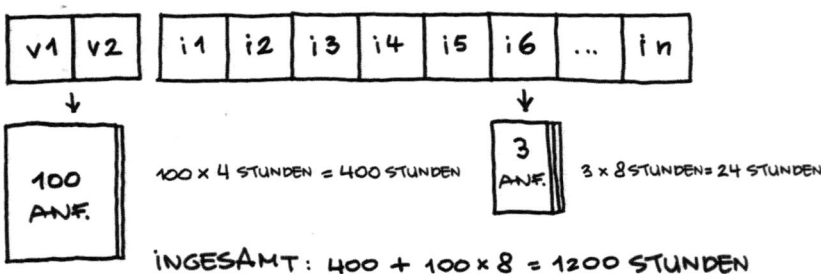

Natürlich ist dieses Beispiel rein fiktiv. Aber sicher nicht völlig realitätsfern. Der Wissenszuwachs ist hier hilfreich, nicht hinderlich.

Eine Randbemerkung. Leider wird YAGNI auch als Ausrede verwendet, um Arbeit einfach nicht zu machen, zum Beispiel nicht zu dokumentieren. Oder nicht über Architektur nachzudenken. Endanwender nicht zu schulen. Keine Datenmigration zu planen. Oder keine Übergabe mit den Betreibern zu machen. YAGNI bedeutet nicht, dass Arbeit nicht getan werden muss, sondern rät dazu, Arbeit erst dann zu machen, wenn man das Ergebnis *wirklich* braucht.

6.3 Die Arbeitseinheit

Exkurs

Während eines Audits bei einer Versicherung erzählte mir ein Projektleiter stolz, dass man in Iterationen arbeite. Ich fragte interessiert, wie lang diese seien. „Die jetzige", erzählte er, „dauert vier Monate. Und die nächste drei." Überrascht schaute ich ihn an. „Und die Iteration danach?" „Die dauert fünf Monate", erwiderte er. „Und die danach wieder drei." Obwohl er von seiner eigenen Planung recht überzeugt zu sein schien, verstand ich nicht, worauf diese basierte. „Wir arbeiten", erklärte er, „anhand von Use Cases. In jeder Iteration setzten wir einen davon um."

Sicher keine ideale Arbeitsweise. Die Iterationen sind lang, deshalb dauert es lange, bevor es Feedback zu den umgesetzten Work Items gibt. Zudem sind die Iterationen unregelmäßig. Das nimmt dem Projekt alle Flexibilität. Es ist unmöglich, schnell zu reagieren, wenn etwas Ungeplantes passiert, wie zum Beispiel eine sinkende Produktivität oder sich ändernde und neue Anforderungen.

Die gewählte Arbeitseinheit ist nicht gut. Die *klassischen* Use Cases, von denen der Projektleiter bei seiner Planung ausgeht, sind zu groß. In agilen Projekten ist es entscheidend, dass die Arbeitseinheiten klein sind. So klein, dass man davon mehrere in einer einzigen Iteration umsetzen kann. Denn:

▶ **Priorisieren.** Es ist wichtig, für jede Iteration die Work Items neu ordnen und priorisieren zu können. Work Items mit einer *geringen Granularität* bieten die Flexibilität, dies zu tun. Die Granularität klassischer Use Cases nicht.

▶ **Verteilen.** Arbeiten an mehreren kleineren Work Items gleichzeitig ermöglicht eine bessere Arbeitsverteilung. Der Fachexperte bereitet zwei Work Items vor. Die Entwickler arbeiten an zwei anderen Work Items. Der Tester an einem anderen.

▶ **Verzögerungen.** Manchmal ist die Produktivität eines Teams unerwartet niedriger, zum Beispiel wenn ein Server zwei Tage lang streikt. Wenn an mehreren Work Items gleichzeitig gearbeitet wird, bedeuten Verzögerungen, dass vielleicht nicht alle geplanten Work Items fertig werden, aber zumindest einige.

▶ **Ausweichen.** Manchmal steckt ein Team bei der Umsetzung eines Work Items fest. Zum Beispiel, weil die Anforderungen doch nicht klar genug sind, oder weil man darauf wartet, dass ein anderes Team oder Unternehmen bestimmte Funktionalitäten liefert. Wenn

103

in einer Iteration mehrere Work Items umgesetzt werden, kann das Team jetzt ausweichen. Dadurch wird ein Work Item, auf das gewartet wird, nicht gleich zu einem *Blocker*.

6.4 Welche Arbeitseinheit?

Die Kernfrage ist: Welche Arbeitseinheit ist die richtige? Vorläufig verwende ich immer den Begriff *Work Item* als Abstraktion. Agile Ansätze bringen jeweils ihre eigene Arbeitseinheit mit. Extreme Programming und Scrum verwenden User Stories. In Smart gibt es Smart Use Cases. Und Feature Driven Development spricht von Features. Wie also wählen? Ich verwende dazu gerne die folgenden Kriterien:

▶ **Geläufig.** Die Work Items müssen jedem im Team geläufig sein, angefangen von den Stakeholdern bis hin zu den Testern. Sie sind es, über die man sich unterhält.

▶ **Granularität.** Die Granularität bestimmt die Flexibilität. Wählen Sie immer eine Arbeitseinheit, von der man in einer einzigen Iteration mehrere vollständig von der Analyse bis zur Abnahme umsetzen kann. Das vereinfacht nebenbei auch das Messen des Fortschritts und der Geschwindigkeit.

▶ **Ableitbar.** Ich finde es wichtig, dass man Work Items direkt aus den Wünschen und Forderungen des Kunden auf der Basis der Anforderungen ableiten kann. Das bezieht den Kunden stärker ein und vereinfacht die Akzeptanz.

▶ **Frühzeitig.** Da die Umsetzung von Work Items mehr oder weniger sofort beginnt, müssen Work Items frühzeitig verfügbar sein. Das macht traditionell oft verwendete Einheiten wie Entities oder Tabellen unhandlich.

▶ **Schätzbar.** Der Umfang oder die Komplexität von Work Items muss einfach, früh und standardisiert schätzbar sein, um eine zuverlässige Schätzung und Planung zu liefern, und um festzustellen, was die richtige Menge an Arbeit pro Iteration ist.

▶ **Umsetzbar.** Wählen Sie eine Arbeitseinheit, die als klar umrissenes Arbeitspaket umsetzbar ist. Die Umsetzung von einem Work Item nach dem anderen sorgt für einen Rhythmus und schafft gute Modularität im Code. Das steigert die Wartbarkeit der Software.

▶ **Testbar.** Auch die frühe und individuelle Testbarkeit von Work Items ist von Bedeutung. Das steigert die Qualität der Software enorm.

▶ **Abnehmbar.** Das Gleiche gilt natürlich auch für die Abnahme von Work Items. Der Anwender, Product Owner oder Fachexperte muss in der Lage sein, individuelle Work Items abzunehmen.

Exkurs

Bei einem Logistikunternehmen bestand ein Teil der Work Items aus Services in einem Wirrwarr aus Backend-Systemen. Ein anderer Teil behandelte Webseiten der öffentlichen Webseite. Man entschied sich hier für Smart Use Cases als Arbeitseinheit. Diese sind sowohl für das Frontend als auch das Backend modellierbar. Die Smart Use Cases für das Frontend wurden vom Product Owner abgenommen, die für das Backend von den Testern.

▶ **Wiederverwendbar.** Wenn ein Unternehmen mehrere agile Projekte (gleichzeitig) durchführt, ist es praktisch, immer die gleiche Arbeitseinheit zu wählen. Das vereinfacht die Zusammenarbeit, insbesondere, wenn die Projekte voneinander abhängen. So kann man Erfahrungswerte schaffen und projektübergreifend vergleichen. Das macht es auch einfacher, für kommende Projekte Schätzungen abzugeben.

▶ **Betriebstauglich.** Oft wird unterschätzt, wie wichtig es ist, dass Work Items langfristig nachvollziehbar bleiben. Das gilt besonders, wenn die umgesetzte Software in Betrieb geht. Es muss über Jahre hinweg möglich bleiben, effizient, effektiv und strukturiert Fehler zu beheben und die Software zu erweitern. Ausgangspunkt dafür sind Code und Dokumentation der Work Items. Wählen Sie eine Arbeitseinheit, bei der ausreichend Dokumentation entsteht. Das Dokumentieren von Work Items ist immer Teil der Arbeit an Work Items in Iterationen. Nicht zu dokumentieren ist keine Option.

Sobald ein Projekt sich für einen bestimmten Ansatz entscheidet, erscheint es sinnvoll, auch die dazugehörige Arbeitseinheit zu wählen. Im Allgemeinen stimmt das. Wenn diese Arbeitseinheit allerdings nicht gut zum Unternehmen oder dem Team passt, kann immer auch eine andere Einheit gewählt werden.

Exkurs

Ein Projekt migrierte eine bestehende Desktopanwendung auf eine Weboberfläche. Man entschied sich für Screens als Arbeitseinheit. Ich kenne auch Scrum-Projekte, die sich für Smart Use Cases entscheiden, weil diese bei einer cloud- oder serviceorientierten Architektur besser passen als User Stories.

6.5   Lebenszyklus der Work Items

Um einen guten Überblick zu bekommen, wie viel Arbeit noch zu tun ist, mache ich gerne den Lebenszyklus von Work Items transparent. Das geht zum Beispiel mit einem Dashboard. Jedes Work Item durchläuft eine Reihe von Schritten, bevor es vollständig umgesetzt ist.

Verschiedene Ansätze arbeiten mit unterschiedlichen Schritten. Viele Scrum-Projekte arbeiten mit *Geplant*, *In Arbeit* und *Fertig* für sowohl Stories als auch Tasks.

Smart unterscheidet insbesondere für Smart Use Cases die Schritte *Neu*, *In Iteration*, *In Arbeit*, *Test*, *Überarbeitung* und *Abnahme*.

NEU	IN IT.	IN ARBEIT	TEST	ÜBERARB	ABNAHME
SUC	SUC	SUC	SUC		SUC
SUC	SUC	SUC			SUC
SUC		SUC			
SUC					

Die meisten Projekte fügen jedoch entsprechend der Vorgehensweise im Projekt zusätzliche Schritte hinzu.

Exkurs

Neben den Schritten von Smart gibt es in einem meiner Projekte auch noch *In Vorbereitung*, *Entwicklertest* und *Freigabe* für Work Items, die für die folgende Iteration vorbereitet werden, den Test von Code und die Freigabe durch die Endanwender.

Die Strukturierung des Lebenszyklus von Work Items ist ein wichtiges Instrument bei der Verbesserung der Arbeitsweise. So kann man Engpässe schneller identifizieren, indem man für jeden Schritt prüft, wie viele Work Items pro Iteration den Schritt durchqueren, und die Engpässe dann behebt. Eine verbreitete Technik hierfür ist die Theory of Constraints, die oft in Kanban verwendet wird.

6.6 User Stories

User Stories stammen aus Extreme Programming. Sie sind die holistische Antwort auf die komplizierten Techniken für die Erfassung von Anforderungen, die Mitte der neunziger Jahre des vergangenen Jahrhunderts üblich waren. Projekte produzierten Anforderungen vor allem als dicke Papierstapel. Die User Story ist das genaue Gegenteil. Nur das absolute Minimum einer Anforderung wird erfasst.

Eine User Story legt für funktionelle und nicht-funktionelle Anforderungen in einem Satz fest, was ein Endanwender mit der Software erreichen will. In Extreme Programming wurden sie ursprünglich vom Kunden auf Karteikarten erfasst, also auf den klassischen, blaulinierten Karten mit einer dicken roten Linie ganz oben. Der begrenzte Platz auf der Karteikarte sorgte ganz automatisch dafür, dass man sich kurz fasste. Dafür wurde das folgende Format verwendet:

ALS [ANWENDERTYP]
WILL ICH [EIN ZIEL]
DAMIT [EIN MOTIV].

Neben diesem einfachen Format definieren immer mehr Teams auch Abnahmekriterien und manchmal auch Testfälle. Auch wird vom Standardformat abgewichen. Manche Teams lassen den Teil *sodass [ein Grund]* leider völlig weg. Ein Beispiel:

ALS BIBLIOTHEKAR
WILL ICH SEHEN, BIS WANN EIN BUCH AUSGELIEHEN IST,
DAMIT ICH ES VORBESTELLEN KANN.

Oder:

ALS BÜCHEREIMITGLIED
WILL ICH EIN BUCH ONLINE VERLÄNGERN KÖNNEN,
DAMIT ICH NICHT IN DIE BÜCHEREI MUSS.

Das kompakte Format der User Story hat diverse Vorteile:
▶ **Einfach.** Ein Kinderspiel.
▶ **Gespräch.** User Stories bringen das Gespräch zwischen Kunde und Team in Gang.
▶ **Kompakt.** Formuliert man sie auf dem richtigen Niveau, sind User Stories klein und können in einer einzigen Iteration umgesetzt werden. Geht das nicht, sind sie zu groß und werden aufgeteilt.
▶ **Flexibel.** Das Erfassen von User Stories kostet zu Anfang wenig Zeit. Das Team verliert nur wenig Zeit mit den Anforderungen. Das trägt zur Flexibilität bei, denn immerhin sind die User Stories auch einfach wieder zu ändern.
▶ **Unbekannte Anforderungen.** User Stories sind ein gutes Hilfsmittel in Projekten, in denen die Anforderungen zu Projektbeginn noch unbekannt sind, aber im Projektverlauf mehr werden. Für das Formulieren von Stories geht so wenig Zeit verloren.

User Stories haben sich zum zentralen Instrument in der Kommunikation zwischen Kunde, Anwendern, Analytikern, Entwicklern und Testern entwickelt. Befürworter preisen die User Story als ein Mittel, um das Gespräch in Gang zu bringen. Selbst wenn währenddessen oder danach nichts weiter festgehalten wird. Trotzdem ist in vielen Projekten *irgendeine* Erfassung der Anforderungen unentbehrlich. Ich persönlich bin kein Befürworter von User Stories. Dies sind die Gründe:

▶ **Herleitung.** Es gibt keinen klaren Hinweis darauf, wie User Stories aus den Projektanforderungen hergeleitet werden, es ist nicht nachvollziehbar. User Stories entstehen meistens, indem man sie sich einfach ausdenkt, sobald das Backlog gefüllt werden muss. Das Problem ist mittlerweile erkannt und mit dem Erstellen von Epics behoben worden. Epics implizieren meistens eine Gruppe von Stories. So entsteht eine Hierarchie. Epics werden jedoch bei weitem nicht überall verwendet.

▶ **Äpfel und Birnen.** User Stories unterscheiden sich voneinander wie Tag und Nacht. Manche sind groß und komplex, manche einfach mit einigen Codezeilen umsetzbar. User Stories haben keine vergleichbare Granularität.

▶ **Schätzen.** User Stories werden in Story Points geschätzt. Da User Stories sich so stark voneinander unterscheiden, ist es schwierig, sie auf einer linearen Skala zu schätzen. In vielen Projekten wird die Größe einer Story zudem erst dann geschätzt, wenn diese für die folgende Iteration eingeplant wird, nicht schon zu Projektbeginn.

▶ **Aufteilen.** Die für eine Iteration ausgewählten Stories werden in Tasks aufgeteilt. Jede Story wird auf ihre eigene Art in Tasks unterteilt. Zu manchen gehören nur ein paar Tasks, zu manchen sehr viele. Hierfür gibt es keine standardisierte Herangehensweise. Dadurch macht diese Aufteilung sehr viel Arbeit.

▶ **Tasks schätzen.** Die Tasks werden durch das Team in Stunden geschätzt. In Projekten mit mehreren Teams wird dieses Teilen und Schätzen von jedem Team individuell durchgeführt. Dadurch sind sie selbst innerhalb eines Projekts schwer vergleichbar.

▶ **Erfahrungswerte.** Da Schätzungen in Story Points von Team zu Team und von Projekt zu Projekt unterschiedlich sind, ist es schwierig, projektübergreifende Erfahrungswerte zu erfassen. Diese Erfahrungswerte sind lebenswichtig für Unternehmen, um aus ihren Projekten zu lernen.

▶ **Entwickeln und Testen.** Das Fehlen von Standards bei Stories und Tasks sehe ich auch beim Entwickeln und Testen als Nachteil. Jede Story ist anders und muss hinsichtlich Code, Unit Tests und funktioneller Tests anders angegangen werden.

▶ **Komplexität.** In einer komplexen Systemlandschaft, bei der zum Beispiel Software in einer serviceorientierten Architektur umgesetzt wird, gelingt es User Stories nicht, Geschäftsprozesse und Anforderungen zu verknüpfen. Stories bieten keine Struktur oder Hierarchie.

▶ **Betrieb.** Möglicherweise reicht ein Stapel User Stories als Dokumentation für einen Betreiber nicht aus, um die Software damit in Betrieb zu nehmen.

User Stories eignen sich gut für Projekte mit begrenztem Scope. Sobald Projekte größer und komplexer werden, rate ich von der Verwendung von User Stories ab. Ich rechne damit, dass die starke Lobby der User Stories diese Schwachpunkte erkennen wird und sie mehr Struktur bekommen werden. Auch wenn Puristen das bezweifeln, wird dies meiner Meinung nach deutlich zur Verwendbarkeit beitragen.

6.7 Use Cases

Genau wie User Stories beschreiben Use Cases die funktionellen Anforderungen in einem Projekt. Ein Use Case definiert die Interaktion zwischen einem *Akteur* und dem System. Ein Akteur repräsentiert die Rolle, die jemand oder etwas mit Bezug auf diesen Use Case spielt. Use Cases werden als eine Reihe von Schritten beschrieben. Jeder Schritt beschreibt einen Teil der Interaktion zwischen Akteuren und System. Darüber hinaus gibt es in Use Cases Ausnahmen, die ebenfalls als Reihe von Schritten beschrieben werden.

Use Cases gibt es schon über fünfundzwanzig Jahre. Besonders weil sie schon in früheren Generationen von Entwicklungsmethoden verwendet wurden und weil *traditionelle* Use Cases umfangreich sein können, werden sie von agilen Ansätzen oft als nicht-agil abgetan. Trotzdem werden Use Cases hier angeführt, da der *Smart* Use Case sich in vielen agilen Projekten als brauchbare Arbeitseinheit herausgestellt hat.

In der Literatur gibt es zahlreiche Vorlagen für das Beschreiben von Use Cases. Zusammengefasst hat ein Use Case in jedem Fall die folgenden Bestandteile:

▶ **Name.** Jeder Use Case hat einen kurzen Namen, der erahnen lässt, was den Use Case wahr macht. Meistens sind das ein Substantiv und ein Verb. *Schaden melden* oder *Abo beantragen*.

▶ **Akteure.** Die Rollen, die den Use Case ausführen und davon profitieren. Meistens sind Akteure Menschen, wie zum Beispiel *Leiter Finanzen* oder *Abonnent*, aber manchmal sind auch andere Anwendungen oder Services die Akteure.

- **Vorbedingungen.** Die Voraussetzungen, die erfüllt sein müssen, damit ein Use Case starten kann.
- **Nachbedingungen.** Das, was den Use Case für die Akteure wahr macht. Ein Schaden ist gemeldet worden. Ein Abonnement ist beantragt worden.
- **Standardablauf.** Eine Reihe von Schritten, die gemacht werden, um die Nachbedingung wahr zu machen. Diese Schritte sind meistens nummeriert. Im Normalfall beinhaltet ein Ablauf keine Entscheidungsmomente. Wenn es einen Entscheidungsmoment mit Alternativen gibt, werden hierfür *alternative Abläufe* geschrieben.
- **Alternativer Ablauf.** Auch Alternativen werden als eine Reihe von Schritten erfasst und nummeriert. Ein alternativer Ablauf beginnt bei einem der Schritte des Standardablaufs oder eines anderen alternativen Ablaufes.

Hier ist der Standardablauf für den Use Case *Buch auswählen* dargestellt. Jeder Schritt wird entweder durch das System oder durch einen der Akteure durchgeführt.

1. SYSTEM ZEIGT MASKE AN.
2. AKTEUR GIBT SUCHKRITERIEN EIN.
3. AKTEUR BESTÄTIGT.
4. SYSTEM SUCHT NICHT VORBESTELLTE BÜCHER.
5. SYSTEM ZEIGT MASKE AN.
6. AKTEUR WAHLT EIN BUCH AUS.
7. SYSTEM ZEIGT BUCH AN.

Ein alternativer Ablauf beginnt bei einem Schritt in einem anderen Ablauf und endet meistens auch wieder in diesem Ablauf. Manchmal, so wie hier, endet der Use Case im alternativen Ablauf.

BEGINN IN BASIC FLOW 3.
3.1 AKTEUR BRICHT AB.
3.2 SYSTEM ZEIGT KEIN BUCH AN.

111

6.8 Huge Cases

Use Cases unterscheiden sich von User Stories wie Tag und Nacht. Use Cases haben Struktur und sind viel besser aus den Anforderungen herleitbar. Use Cases sind besser nachvollziehbar als User Stories. Trotzdem gibt es beim Schreiben von Use Cases auch Herausforderungen. Die Interaktion zwischen Akteuren und System ist nun mal mühseliger zu beschreiben als eine einzeilige User Story. Use Cases sind auch detaillierter. Die Anzahl der alternativen Abläufe nimmt deutlich zu, umso komplexer ein Use Case wird.

Exkurs

Ein Projekt bei einem Pensionsfonds hatte einen Use Case *Quartalsabrechnung machen* und einen Use Case *Anmelden*. An dem ersten Use Case arbeitete der Pensionsfonds eineinhalb Jahre. Der zweite Use Case war in wenigen Tagen umgesetzt.

Dieses Beispiel zeigt einen Mangel von sowohl Use Cases als auch User Stories auf. Die Granularität beider Arbeitseinheiten kann sehr unterschiedlich sein. Manche sind groß und komplex, andere können schnell umgesetzt werden.

Exkurs

Einen anderen traditionellen Use Case sah ich bei einer großen internationalen Bank. Dieser Use Case bestand aus 65 Seiten Text. Der Standardablauf nahm 12 Seiten in Anspruch. Zu dem Use Case gehörten über 100 alternative Abläufe und 12 Screens. Er hieß *Adresse ändern*.

Für Entwickler ist ein solcher Use Case außergewöhnlich mühsam in der Umsetzung. Für die Tester, die alle möglichen Szenarien durchspielen müssen, ist das fast unmöglich. Ich nenne diese traditionelle Art Use Cases meist *Huge Cases*. In Agile sicher keine praktische Arbeitseinheit.

6.9   Smart Use Cases

Warum dann doch Use Cases in einem Agile-Buch? Wegen der *Smart Use Cases*. Alistair Cockburn verfügt über ein interessantes Modell für Anforderungen und Use Cases. Er unterscheidet fünf verschiedene Ebenen.

WOLKE	☁	SCOPE
DRACHEN	⬚	ANFORDERUNGEN
MEER	∿	BENUTZERZIEL
FISCH	⬭	SUBFUNKTION
MUSCHEL	⌒	ZU NIEDRIG

Frei erklärt haben wir hier:

▶ **Wolke.** Den Scope eines Projekts. Die Wünsche und Forderungen eines Kunden.

▶ **Drachen.** Reihen oder Gruppen von Anforderungen, wie komplexe Geschäftsprozesse, oder alle Anforderungen aus dem Themengebiet der Berechtigungen.

▶ **Meer.** Anforderungen, die ein bestimmtes Ziel umsetzen. Diese werden auch *Benutzerziel-Ebene* genannt.

▶ **Fisch.** Anforderungen, die bei der Umsetzung von Anforderung der Benutzerziel-Ebene helfen. Diese Ebene heißt auch *subfunktionelle Ebene*.

▶ **Muschel.** Theoretische Ebene von zu detaillierten Anforderungen.

Auf der Basis dieses Modells ist in Smart eine Arbeitsweise entwickelt worden, um Wünsche und Forderungen des Kunden in Smart Use Cases umzuwandeln:

1. **Scope.** Legen Sie den Projektumfang auf Wolkenebene fest.
2. **Gruppen.** Filtern Sie aus diesem Scope die umzusetzenden oder zu ändernden Gruppen von Anforderungen auf Drachenebene heraus, wie zum Beispiel *Kontakte*, *Verträge* oder *Lieferanten*.
3. **Grundlegende Geschäftsprozesse.** Teilen Sie die Gruppen in grundlegende Geschäftsprozesse auf. Manche lassen sich hierarchisch, andere chronologisch teilen. Grundlegende Geschäftsprozesse sind leicht per *OTOPOP* zu erkennen. Diese Abkürzung steht für One Time, One Place, One Person. Auf gut Deutsch: Grundlegende Geschäftsprozesse haben eine Zeit, einen Ort und eine Handlung.
4. **Use Cases.** Grundlegende Geschäftsprozesse entsprechen Use Cases auf Meeresebene. Use Cases, die tatsächlich ein spezifisches Ziel wahr machen. Die traditionellen Use Cases wie *Abo beantragen*, *Produkt bestellen* oder *Kontakt bearbeiten*.
5. **Smart Use Cases.** Modellieren Sie auf der Fisch-Ebene in Use Case-Diagrammen zusätzliche Use Cases, die Teile der Use Cases auf Meeresebene behandeln wie *Produkt auswählen* oder *Vertrag prüfen*. Diese Use Cases auf Meeres- und auf Fisch-Ebene werden zusammen als Smart Use Cases bezeichnet, nach dem agilen Ansatz Smart. In Smart gibt es einfache Regeln, um Use Cases auf Fisch-Ebene herzuleiten.
6. **Smart Use Cases schätzen.** Der Umfang oder die Komplexität von Smart Use Cases wird in Smart-Use-Case-Punkten geschätzt. Dabei hilft eine ganze Liste mit zahlreichen Standardtypen von Smart Use Cases. Diese Standardtypen werden als *Stereotypes* bezeichnet.
7. **Smart Use Cases umsetzen.** Smart Use Cases werden genau so beschrieben wie traditionelle Use Cases, mit genau derselben Vorlage. Smart Use Cases werden jedoch erst später, in der Iteration, in der sie umgesetzt werden, ausgearbeitet. YAGNI. Da Smart Use Cases viel kleiner sind, ist auch die Spezifikation kompakter, der Standardablauf kurz und nur wenige alternative Abläufe vorhanden.

Mit dieser Arbeitsweise kommt man schnell zu einer Reihe von Use Case-Diagrammen wie dem untenstehenden. In jedem Kreis steht ein Smart Use Case. Die Strichmännchen sind die Akteure.

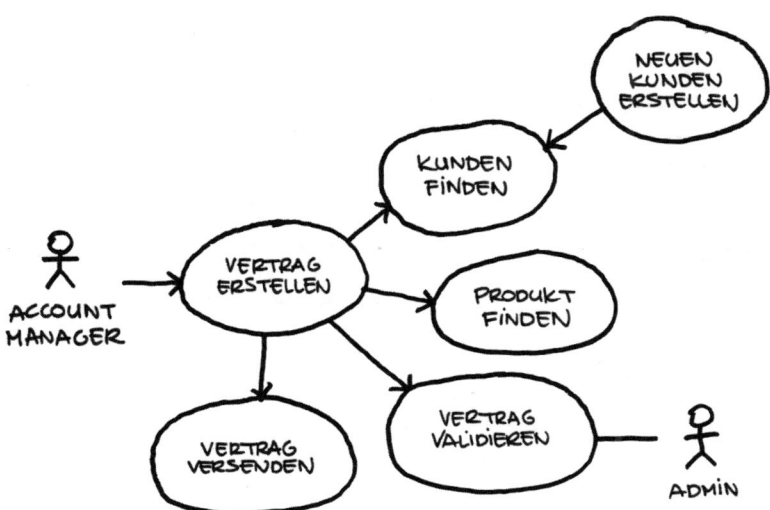

Smart Use Cases bieten im Vergleich zu traditionellen Use Cases und User Stories einige Vorteile:

▶ **Visuell.** Smart Use Cases werden modelliert. Ein Bild sagt nun einmal mehr als tausend Worte.

▶ **Granularität.** Smart Use Cases sind klein; Umfang und Komplexität sind vergleichbar. Die *Granularität* ist vergleichbar.

▶ **Schätzeinheit.** Durch diese vergleichbare Granularität können Smart Use Cases unkompliziert und standardisiert auf einer linearen Skala geschätzt werden. Die zahlreichen Stereotypen machen diese Schätzungen zudem team- und projektübergreifend vergleichbar. Smart Use Cases ermöglichen die Erfassung verlässlicher Erfahrungswerte.

▶ **End-to-end.** Smart Use Cases decken im Regelfall alle Ebenen der gewählten Architektur ab. Bei User Stories ist das bei Weitem nicht selbstverständlich.

▶ **Arbeitseinheit.** Smart Use Cases sind klein und somit eine gute Arbeitseinheit für agile Projekte. Sie sind in einem oder mehreren Tagen vollständig umsetzbar. Die Umsetzung von Smart Use Cases erfolgt zudem gemäß eines simplen Lebenszyklus.

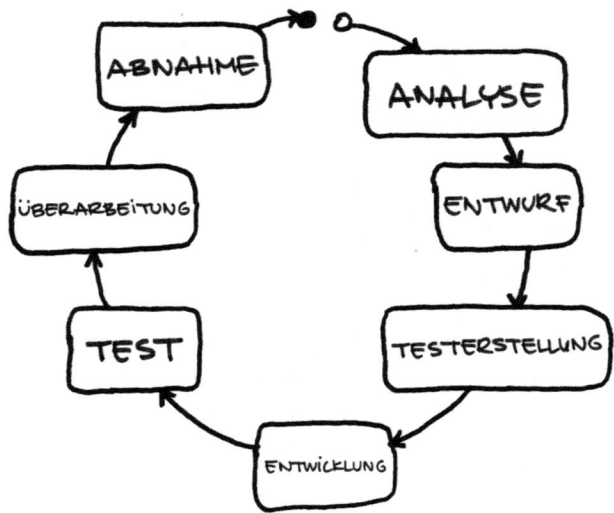

- ▶ Dies macht die Aufteilung in Tasks überflüssig. Die Schritte dieses Lebenszyklus finden sich an den verwendeten Dashboards wieder.
- ▶ **Wiederverwendung.** Smart Use Cases machen die Wiederverwendung einer Funktion schnell sichtbar. Ein Smart Use Case *Produkt auswählen* taucht in einem Webshop zum Beispiel in mehreren Diagrammen auf. *Produkt auswählen* wird jedoch nur einmal umgesetzt. Viele Unternehmen modellieren alle Services ihrer serviceorientierten Architektur in Smart Use Cases. Die Zusammenstellung neuer Geschäftsprozesse beschränkt sich dann auf das Kombinieren von Smart Use Cases.
- ▶ **Testeinheit.** Für das Testen der Szenarien aus Smart Use Cases gibt es standardisierte Testtechniken wie den bekannten Process Cycle Test und den Use Case Test.
- ▶ **Nachvollziehbarkeit.** Smart Use Cases lassen sich eindeutig in Code und Unit Tests übertragen. So ist der Weg vom Scope und den Anforderungen bis hin zu getestetem Code direkt nachvollziehbar.

Auch wenn User Stories vielfältiger einsetzbar sind, bieten meiner Erfahrung nach Smart Use Cases agilen Projekten mehr Halt als die eher unstrukturierten User Stories. Smart Use Cases sind eindeutiger und vollständiger. Ich sollte hinzufügen, dass das Modellieren von Smart Use Cases mehr Wissen erfordert als das Schreiben von User Stories. Man muss allerdings kein Raketenwissenschaftler sein, um Strichmännchen und Kringel zu malen.

6.10 Modellieren oder Schreiben?

Das Agile Manifest besagt: *„Individuen und Interaktionen vor Prozessen und Werkzeugen".* Ich habe über diese Aussage schon viel diskutieren müssen, vor allem mit Menschen, die davon überzeugt sind, dass Tools in agilen Projekten nichts verloren haben. Wenn auch Entwicklungsumgebungen wie Visual Studio und Eclipse unentbehrlich sind, wird die Verwendung von beispielsweise Modellierumgebungen öfter als Verrat am Manifest betrachtet. Lassen Sie sich nicht entmutigen. Der Einsatz von Modellierumgebungen ist in vielen Projekten eine willkommene und verlässliche Ergänzung zu Karteikarten oder Microsoft Word.

Modellierungswerkzeuge wie Enterprise Architect oder Rational Rose verfügen über ein Repository, in dem Modelle und Modellelemente abgespeichert sind. Dadurch bleiben Anforderungen und Work Items einheitlich und konsistent. Zudem ist es so einfacher, Dinge wiederzuverwenden. Ein- und dasselbe Modellelement kommt dann in verschiedenen Diagrammen vor. Darüber hinaus sind Modellierungstools in der Lage, Dokumentation und häufig verwendeten Code zu generieren, anstatt dass er von Hand geschrieben wird. Das steigert die Qualität der Software und macht den Zusammenhang zwischen Design und Code nachvollziehbarer.

Es kann sein, dass die Schwelle für die Einführung von Modellierungstechniken und -tools höher ist. *Ein tolles Tool allein…* Techniken der Unified Modeling Language (UML) und Business Process Model and Notation (BPMN) müssen erlernt werden. Modellierungstools müssen genau wie Entwicklungsumgebungen eingerichtet und betrieben werden. Standards und Richtlinien sind erforderlich. Auch hierfür gilt im Übrigen YAGNI. Nur wenn wirklich erforderlich.

Meiner Ansicht nach wiegen die Vorteile des Modellierens in größeren, komplexeren Projekten ganz klar die Nachteile auf. Viele agile Projekte modellieren auch Smart Use Cases, Domain-Modelle, User Interfaces, Services und das eine oder andere verirrte Datenmodell.

Abschließend: Egal ob Modellieren oder Schreiben, bleiben Sie immer pragmatisch. Es ist wichtig, sich immer bewusst zu machen, für wen dokumentiert wird. Wie Scott Ambler sagt: *„Den Wert der Dokumentation bestimmt der Nutzer, nicht der Verfasser."*

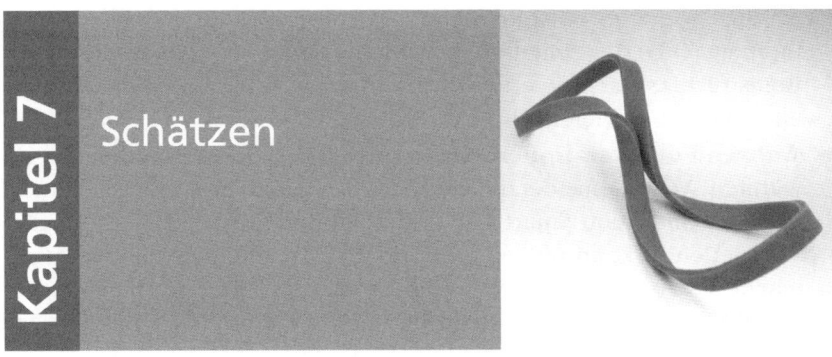

Kapitel 7

Schätzen

@InspireBookClub: Wenn du es heute alles begreifen könntest, welchen Zweck hätte dann das Morgen?

Eines der heißesten Eisen dieses Fachgebiets ist das Schätzen der Menge der geplanten Arbeit in einem Projekt. Oder sagen wir lieber, *des Umfangs und der Komplexität* dieser Arbeit. Gutes Schätzen ist nicht einfach, schließlich ist jedes Projekt anders. Es gibt zahlreiche Schätzverfahren. Häufig fehlen die benötigten Erfahrungswerte. Und was ist der richtige Detaillierungsgrad?

7.1 Wann schätzen?

Schätzen ist in Projekten schon zu Beginn lebenswichtig. Auf der Basis einer guten Schätzung wird ein Projektplan aufgestellt und festgelegt, wie viele Menschen ins Team kommen. Es wird beurteilt, ob die vom Kunden ins Auge gefassten Deadlines machbar sind. Und während des Projekts ist Schätzen wichtig, um die Auswirkungen neuer und geänderter Work Items zu beurteilen, den Zuwachs an Scope zu überwachen und den Plan anzupassen.

In Agile ist Schätzen daher ein kontinuierlicher Prozess:

▶ **Zu Projektbeginn.** Um für ein Projekt ein Angebot zu machen, ist eine erste Schätzung erforderlich. In leichtgewichtigen agilen Ansätzen wird das nicht immer beschrieben. Das gilt für Scrum oder Extreme Programming. Ein Projekt beginnt hier mit der ersten Iteration, in der schon Work Items umgesetzt werden. Andere agile

Ansätze wie zum Beispiel Smart, DSDM und Feature Driven Development (FDD) beinhalten Vorabiterationen, in denen die Work Items für das Backlog erfasst werden, eine Schätzung gemacht und ein Angebot sowie ein Projektplan erstellt werden.

▶ **Während der Iterationen.** Während der Iterationen werden die gewählten Work Items detaillierter ausgearbeitet. User Stories werden in Tasks unterteilt. Smart Use Cases werden ausgearbeitet. Mit diesen neuen Erkenntnissen wird noch einmal eine Schätzung gemacht, um herauszufinden, ob diese Menge Arbeit in die Iteration passt. Oft verändert sich dadurch auch die Gesamtschätzung. Das hat wiederum Auswirkungen auf die voraussichtliche Laufzeit.

Leider beginnen noch nicht alle agilen Projekte mit einer anfänglichen Schätzung, einem Angebot und einem Projektplan.

Exkurs

Bei einem Projekt in Belgien entschied sich der Coach dafür, keine Schätzung, keinen Plan und keine Abnahmekriterien für die Software zu machen. „Das macht man in Scrum nicht." Eineinhalb Jahre später brach der Kunde das Projekt ab. Kunde und Dienstleister konnten sich über die Qualität der Funktionalität nicht einigen. Das Budget war aufgebraucht. Die Deadline war verstrichen.

Hoffentlich gibt es nur wenige Unternehmen, die ohne Plan in ein Projekt einsteigen. Auch wenn dieser Plan deutlich weniger in Stein gemeißelt ist als bei Wasserfall.

7.2 Warum Schätzen schwierig ist

Trotz der immensen Bedeutung des Schätzens gelingt es nur wenigen Projekten, eine zuverlässige Schätzung abzuliefern. Das gilt für traditionelle wie agile gleichermaßen. Die Ursachen sind unterschiedlich:

▶ **Reverse Planning.** Leider basieren viele Schätzungen nicht auf der tatsächlichen, sondern auf der *gewünschten* Produktivität. Mit dieser wird dann errechnet, was das Team wird leisten müssen. Das Ergebnis ist nicht nur unrealistisch, sondern bisweilen auch schädlich.

Exkurs

In einem Projekt wurde achtzehn Monate lang an den Anforderungen gebastelt. Es blieben noch sechzehn Wochen für die Umsetzung der Software über. Jetzt aber flott.

▶ **Anforderungen ändern sich.** Beim Erstellen einer anfänglichen Schätzung ist es schwierig, neue oder sich im Projektverlauf ändernde Anforderungen zu berücksichtigen.

▶ **Diesmal wird alles besser.** In unserem Eifer, für ein neues Projekt eine Schätzung abzuliefern, nehmen wir gerne an, dass wir in diesem Projekt alles *besser* machen als in früheren Projekten. Ob das gelingt, wage ich zu bezweifeln.

▶ **Keine Zahlen, keine Ahnung.** Für das Schätzen der Produktivität ist es praktisch, wenn man Erfahrungen aus anderen Projekten herbeiziehen kann. Leider fehlen solche Erfahrungswerte oft. Nur wenige Unternehmen messen tatsächlich ihre Produktivität.

▶ **Optimierte Erfahrung.** Selbst wenn Unternehmen Erfahrungswerte erfassen, ist die Frage, wie wertvoll diese sind. Nicht selten werden Projektkennzahlen *optimiert*, um das Endergebnis zu beschönigen. Wie viele Stunden werden in Projekten zu Unrecht auf Fortbildung oder Einarbeitung gebucht?

▶ **Wasserfall.** Schätzungen in Wasserfallprojekten sind besonders schwierig. Immerhin findet in jeder Phase eine grundlegend andere Tätigkeit statt.

▶ **Optimistische Entwickler.** Gerade Entwickler schätzen sehr optimistisch, bis zu zwanzig Prozent optimistischer als realistisch.

▶ **Neue Technologie.** Viele Projekte verwenden innovative Technologie. Dazu gibt es per Definition noch wenig bis gar keine Erfahrungswerte.

▶ **Technologie kopieren.** Wenn es an Erfahrung mit einer Technologie mangelt, vergleichen wir sie gerne mit einer zuvor verwendeten Technologie – nicht immer zu Recht.

Exkurs

„Wir entwickeln eine mobile Anwendung. Für Android. Das geht genauso schnell wie Entwickeln in ASP.NET. Oder?"

Kurzum, es ist nicht einfach, solide zu schätzen. Da drängt sich gleich die nächste Frage auf: Wie wird denn eigentlich geschätzt? Im Grunde gibt es zwei Alternativen:

▶ **Stunden.** Man schätzt, wie viele Stunden erforderlich sind, um die Arbeit zu erledigen. Diese wird oft in Arbeitspakete eingeteilt. Schätzungen in Stunden sind *absolut*.

▶ **Punkte.** Work Items in Projekten werden in Punkten *im Verhältnis zueinander* geschätzt. Das ist *relativ*. Eine solche Schätzung bietet einen Anhaltspunkt für den Gesamtumfang oder die Komplexität des Projekts. Im nächsten Schritt wird festgestellt, wie lange es dauert, diese Punkte umzusetzen, und wie viele Iterationen dafür erforderlich sind. Dafür wird die Schnelligkeit oder *Velocity* des Teams verwendet.

7.3   Schätzen Schritt für Schritt

Eine gute Schätzung für ein solides Angebot oder einen guten Projektplan besteht meines Erachtens aus den folgenden vier Schritten:

1. **Anforderungen sammeln.** Erfassen Sie die vorläufigen Anforderungen für das Projekt. Vorläufig, da während des Projekts neue Anforderungen entstehen und vorhandene sich ändern werden. Schätzen Sie deswegen zu Projektbeginn immer mit einem Puffer. Ganz im Erst. Die Unsicherheit und somit auch die Toleranz nehmen im Projektverlauf ab. Eigentlich gibt es nur einen Moment im Projekt, an dem die Toleranz null ist, und zwar das Projektende.

2. **Anforderungen in Work Items übersetzen.** Erstellen Sie aus den gesammelten Anforderungen Work Items in der gewählten Schätzeinheit. Nehmen Sie zum Beispiel User Stories, Screens oder Smart Use Cases.

3. **Work Items schätzen.** Bestimmen Sie mit dem vorgesehenen Team den Gesamtumfang oder die Komplexität dieser Work Items.

4. **Geschwindigkeit feststellen.** Legen Sie anschließend Projektteilnehmer, Stunden und Laufzeit des Projekts fest.

Sobald die Anforderungen in Work Items konvertiert worden sind, beginnt also die wirkliche Arbeit. Das Schätzen des Umfangs der Work Items in Stunden, oder besser noch in Punkten. Machen Sie das vorzugsweise zusammen mit dem Kunden. Auch wenn das in der Praxis nicht immer möglich ist, stärkt es doch das Vertrauen des Kunden.

Anschließend wird dieser Umfang umgerechnet in Menschen, Iterationen und Laufzeit. Hierfür ist die voraussichtliche Geschwindigkeit des Teams von Bedeutung. Geben Sie diese in Punkten pro Iteration und dazu auch die Zahl der Stunden oder den Preis pro Punkt an. Schauen wir uns das genauer an.

7.4 Schätzen in Stunden

Exkurs

Ein Projektleiter schickte seinen Teammitgliedern kürzlich eine Mail mit der Bitte, jeder oder jede möge doch seine oder ihre eigene Arbeit in Stunden schätzen. Damit wollte er dann einen Plan für die verbleibende Projektdauer erstellen und diesen an den Kunden schicken. Er stieß damit auf einigen Widerstand.

Das liegt daran, dass das Schätzen in Stunden sehr schwierig ist. Die Ursachen dafür sind folgende:

▶ **Personengebunden.** Schätzungen in Stunden sind immer personengebunden. Die Stunden stimmen für diejenigen, die die Schätzung abgeben, aber wahrscheinlich nicht für andere. Wenn ich sage, dass ich sechzehn Stunden für ein Work Item brauche, heißt das nicht, dass ein Entwicklerkollege dafür auch sechzehn Stunden braucht. Vielleicht braucht er mehr, vielleicht weniger.

▶ **Urteil.** Nehmen wir an, dass ein Kollege sechzehn Stunden für ein Work Item geschätzt hat und ich dreißig. Ein Manager kann daraus ableiten, dass mein Kollege *besser* ist. Ein solches Urteil ist eine unbeabsichtigte, aber unangenehme Nebenwirkung.

▶ **Unbeständig.** Nehmen wir an, dass eine Stundenschätzung gemacht worden ist und die Arbeit erledigt wird. Allerdings scheint die Arbeit in der Praxis strukturell mehr oder weniger Zeit zu kosten. Was bedeutet das für alle restlichen Work Items? Möglicherweise müssen diese neu geschätzt werden.

▶ **Truthahn.** Schätzungen in Stunden sind wie Thanksgiving für einen Truthahn. Indem sie eine Schätzung abgeben, legen Menschen ihren Kopf auf den Hackklotz. Was, wenn die Schätzung nicht geschafft wird? Wessen Schuld ist das dann? Mit welchen Konsequenzen muss man rechnen? Infolgedessen sind viele Schätzungen in Stunden sehr defensiv. Das verringert den Wert einer solchen Schätzung enorm.

▶ **Rollen.** Wie man am Beispiel zu Beginn dieses Abschnitts erkennen kann, werden Stundenschätzungen oft von Menschen mit bestimmten Rollen abgegeben. „Wie viele Stunden brauchst du, um diese User Story zu testen?" Solche Schätzungen lassen die Zusammenarbeit mit anderen Rollen völlig außer Acht. Multidisziplinäre Zusammenarbeit, die für Agile entscheidend ist, verwässert individuelle Schätzungen.

Schätzen in Stunden ist nicht einfach und nicht erstrebenswert. Es ist unflexibel und zwingt Menschen zu Aussagen, auf die man sich dann nicht verlassen kann.

7.5 Schätzen in Punkten

Stundenschätzungen sind absolut. Relative Schätzungen sind sinnvoller, einfacher und weniger gefährlich. Lassen Sie mich erklären, wie ich das meine. Hier ist ein Bild von der Chicagoer Skyline.

Nehmen wir mal an, dass jedes Gebäude in dieser Skyline für ein Work Item steht. Genauso wie bei Work Items unterscheidet sich die Größe der Gebäude deutlich. Nehmen wir mal an, dass ich eine Schätzung der absoluten Größe der Work Items in einem Projekt in Stunden haben möchte. Das entspricht der Schätzung der absoluten Höhe in Metern für die Gebäude in der Skyline. Jetzt muss ich bei jedem einzelnen Gebäude schätzen, wie hoch es ist. Die Chancen, dass diese Schätzung gründlich danebengeht, sind enorm groß. Versuchen Sie's mal.

Aber nehmen wir doch mal an, ich müsste die Schätzung anhand einer fiktiven Skala machen, die die Höhe der Gebäude darstellt, zum Beispiel auf einer Skala von eins bis fünf. Jetzt muss ich die Gebäude im Verhältnis zueinander schätzen. Relativ. Als Anhaltspunkt bekommt das höchste Gebäude die fünf. Ohne viel Mühe kann ich die anderen Gebäude auf dem Foto auf dieser Skala einordnen. Relativ zum höchsten Gebäude. Dieser Ansatz führt innerhalb weniger Minuten zu einer Schätzung. In Punkten. Sagen wir, zweihundert Punkte. Entsprechend kann man auch Work Items in einem Projekt auf einer vergleichbaren Skala anordnen.

Projekte verwenden hierfür unterschiedliche Skalen. Viele Scrum-Projekte arbeiten bei User Stories mit unterschiedlichen Abwandlungen der Fibonacci-Reihe, sogenannten Story Points. Umso größer oder komplexer die Stories, desto größer die Unsicherheit.

FiBONACCi

1 , 2 , 3 , 5 , 8 , 13

+ 20 , 40 , 100

Smart Use Cases werden in Smart-Use-Case-Punkten geschätzt. Die Skala hierfür ist 1, 2, 3, 4, 5, 8 und 10.

SMART-USE-CASE-PUNKTE

1. KiNDERSPiEL

2. MÄßiG

3. NORMAL

4. SCHWiERiG

5. SEHR SCHWiERiG

8. EXTREM, ABER BEKANNT

10. EXTREM UND UNBEKANNT

Die jetzt gezählten Punkte sind eine Messgröße für die Gesamthöhe der Gebäude in der Skyline. Oder für den Gesamtumfang oder die Komplexität der Work Items in einem Projekt. Schätzen in Punkten bietet gegenüber dem Schätzen in Stunden große Vorteile:

▶ **Einfach.** Es ist leicht. Das einzige was wichtig ist, ist, wie Work Items sich zueinander verhalten. Meiner Erfahrung nach sind selbst Teams, die zum ersten Mal in Punkten schätzen, in der Lage, schnell valide Schätzungen abzugeben.

▶ **Schnell.** Für das Schätzen von Punkten gibt es verschiedene Techniken, wie zum Beispiel *Schätzpoker*. Ich persönlich schätze gerne in einem Workshop mit einem Team um ein Dashboard herum. So oder so geht es schnell. Selten dauert es länger als ein bis zwei Stunden.

▶ **Präziser.** Schätzen in Punkten ist faszinierenderweise präziser als Schätzen in Stunden. Wegen des Gesetzes der großen Zahlen ist es nicht schlimm, wenn eines der Work Items zu klein geschätzt wird. Die Wahrscheinlichkeit, dass eines der anderen Work Items zu groß geschätzt wird, ist nämlich genauso groß.

▶ **Weniger gefährlich.** Schätzen in Punkten abstrahiert individuelle Erfahrungen. Es ist dadurch für Entwickler oder Tester deutlich weniger gefährlich.

▶ **Kein Verfall.** Punkte bewerten den Umfang oder die Komplexität von Work Items, nicht die Umsetzungsgeschwindigkeit. Ist ein Team unerwartet langsamer als gehofft, bleiben die Punkte gültig. Die Geschwindigkeit verändert sich, nicht die Komplexität.

Kurzum, ich rate dringend zum Schätzen in Punkten. Wenn die Arbeitseinheit vergleichbar ist, kann man auch den Projektumfang projektübergreifend vergleichen. Sogar wenn es sich um Projekte unterschiedlicher Auslegung handelt.

Exkurs

Mein jetziges Projekt hat 1190 Smart Use Case-Punkte. Mein letztes hatte 328.

Wenn nun noch die Geschwindigkeit oder *Velocity* bekannt ist, mit der ein Team Punkte abarbeitet, kann ein solider Plan aufgestellt werden. Bevor ich zur Velocity von Teams komme, hier noch ein paar Tipps:

▶ **Wer die Arbeit macht, macht auch die Schätzung.** Zu oft werden Schätzungen von Account Managern oder Projektleitern gemacht, und zu oft ist das die *gewünschte* Schätzung, keine realistische. Es ist ganz einfach: Diejenigen, die die Arbeit machen, machen auch die Schätzung. Das ist der einzige Weg zu einer realistischen Schätzung. Um eine Schätzung für ein Angebot zu machen, ist also auch das tatsächliche vorgesehene Team erforderlich.

▶ **Eine Zahl.** Punktschätzungen werden vom gesamten Team abgegeben. Nicht alle Work Items sind gleich. Manche erfordern mehr Coden und weniger Testen. Bei anderen ist es umgekehrt. Gleichen Sie das aus, indem Sie sich mit dem gesamten Team auf eine einzige Zahl pro Work Item für die Arbeit aller Rollen einigen und nicht auf eine Zahl pro Rolle. Letztendlich ist es auch das Team, das die Work Items umsetzt.

▶ **Wählen Sie eine passende Schätzeinheit.** Suchen Sie die Schätzeinheit aus, die am besten zum Projekt passt, unabhängig vom agilen Ansatz. Es müssen nicht unbedingt User Stories sein. Schauen Sie, ob die verschiedenen Work Items dieselbe Größenordnung oder *Granularität* haben. So können die Work Items auf derselben Skala geschätzt werden.

▶ **Klein ist besser.** Wählen Sie eine Schätzeinheit, die klein genug ist. Etwas, was ungefähr einen Tag dauert, ist leichter zu schätzen, als etwas, an dem man drei Monate lang entwickeln muss. Wählen Sie Work Items, die im Idealfall in einem oder mehreren Tage umsetzbar sind.

▶ **Schätzeinheit ist Arbeitseinheit.** Ich versuche, eine Schätzeinheit zu wählen, die auch die Arbeitseinheit ist. Das geht zum Beispiel bei der Function-Point-Analyse nicht auf. Wenn das klappt, kann das Team mit der Größe der Work Items gut argumentieren. Außerdem erleichtert es die Messung der Geschwindigkeit.

▶ **Keine professionellen Schätzer.** Viele große Unternehmen verfügen über zertifizierte Schätzer für zum Beispiel eine Function-Point-Analyse. Solche Techniken sind weit verbreitet und werden vielerorts unterstützt. Leider haben diese Techniken keinen direkten Bezug zu den Work Items in agilen Projekten. Ich wiederhole: Diejenigen, die die Arbeit machen, machen auch die Schätzungen.

▶ **Anpassungen sind gut.** Sobald das Projekt läuft, wird sich herausstellen, dass einige Work Items einfacher oder schwieriger sind als zunächst gedacht. Das ist normal. Passen Sie die Schätzungen dieser Work Items an die Wirklichkeit an. Das macht die Berechnung der Geschwindigkeit des Teams akkurater.

▶ **Messen heißt wissen.** Fangen Sie so schnell wie möglich an, die tatsächliche Geschwindigkeit im Projekt auf der Basis der gewählten Schätzeinheit zu erfassen. Die Erfahrungswerte, die so zustande kommen, tragen zur schnellen Verbesserung der agilen Arbeitsweise im Projekt bei.

7.6 Schätzpoker

Schätzpoker ist eine gute Technik, um mit einem Team eine Punktschätzung zu machen. Dabei wird mit dem Team ein Workshop organisiert. Als Material dienen die Work Items, die geschätzt werden müssen. Jedes einzelne Work Item wird jetzt mithilfe der folgenden interessanten Prozedur geschätzt:

▶ **Erklären.** Für jedes Work Item übernimmt ein Teilnehmer die Führung und erklärt das Work Item, stellt dar, was umgesetzt wird und soweit möglich auch, welche Techniken, Plattformen und Services dabei verwendet werden.

▶ **Schätzen.** Jeder Teilnehmer hat einen Satz Karten. Darauf sind die Werte der verwendeten Skala abgebildet. Das geht mit einem Satz Spielkarten, für verbreitete Skalen gibt es auch vorgedruckte Kartensätze. Wenn ein Work Item erklärt worden ist, legen alle Teilnehmer aus ihrem Kartensatz die Karte auf den Tisch, die den Wert hat, den sie diesem Work Item geben. Dieser Wert steht für die Gesamtkomplexität Menge der Arbeit, die zu erledigen ist, nicht nur die Arbeit, die eine bestimmte Rolle zu machen hat.

▶ **Bewerten.** Sobald alle Karten auf dem Tisch liegen, wird bewertet. Wenn die verschiedenen Werte dicht beieinander liegen, ist diese Bewertung einfach. Zum Beispiel bei nur vieren und fünfen. Da gibt es einen Konsens und das Team wählt einfach einen dieser Werte.

▶ **Erläutern.** Wenn die Werte weiter auseinander liegen, muss mehr getan werden. Das Prozedere sieht jetzt vor, dass die zwei Teilnehmer, die am weitesten auseinanderliegen, beide kurz erklären, warum sie sich für diesen Wert entschieden haben. Denken Sie daran, dass keiner der Werte falsch ist, sondern dass Meinungen einfach verschieden sind. Der Kunde kann die Zwei gewählt haben, der Entwickler die Acht. Vielleicht unterschätzt der Kunde die Komplexität oder möglicherweise hat der Entwickler das Work Item falsch verstanden.

▶ **Neu schätzen.** Wenn die Werte weit auseinanderliegen, nehmen die Teilnehmer ihre Karten jetzt wieder vom Tisch und legen erneut eine Karte auf den Tisch, die gemäß der neuen Erkenntnisse den Komplexitätswert abbildet. Die Chancen stehen gut, dass die Teilnehmer jetzt dichter beieinanderliegen. Dann ist eine Schätzung doch noch erreicht.

Wenn die Werte noch immer weit auseinanderliegen, kann das Bewerten, Erläutern und erneute Schätzen wiederholt werden. Wenn nach einigen Runden immer noch keine Einigung erzielt wurde, liegt das meistens daran, dass zu diesem Work Item noch Recherche erforderlich ist. Um das zu verdeutlichen, wählen agile Projekte dann oft den höchsten Wert der Skala.

Schätzpoker hilft einem Team dabei, sich schnell über die Komplexität von Work Items zu einigen. Dabei kommen ebenso schnell auch Unklarheiten ans Licht. Es setzt eine weitere Ausarbeitung der Work Items voraus. Ein deutlicher Vorteil bei der Teilnahme des Kunden ist das gegenseitige Verständnis zwischen Kunde und Team, das dabei entsteht. Ich habe schon mehrfach erlebt, dass ein Kunde aus den Anregungen des Schätzpokers neue Erkenntnisse gewinnt und die Anforderungen des Projekts anpasst oder die Prioritäten der Work Items ändert. Auch dann, wenn aufgrund der hierarchischen Beziehungen zwischen den Teilnehmern normalerweise nicht jede Stimme gleich viel Gewicht hat, ist Schätzpoker praktisch. Wenn alle ihre Karten gleichzeitig auf den Tisch legen, werden Hierarchien größtenteils außer Kraft gesetzt.

Ein Nachteil von Schätzpoker ist, dass es relativ viel Zeit kostet. Sobald Teams besser eingearbeitet sind, kann der Prozess beschleunigt werden, indem man das Ganze nur noch mündlich macht, ohne die Karten zu verwenden.

7.7 Geschwindigkeit messen

So, die Gesamtpunktzahl des Projekts steht fest. Jetzt bestimmt die Umsetzungsgeschwindigkeit das Endergebnis. Diese Geschwindigkeit wird in Agile meistens ausgedrückt in:

▶ **Stunden pro Punkt.** Die durchschnittliche Anzahl Stunden, die erforderlich ist, um einen Punkt umzusetzen. Das ist leicht herauszufinden, indem man die Zahl der Stunden, die auf das Projekt gebucht worden sind, durch die Zahl der umgesetzten Punkte teilt. Zum Beispiel 8,3 Stunden pro Story Point. Oder 15,4 Stunden pro Smart-Use-Case-Punkt. Die Zahl der Stunden pro Punkt ist interessant, wenn die Gesamtstundenzahl für ein Projekt ermittelt werden muss. Wenn in einem Projekt 1109 Smart Use Case-Punkte umgesetzt werden, kann die Gesamtzahl der Stunden im Projekt bei 15,4 Stunden pro Punkt leicht geschätzt werden.

▶ **Punkte pro Iteration.** Ein anderer wichtiger Wert ist die Zahl der Punkte, die das Team pro Iteration umsetzt. Das ist die sogenannte *Iteration Velocity*. Auch dieser Wert ist leicht zu berechnen. Teilen Sie die Gesamtzahl der umgesetzten Punkte durch die Zahl der abgeschlossenen Iterationen. Die Iteration Velocity bestimmt die *Laufzeit* eines Projekts. Sie ist ein wichtiges Instrument bei der Verbesserung und Anpassung der Planung.

Exkurs

Eines meiner Projekte läuft mit einer Durchschnittsgeschwindigkeit von 22,7 Punkten pro Iteration, gemessen über eineinhalb Jahre. Davon ausgehend, dass dieses Team noch 680 Punkte umsetzen muss, sind dafür noch etwa 30 Iterationen erforderlich.

▶ **Preis pro Punkt.** Sobald die Stundenzahl pro Punkt bekannt ist, wird der Preis pro Punkt eine interessante Zusatzinformation. Der Preis pro Punkt wird ermittelt, indem man das gesamte verbrauchte Budget durch die Gesamtzahl der umgesetzten Punkte teilt.

Exkurs

Im obengenannten Projekt kostet ein Punkt 937 Euro.

Dieser Wert ist interessant, wenn das für das Projekt erforderliche Budget zur Sprache kommt. Oder um zu berechnen, wie viel das Projekt in der verbleibenden Laufzeit noch kostet. Der Preis pro Punkt ist wichtig, um den Business Case für das Projekt oder auch für die folgende Iteration zu erstellen.

Exkurs

Im obengenannten Projekt, das beim Kunden durchgeführt wird, machte ein Offshore-Anbieter ein Angebot für den verbleibenden Teil des Projekts. Dabei wurde ein Preis von 1000 Euro pro Punkt angeboten. Der Kunde wies dieses Konkurrenzangebot sofort ab.

Eine kleine Randbemerkung. Das fortwährende Messen der Geschwindigkeit eines Teams macht es möglich, die Planung in agilen Projekten schnell anzupassen. Fantastisch. Leider erlebe ich oft, dass Teams und vor allem Projektleiter alles Mögliche unternehmen, um ihre Geschwindigkeit zu steigern. Manchmal wird der Leistungsdruck für das Team zu groß. Das fördert weder die Qualität noch die Motivation.

Manchmal ist es gut, einzusehen, dass die bestehende Geschwindigkeit gut genug ist. Dass es nicht immer sinnvoll ist, das Gaspedal bis auf den Boden durchzutreten, egal wie verlockend das auch sein mag. Schließlich ist die Möglichkeit, die Geschwindigkeit steigern zu können, vor allem ein Nebenprodukt von Agile und bei Weitem nicht immer das Ziel.

7.8 Geschwindigkeit ermitteln

Nun ist es an der Zeit, das Team, die erforderlichen Kapazitäten und die Laufzeit des Projekts festzulegen. Dafür ist die *anfängliche* Geschwindigkeit des Teams von Bedeutung. Diese wird in Punkten pro Iteration ausgedrückt und in der Stundenzahl oder sogar dem Preis pro Punkt. Das ist jedoch nicht so leicht. Projekte unterscheiden sich enorm im Umfang und der Komplexität, in der Teamgröße, der Unternehmenskultur oder der verwendeten Technologie.

Für Unternehmen, die sich verbessern wollen, ist es wichtig, Erfahrungswerte zu sammeln. Wie viele Stunden pro Punkt brauchen Projekte? Wie viele Punkte pro Iteration setzen Teams um? Wissen fängt nämlich mit Messen an. Aber wie kommt man an die Erfahrungswerte? Eine Fünfstufenrakete:

1. **Eigenes Projekt.** Natürlich! Erfahrungswerte sind am zuverlässigsten, wenn sie aus dem eigenen Projekt kommen. Für agile Projekte, die bereits laufen, gehören diese Erfahrungswerte zum Alltag. Messen gehört ganz einfach dazu. Es passiert ständig. So verbessern agile Projekte sich auch von Iteration zu Iteration.

2. **Frühere Projekte.** Wenn ein Projekt noch nicht angefangen hat und ein Angebot gemacht oder ein Budget eingereicht werden muss, bleibt nichts anderes übrig als Erfahrungswerte von früheren Projekten im eigenen Unternehmen zu verwenden, vorzugsweise von vergleichbaren Teams mit vergleichbaren Technologien und natürlich mit derselben Schätz- und Arbeitseinheit. Sonst vergleicht man schnell wieder Äpfel mit Birnen.

Exkurs

Ein Unternehmen, in dem ich als Coach tätig war, drehte diesen Gedanken sogar um. Projekte wurden soweit möglich mit vergleichbarer Technologie und vergleichbaren Teams durchgeführt. Die gesammelten Erfahrungswerte waren dann natürlich auch grundsolide. Teams schaffen im Schnitt 35,4 Smart Use Case-Punkte pro Iteration. Schätzungen werden so immer genauer. Auch für neue Projekte.

3. **Stichprobe.** Verfügt ein Unternehmen noch nicht über Erfahrungswerte, oder beginnt ein neues Projekt mit einem ganz anderen Team oder einer ganz anderen Technologie, bietet sich eine Stichprobe an. Schätzen Sie die Work Items in Punkten und wählen Sie dann einige repräsentative Work Items aus. Finden Sie für diese Work Items

mit dem ganzen Team heraus, wie viele Stunden es dauert, sie umzusetzen. Teilen Sie das Ergebnis durch die Gesamtzahl der Punkte der gewählten Work Items und Sie haben eine handfeste geschätzte anfängliche Geschwindigkeit. Diese Stichprobe ist dann am effektivsten, wenn das Team nicht weiß, wie viele Punkte die Work Items haben. Dadurch wird die Ermittlung der Stunden objektiver.

4. **Iterationen durchführen.** Eine andere Option ist, tatsächlich einige Iterationen zu durchlaufen. Stellen Sie anhand der tatsächlichen Erfahrungswerte dieser Iterationen die Geschwindigkeit des Teams fest. Ermitteln Sie am Ende dieser Iterationen, ob das Projekt machbar ist.

Exkurs

Eines meiner Projekte begann mit drei Iterationen von zwei Wochen. Wir fanden heraus, dass wir 12,1 Stunden pro Punkt brauchten. Das schien realistisch. Nach 48 Iterationen ging die Software in Produktion. Letzten Endes hatten wir 11,8 Stunden pro Punkt gebraucht.

5. **Anderer Leute Projekte.** Wenn keine der genannten Alternativen realistisch ist, bleibt nichts weiter übrig, als die Erfahrungswerte aus dem Markt zu holen. Ich bin der Ansicht, dass Dienstleister über tatsächliche Erfahrungswerte verfügen *müssen*. Leider ist das oft nicht der Fall. Als Kunde würde ich mich ernsthaft fragen, wie Dienstleister Projekte abwickeln, wenn sie keine verlässlichen Erfahrungswerte vorweisen können.

Die Geschwindigkeit eines Teams ist übrigens nie konstant, sondern immer in Bewegung. Keine zwei Iterationen schließen genau die gleiche Zahl an Punkten ab. Betrachten Sie immer den Durchschnitt.

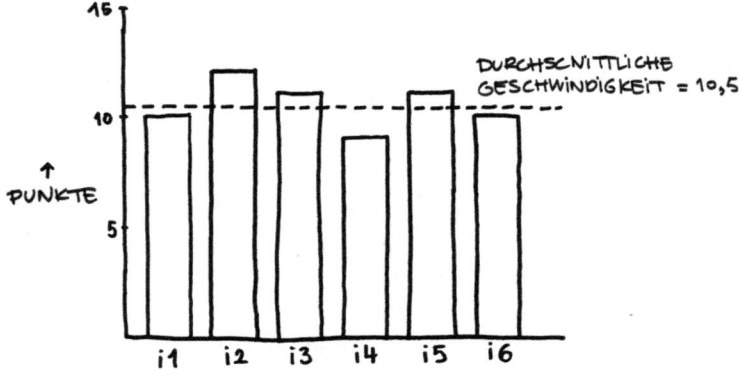

Auch die Vorstellung, dass das Team immer mehr Punkte pro Iteration abliefern wird, umso länger das Projekt dauert, ist eine Illusion. Natürlich gewinnt das Team unterwegs mehr Erfahrung hinzu. Andererseits entsteht immer mehr und immer komplexerer Code und Tests. Diese zwei Faktoren halten sich die Waage. Ich behaupte, dass sich in langfristigen agilen Projekten die Durchschnittsgeschwindigkeit pro Iteration immer um denselben Wert herum bewegen wird. Wenn ein Team in den ersten vierzig Iterationen im Schnitt etwa 22,7 Punkte pro Iteration umsetzt, prognostiziere ich für die folgenden vierzig dieselbe Geschwindigkeit. Auch wenn Manager noch so gerne hätten, dass das anders wäre.

Auch wenn plötzlich ein oder zwei Iterationen nacheinander die Geschwindigkeit deutlich höher oder niedriger ist, und das ohne erkennbaren Grund außer dem, dass ab und zu einfach mal alles läuft, sollte man nicht gleich die Planung anpassen. Gehen Sie weiter vom Durchschnitt der gesamten Projektlaufzeit aus und berechnen Sie die verbleibende Zeit weiterhin mit diesem Wert.

Noch ein paar Tipps:

▶ **Messen Sie nicht rollenspezifisch.** Auch wenn Projektleiter, vor allem die traditionellen, die Geschwindigkeit gerne rollenspezifisch messen wollen, rate ich davon ab. Daraus entsteht kein Mehrwert. Die meiste Arbeit in agilen Projekten ist Teamarbeit. Messen pro Rolle ist Verwaltungsarbeit und kostet Zeit. Jedes Teammitglied bucht seine Stunden separat, und der Projektleiter muss sie dann wieder zusammenrechnen. Und was heißt das schon, wenn Tester ihre Arbeit in vier Stunden pro Punkt machen und Entwickler in sechs?

▶ **Buchen Sie nicht pro Work Item.** Buchen Sie die Stunden nicht pro Work Item. Auch dabei entsteht mehr Verwaltungsaufwand als Wissen.

Exkurs

Ein übereifriger Projektleiter beschloss einmal, Stunden pro Work Item zu buchen. Er wollte so die geschätzten Punkte mit den gebuchten Stunden vergleichen. Keine dumme Idee. Er vergaß jedoch, dass wir mehr als dreihundert Smart Use Cases zu bearbeiten hatten. So entstanden dreihundert Buchungskonten, für die alle freigeschaltet werden mussten.

▶ **Veränderungen in der Geschwindigkeit.** Bedenken Sie, dass sich auch die Durchschnittsgeschwindigkeit eines Teams ändern kann. Dieser Fall tritt häufig ein, wenn die Besetzung des Teams sich ändert oder wenn unterwegs neue Teammitglieder hinzukommen. Auch wenn sich die Technologie mitten im Projekt ändert, ändert sich oft die Durchschnittsgeschwindigkeit.

Der wichtigste Tipp ist: Schießen Sie nicht über das Ziel hinaus. Schätzen, Planen, Messen und Verbessern sollen so einfach und nachvollziehbar wie möglich bleiben. Excelzaubereien führen selten zu besseren Ergebnissen.

7.9 Messen heißt wissen

In Agile verbessern Teams kontinuierlich die Qualität ihrer Arbeitsweise. Die Evaluation am Ende jeder Iteration ist dabei ein wichtiges Hilfsmittel. Hier werden kleine Verbesserungen beschlossen, die gleich in den nächsten Iterationen zum Tragen kommen. Die Auswirkungen der Verbesserungen sind sofort spürbar. Messen heißt wissen.

Exkurs

Ein erstes Unternehmen entwickelt kontinuierlich ein Produkt für die Versicherungsbranche. Dieses Unternehmen arbeitet in Releases. Jedes Release ist ein agiles Projekt. Zu Beginn eines Releases legen die Produktmanger fest, welche neuen Features sie umsetzen wollen. In der Theorie dauert jedes Release drei Monate. In der Praxis gelingt es Teams eins ums andere mal nicht, die gewünschten Features zu liefern. Die Folge ist, dass das Produkt von Release zu Release mit Qualitätseinbußen zu kämpfen hat, da die Entwickler unter großem Zeitdruck arbeiten und den Testern nur sehr wenig Zeit bleibt, um alle neuen Features zu testen. Releases enden mit Überstunden und sogar Wochenendarbeit. Manchmal werden Releases sogar übersprungen.

Bei einem anderen Unternehmen, einem großen Logistikbetrieb, wird komplexe serviceorientierte Architektur entwickelt. Hier wird in kurzen agilen Projekten gearbeitet. In der Regel werden acht bis zehn Iterationen von zwei Wochen durch vergleichbare Teams durchgeführt. Als Arbeitseinheit werden Smart Use Cases verwendet. Diese eignen sich gut, weil man sie wiederverwenden kann. Mittlerweile sind fünf dieser Projekte erfolgreich und zur Zufriedenheit des Product Owners abgeschlossen worden. Aus diesen ersten fünf Projekten lässt sich ermitteln, dass Teams im Schnitt 35,4 Punkte pro Iteration schaffen.

Aber es geht auch anders.

Exkurs

Für ein sechstes Projekt steht der Umfang bereits fest. Er beträgt 640 Smart-Use-Case-Punkte. Man hat zehn Iterationen geplant. Daraus entsteht eine interessante Situation. Nun muss sich der Product Owner mit dem Team zusammensetzen. In zehn Iterationen kann das Team ungefähr 350 Smart Use Case-Punkte umsetzen, aber keine 640. Das Team kann dem Product Owner eindeutig belegen, dass entweder mehr Iterationen gebraucht werden oder dass der Scope verringert werden muss. Der Product Owner hat sich für den Trostpreis entschieden und den Scope für das Projekt zusammengestrichen.

Beide Unternehmen arbeiten agil. Trotzdem ist der Unterschied enorm. Er besteht aus einem einzigen Wort: *Messen*. Das erste Unternehmen misst nicht. Teams können daher nicht eindeutig belegen, wie viele Features sie in einem Release umsetzen können. Das zweite Unternehmen misst hingegen schon. Teams geben genau an, wie viel Arbeit realistisch ist. Natürlich ist der Unterschied noch größer. Das zweite Unternehmen hat die Work Items standardisiert, was eine Vergleichbarkeit herstellt. Es ist jedoch vor allem das fortwährende Messen, das Projekte professionell macht.

Teams, die messen, haben für Projektvorschläge oder zukünftige Releases eine bessere Verhandlungsposition. Sobald das Unternehmen im ersten Fall Work Items gut schätzen kann, lässt sich schnell feststellen, wie viele Punkte in einer zukünftigen Iteration zu schaffen sind. Das Team kann den Produktmanagern dann klar sagen, was machbar ist und was nicht. Das stärkt das Vertrauen von Kunden und Produktmanagern und fördert die Zusammenarbeit. Gutes Messen verhindert sogar Überstunden, da das Team immer genau vorhersagen kann, wie viel Arbeit machbar ist. Das Team kann verhandeln.

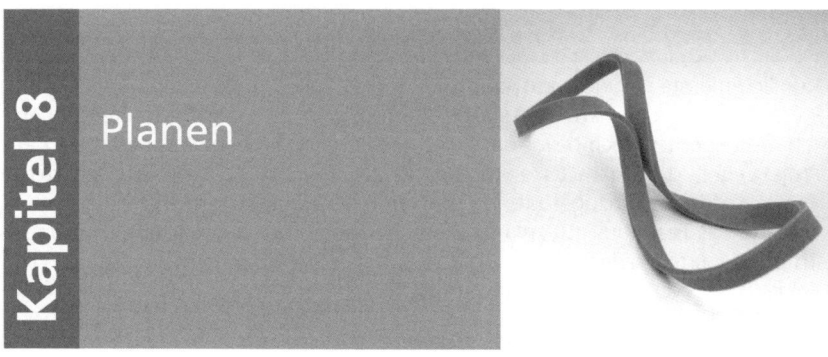

Kapitel 8 Planen

@AncientProverbs: Du wirst nie ein Feld pflügen, wenn du es nur im Geiste herumwälzt. – Irisches Sprichwort

Auch wenn wir in diesem Fachgebiet mittlerweile fünfzig Jahre Erfahrung mit der Durchführung von Projekten haben, lässt die Planung doch immer noch zu wünschen übrig. In einem traditionellen Projekt findet die Planung nur zu Beginn statt und wird danach nur noch angepasst, wenn alle Deadlines gerissen werden. Das bemerkt man leider häufig erst spät, wenn sich die Entwicklung verzögert oder beim Testen schwere Fehler festgestellt werden.

In traditionellen Projekten erktennt man erst gegen Ende, dass es Probleme gibt. Oft werden in letzter Minute noch Maßnahmen ergriffen. Deadlines werden verschoben, der Scope wird zusammengestrichen oder es werden neue Teammitglieder hinzugefügt. Die ersten beiden Maßnahmen sind in einer späten Projektphase unerwünscht, und spät neue Teammitglieder hinzuzufügen ist nicht effektiv. Diese müssen vom Team erst eingearbeitet werden, obwohl es bereits unter hohem Druck steht. Hier gilt das Brookssche Gesetz: *Mitarbeiter zu einem verzögerten Softwareprojekt hinzuzufügen, verzögert das Projekt nur noch weiter.* Das Brookssche Gesetz gilt natürlich auch in agilen Projekten.

Exkurs

Kürzlich musste in einem kurzen agilen Projekt mehr Funktionalität umgesetzt werden, als das sechs Mann starke Team in den acht geplanten Iterationen schaffen konnte. Noch bevor das Projekt richtig angelaufen war, beschloss der Projektleiter, das Team zu erweitern. In der zweiten Iteration wurden dem Team acht Leute hinzugefügt, in der vierten Iteration weitere sechs. Am Ende bestand das Team aus gut zwanzig Leuten. Dadurch verbrachten die ursprünglichen Teammitglieder ihre ganze Zeit damit, die anderen einzuarbeiten. Die Folge: Die Produktivität sank bis auf den Nullpunkt.

Wie mein Kollege Mark sagt: *„Man kann nicht mit zehn Leuten gleichzeitig ein WC fliesen."*

Natürlich gibt es auch bei agilen Projekten Verzögerungen in der Entwicklung oder es werden beim Testen schwerwiegende Fehler entdeckt. Aber dadurch, dass in kurzen Iterationen für jedes Work Item Analyse, Entwurf, Entwicklung und Test kurz nacheinander stattfinden, werden Probleme viel eher entdeckt. So kann das Team schneller reagieren.

Exkurs

Während eines komplexen, serviceorientierten Projekts entdeckten wir bereits nach zwei Iterationen, dass die Geschwindigkeit des Teams viel niedriger war als angenommen. Wir würden die Deadline, die nach neun Iterationen erreicht sein würde, niemals schaffen. Nach zwei Iterationen ergriffen wir bereits Maßnahmen und fügten dem Team einen SAP XI-Entwickler und einen Tester hinzu. Wir schafften die Deadline schließlich ohne Probleme.

Auch die in Agile verwendeten Techniken und Werkzeuge tragen dazu bei. Das *Project Backlog* verwaltet die gesamte Arbeit im Projekt. Projekte arbeiten mit einfachen *Dashboards* aus Post-Its an der Wand, wie zum Beispiel dem Taskboard in Scrum. Der Fortschritt wird überwacht, in dem man jeden Tag einen Punkt in das sogenannte *Burndown-Chart* macht. Kurzum, agile Projekte sind optimal ausgestattet, um rechtzeitig und kontinuierlich die Planung anzupassen.

8.1 Planen, neu planen, anpassen

Es gibt reihenweise Bücher und Webseiten zum Thema Planung, egal ob traditionell oder auch agil. Ich fasse die Projektplanungsschritte wie folgt zusammen:

▶ **Planen.** Die Erstellung eines *ersten Plans* auf der Basis von Anforderungen, Work Items, Technologie und den verfügbaren Personen. Das Ziel ist es, Scope, Budget und Laufzeit des Projekts festzulegen.

▶ **Neu planen.** Kein einziges Projekt, das ich in den vergangenen fünfundzwanzig Jahren erlebt habe, ist so abgeschlossen worden wie anfangs geplant. Pläne werden in unserem Fachgebiet wie auch in anderen immer wieder angepasst. Dabei kann es um Anpassungen am Scope, am Budget oder an der Laufzeit gehen. Ein wichtiger Unterschied zwischen traditionell und agil ist der Zeitpunkt, zu dem neu geplant wird. Traditionell werden Änderungen am Plan als Zeichen von Unvermögen betrachtet. Es sind schließlich bezüglich Scope, Budget und Laufzeit Abmachungen getroffen worden, und diese werden nicht eingehalten. In Agile ist Neuplanung die Regel. Planen ist ein kontinuierlicher Prozess, keine Todsünde.

▶ **Anpassen.** Sobald sich herausstellt, dass der aktuelle Plan nicht haltbar ist, muss er angepasst werden. Traditionell finden Anpassungen oft zu spät statt, erst gegen Ende des Projekts. Das liegt vor allem daran, dass alle Phasen nur einmal durchlaufen werden. Anpassungen an der Planung sind in Agile viel einfacher zu machen, da in jeder Iteration eine Reihe von Work Items komplett umgesetzt wird. Der Status des Projekts kann so jederzeit festgestellt werden. Anpassungen sind zudem von Projektbeginn an möglich. Das ist viel effektiver. Die Arbeit in kurzen Iterationen ermöglicht es, jederzeit auf unvorhergesehene Ereignisse zu reagieren.

8.2 Adaptive Planung

In einem agilen Projekt gehören Planung und Umplanung zum Alltag. Probleme werden frühzeitig erkannt und Maßnahmen schnell ergriffen. Schon Eisenhower sagte: *„Pläne sind nichts. Planung ist alles."* Es ist wichtig, einen Plan zu haben, aber es ist viel wichtiger, adaptiv damit umzugehen. Möglicherweise ist adaptiv ein besserer Ausdruck als agil, um diese Art von Projekten zu beschreiben.

Planung in agilen Projekten sieht so aus:

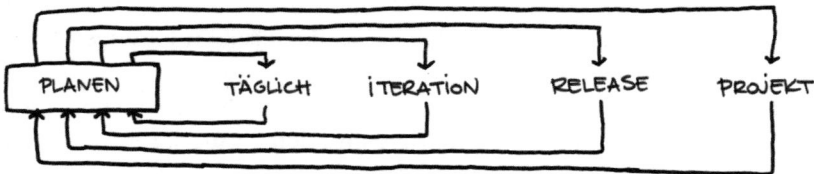

Die Planungszeitpunkte in adaptiven, agilen Projekte sind üblicherweise diese:

▶ **Projektbeginn.** Zu Beginn eines Projekts. Hier werden Scope, Budget und Laufzeit des Projekts festgelegt. Das Projektbacklog wird gefüllt. Das Team wird zusammengestellt.

▶ **Beginn und Ende eines Releases.** Viele langfristige Projekte arbeiten neben Iterationen auch mit Releases, zum Beispiel weil das Projekt sich in den Releasekalender des Unternehmens einfügen muss, oder weil ein Produkt kontinuierlich weiterentwickelt wird und zu bestimmten Zeiten ein Release fällig ist. Zu Beginn eines Releases wird festgelegt, welche Work Items im nächsten Release umgesetzt werden. Am Ende eines Releases wird das evaluiert. Wichtig beim Planen und Arbeiten in Releases ist, dass das Projektbacklog immer richtig priorisiert ist.

Exkurs

Eines meiner Projekte hat eine Laufzeit von etwa zwei Jahren. Während der ersten drei internen Releases ist eine Basisversion der Software entwickelt worden. Jetzt wird am vierten Release gearbeitet. Dieses wird für einige wenige Benutzer mit bestimmten Rollen tatsächlich produktiv gehen. Anschließend werden in den kommenden zwei Releases Work Items für die restlichen Rollen umgesetzt.

▶ Genaugenommen sind agile Projekte, in denen es nur Iterationen gibt, als Projekte mit einem einzigen Release zu betrachten.

▶ **Beginn und Ende einer Iteration.** Zu Beginn jeder Iteration werden die Work Items für diese Iteration ausgewählt. Am Ende jeder Iteration wird evaluiert. Auch dies ist ein guter Zeitpunkt, den Fortschritt zu beurteilen.

▶ **Täglich.** Das Stand-Up umfasst die Planung der Work Items für den kommenden Tag und die Evaluation der Arbeit des Vortags.

8.3 Das Backlog

Ein wichtiges Planungsinstrument ist das *Projektbacklog* oder *Produktbacklog*. Es ist eine Liste aller Work Items, die in diesem Projekt *noch* umgesetzt werden müssen, *soweit diese bekannt sind*. Letzteres ist ein wichtiger Nachsatz. Das Backlog ist niemals eine umfassende Liste *aller* Work Items, sondern lediglich derer, die zu diesem Zeitpunkt bekannt sind. Es ist eine Momentaufnahme.

In der Regel ist das Projektbacklog eine Liste von Work Items mit oder ohne Schätzung in Punkten oder Stunden und mit oder ohne erfasster Priorität. Das Projektbacklog kann unterschiedliche Typen Work Items beinhalten, wie im Bällchenbad. Manche Bälle sind rot, andere grün oder blau. In Scrum und Extreme Programming wird das Backlog mit User Stories gefüllt, in Feature Driven Development mit Features und in Smart mit Smart Use Cases. In jeder Iteration kommen die Work Items, die ausgewählt worden sind, in ein zweites Backlog. Dieses heißt *Iterationsbacklog*, in Scrum *Sprintbacklog*.

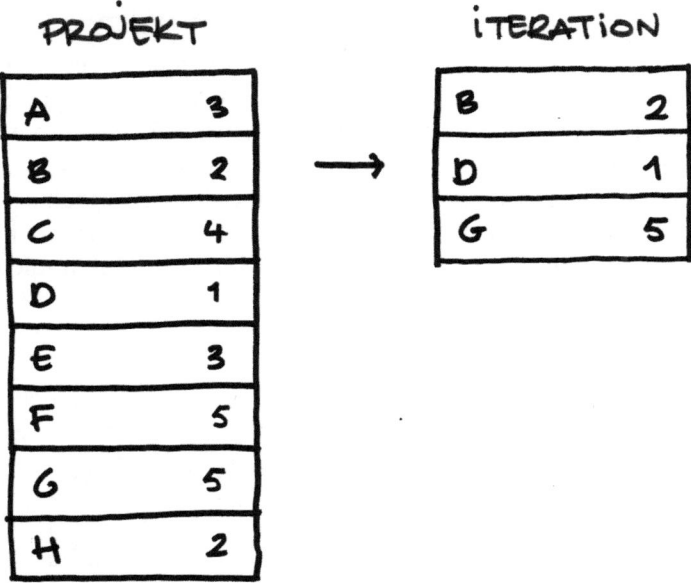

Während die Work Items im Projektbacklog meist nicht besonders detailliert sind, gibt es für die Auswahl der Work Items für das Iterationsbacklog eine goldene Regel. In dem Moment, in dem Work Items für die Umsetzung in einer Iteration ausgewählt werden, weiß man

141

genug darüber, um sie tatsächlich umsetzen zu können. Das wird mit der *Definition of Ready* getestet.

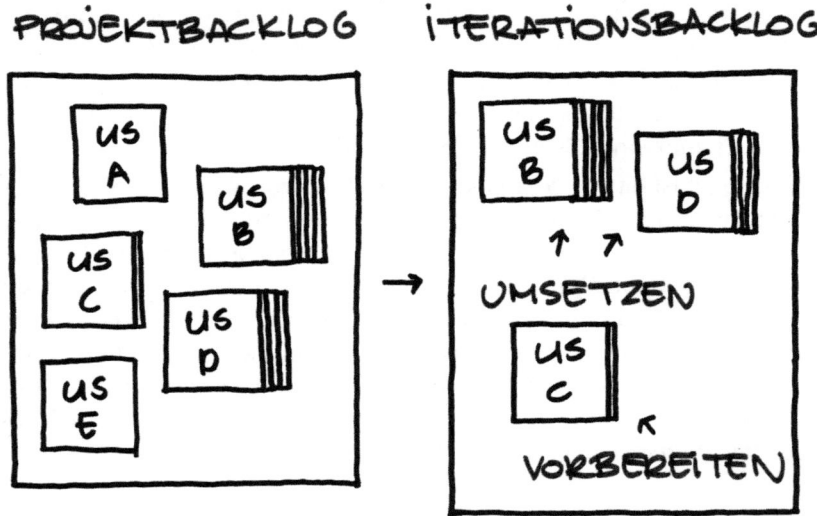

Um sicherzugehen, dass man genug über die Work Items weiß, werden in den meisten agilen Projekten die jeweiligen Work Items in der vorhergehenden Iteration vorbereitet. Viele Projekte sehen vor, dass etwa zehn Prozent der verfügbaren Zeit in einer Iteration zur Vorbereitung der Stories für die folgende Iteration aufgewendet werden sollen. In Smart bekommen Smart Use Cases für die folgende Iteration in der laufenden Iteration oft den Status *In Vorbereitung*, was ähnlich funktioniert.

NEU	IN IT.	IN VORB.	IN ARBEIT	TEST	ÜBERARB	ABNAHME
SUC	SUC	SUC	SUC		SUC	SUC
SUC	SUC		SUC			SUC
SUC						SUC
SUC						

In vielen agilen Ansätzen gibt es für die Work Items im Project Backlog eine grobe Schätzung in Punkten. Im Iterationsbacklog sind die Work Items oft in Tasks unterteilt, die in Stunden geschätzt werden. In Smart ist es etwas anders, da beide Backlogs dieselben Typen Work Items enthalten, nämlich Smart Use Cases für funktionelle Anforderungen und Tasks für alle anderen Aktivitäten, so wie das Einrichten der Entwicklungsumgebung oder das Erstellen des Projektplans. Smart Use Cases und Tasks werden zu Beginn der Iteration nicht weiter aufgeteilt, sondern durchlaufen denselben Zyklus. Die geschätzte Punktzahl bleibt also gültig.

8.4 Das Backlog priorisieren

In DSDM heißt das Projektbacklog *Priorisierte Anforderungsliste*. Die Anforderungen sind die Work Items für das Project. Darüber hinaus ist diese Liste nach Priorität sortiert. Dafür wendet man die *MoSCoW-Regeln* an. Diese bieten einen einfachen Mechanismus für die Priorisierung von Work Items.

▶ **Must Have.** Alle Work Items, die für die Software essentiell sind. Ohne die Must Haves ist die Software nicht vollständig.

▶ **Should Have.** Work Items, die dringend erwünscht sind. Aber auch ohne die Should Haves ist die Software verwendbar.

▶ **Could Have.** Work Items, die nur umgesetzt werden, wenn dafür genügend Zeit vorhanden ist.

▶ **Want to have but won't have this time around.** Work Items, die möglicherweise interessant sein könnten, aber höchstwahrscheinlich nicht an die Reihe kommen.

Nicht alle agilen Ansätze priorisieren die Work Items im Backlog, da das im Widerspruch zur Auswahl der wichtigsten Work Items immer zu Beginn einer neuen Iteration zu stehen scheint. Wenn die Work Items schon priorisiert sind, scheint die Auswahl ja schon festzustehen. Dennoch sind Situationen denkbar, in denen die Priorisierung von Work Items hilft:

▶ **Releases.** In langfristigen agilen Projekten gibt es neben Iterationen auch Releases. Ein Release besteht aus einer Reihe aufeinanderfolgender Iterationen, in denen jeweils ein spezifisches Ziel verfolgt wird. Oft werden Releases auch direkt produktiv genommen. Deshalb kann es sinnvoll sein, die Work Items so zu priorisieren, dass jedes Release für den Kunden brauchbare Software liefert.

Exkurs

Eines meiner Projekte läuft seit gut drei Jahren. Etwa vierhundert Work Items werden umgesetzt. Die Software wird in dreißig Ländern ausgerollt. Mittlerweile ist das erste Release geliefert und in vier Ländern produktiv genommen worden. Diese Länder brauchen die kleinste Teilmenge von Work Items. In den nächsten Releases werden Work Items hinzugefügt, die auch andere Länder brauchen. Die Priorisierung der Work Items war zwar nicht in Beton gegossen, aber in diesem Fall doch unvermeidlich.

▶ **Produktentwicklung.** Auch in Unternehmen, die Produkte entwickeln, spielt das Priorisieren der Work Items eine wichtige Rolle. Hier haben sowohl die Endanwender des Produkts als auch die innerhalb des Unternehmen verantwortlichen Produktmanager oder Business Developer neue Wünsche und Anforderungen an die nächste Version des Produkts.

Produktentwickler überlassen es gerne den Anwendern, welche neuen Features dem Produkt in folgenden Versionen hinzugefügt werden. Das bindet die Anwender an das Produkt oder hilft bei der Kundengewinnung. Sobald die Implementierung für eine neue Version beginnt, muss also das Backlog gepflegt sein. Nur Work Items mit der höchsten Priorität werden in dieser neuen Version umgesetzt. Die Endanwender sind noch stärker mit eingebunden, wenn sie selbst die Priorität der Work Items für kommende Versionen bestimmen können, zum Beispiel in Anwendergruppen.

▶ **Projektende.** Manche agilen Projekte sind so aufgesetzt, dass der Kunde am Ende jeder Iteration oder jedes Releases das Projekt beenden kann. In diesen Fällen einigen sich Kunde und Dienstleister, wie der noch bestehende Vertrag abgewickelt wird. Der Kunde beendet das Projekt, sobald die Implementierung der noch verbleibenden Work Items mehr kostet, als dass sie Nutzen bringt. Dann gibt es keinen Return-on-Investment mehr.

In der Praxis ist dieser Moment schwer zu finden. Die Kosten sind leicht festzustellen, aber der Nutzen oft nicht. Dieser Moment wird dann nach Gefühl erreicht. Dafür muss der Vertrag Spielraum bieten. Die Priorisierung der Work Items ist also ausschlaggebend. Die Work Items werden gemäß dem zu erwartenden Nutzen priorisiert. Die MoSCoW-Regeln sind dabei eine gute Hilfe.

8.5 Das Backlog verwalten

Eine Frage, die man mir oft stellt, ist, mit welchen Tools das Backlog verwaltet werden sollte. Im Agilen Manifest heißt es ja: *Individuen und Interaktionen vor Prozessen und Werkzeugen.* Ich spreche mich dafür aus, das Backlog mit dem einfachsten Werkzeug zu verwalten, das für das Projekt ausreicht.

In erster Linie bietet das Backlog einen Überblick über Work Items mit jeweils den folgenden Attributen:

- **Name.** Der Name des Work Items.
- **Status.** Der momentane Status des Work Items.
- **Schätzung.** Der geschätzte Umfang des Work Items, vorzugsweise in Punkten.
- **Iteration.** Es lohnt sich, zu vermerken, in welcher Iteration mit der Arbeit an einem Work Item begonnen wurde.
- **Startdatum.** Das Datum, an dem die Arbeit an einem Work Item begann.
- **Enddatum.** Das Datum, an dem die Arbeit an einem Work Item beendet wurde. Zusammen mit dem Startdatum ergibt es die Laufzeit eines Work Items. Eine zu lange durchschnittliche Laufzeit ist oft ein Hinweis darauf, dass an zu vielen Dingen gleichzeitig gearbeitet wird.
- **Gebuchte Zeit.** Eventuell kann auch der Zeitaufwand für die Umsetzung des Work Items festgehalten werden.

Bei diesen minimalen Attributen pro Work Item gibt es eine Menge Werkzeuge, die ausreichen.

- **Papier.** Das einfachste Werkzeug ist ein Heft. Notieren Sie darin einfach alle Work Items. Das funktioniert bei kleinen Projekten prima.
- **Karteikarten.** Traditionell wurden User Stories auf Karteikarten erfasst. Auch diese Technik funktioniert prima, solange das Projekt klein ist und das Team zusammensitzt. Ein Nachteil ist, dass bei Verlust einer der Karteikarten auch der Projektstatus mit verloren geht.
- **Microsoft Excel.** Die meisten Projekte entscheiden sich für Excel, wenn es um die Verwaltung des Backlogs geht. Excel ist flexibler als Papier. Darüber hinaus können ohne großen Aufwand Burnup-Charts und Burndown-Charts erstellt werden. Ein kreativer Projektleiter zaubert dann einfach so tadellose grafische Darstellungen der Work Items aus dem Hut wie zum Beispiel Tortendiagramme mit der Zahl der Punkte pro Status.

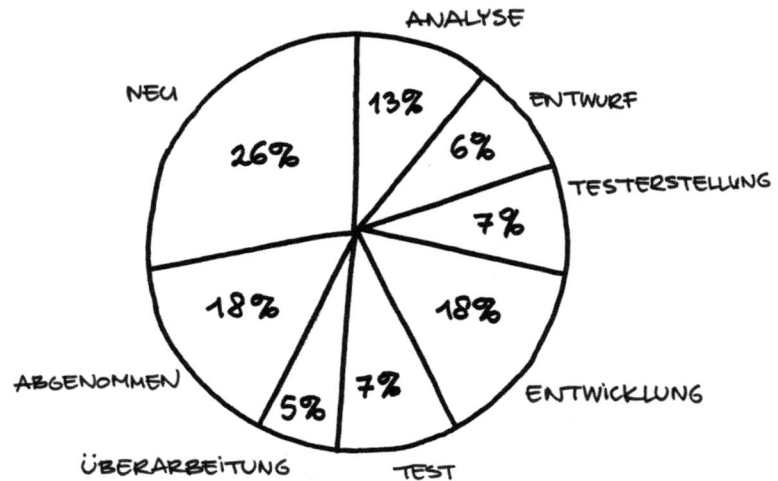

▶ **Dashboard.** Zusätzlich zu Excel gibt es in vielen agilen Projekten oft auch ein Dashboard an der Wand. Für jedes Work Item hängt dort ein Post-It. Diese Post-Its sind auf verschiedene Status verteilt. Dashboards eignen sich hervorragend als Hintergrund für Stand-Ups.

▶ **Versionsverwaltungstool.** Auch in Versionsverwaltungstools wie Microsoft Team Foundation Server (TFS) können Work Items gut verwaltet werden. Außerdem gibt es oft verschiedene Möglichkeiten, Reports zu erstellen. Die Verwendung von Versionsverwaltungstools eignet sich auch gut für verteilte Teams, insofern sie mit demselben Tool arbeiten.

▶ **Online-Dashboard.** Projekte, in denen Teammitglieder an verschiedenen Orten sitzen, kommen nicht darum herum, Work Items *online* zu verwalten. Es gibt zahlreiche Tools, die das Dashboard an der Wand als Webanwendung zur Verfügung stellen.

Mein Tipp: Wählen Sie die kleinste Lösung, die für das Team ausreicht. Welche das ist, ist unterschiedlich. In meinen Projekten ist Excel in Kombination mit einem Dashboard an der Wand ein deutlicher Favorit. Ich stelle auch fest, dass Versionsverwaltungstools und Online Dashboards zunehmend häufiger eingesetzt werden. Vermeiden Sie bei der Verwendung mehrerer Tools doppelte Verwaltungsaufwände für Work Items.

8.6   Dashboards

Nahezu ausnahmslos verwenden agile Projekte Dashboards, um den Überblick über den Fortschritt und die noch zu erledigende Arbeit zu behalten. In der Regel bestehen diese Dashboards aus Spalten, die die verschiedenen Schritte im Lebenszyklus von Work Items in Iterationen, Releases oder dem ganzen Projekt wiedergeben. Die Work Items befinden sich jeweils in einer dieser Spalten. Sobald sich der Status eines Work Items verändert, wird dieses am Dashboard umgehängt.

Die meisten Projekte hängen ihr Dashboard mit Post-Its an die Wand. Ein Work Item pro Post-It. Oft werden für verschiedene Typen Work-Items unterschiedliche Farben verwendet. Gelb für User Stories, grün für Tasks, pink für Bugs. Viele Teams notieren die Zahl der Punkte eines Work Items auf dem Post-It. Manche Teams markieren auf dem Post-It auch noch, wer gerade an dem Work Item arbeitet. Stand-Ups finden in der Regel am Dashboard statt. Oder andersherum: Das Dashboard hängt da, wo das Stand-Up stattfindet.

Ein praktischer Tipp: Ziehen Sie Post-Its von links nach rechts vom Block ab und nicht von unten nach oben. So hält der Klebestreifen länger.

Unterschiedliche Ansätze arbeiten mit unterschiedlichen Formen von Dashboards. Scrum hat das Taskboard mit den Schritten *Geplant*, *In Arbeit* und *Fertig*. Das Taskboard hat Zeilen. Jede Zeile steht für eine User Story und die dazugehörigen Tasks. Sobald alle Tasks zu einer Story auf *Fertig* hängen, ist auch die Story fertig.

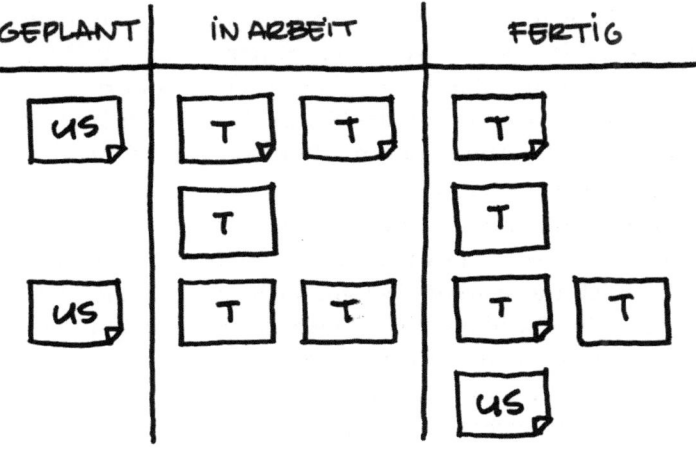

Für viele Projekte ist diese Darstellung ihrer Arbeitsweise nicht ausreichend.

Exkurs

In einem Projekt in Norwegen gab es ein Taskboard. Die Entwickler hängten die Stories von *Geplant* nach *In Arbeit* nach *Fertig*. Für sie war die Arbeit getan. Bei näherer Betrachtung stellte sich jedoch heraus, dass *Fertig* bedeutete, dass die Stories noch nicht getestet oder abgenommen waren.

Smart arbeitet mit einem Dashboard und unterschiedet die Schritte *Neu*, *In Iteration*, *In Arbeit*, *Test*, *Überarbeitung* und *Abnahme*. Jedes Post-It am Dashboard steht für einen Smart Use Case.

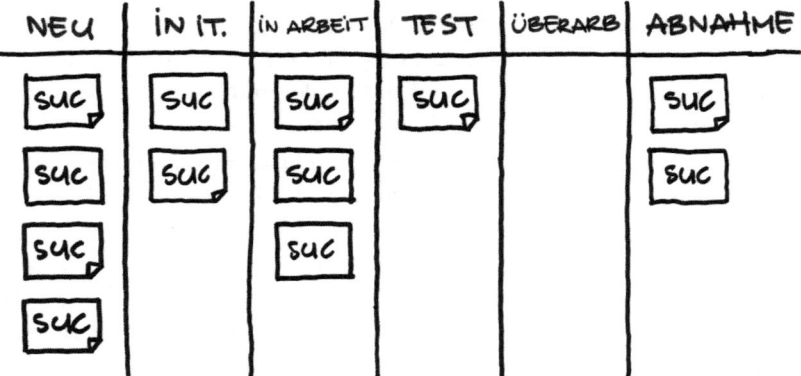

Der Kanban-Ansatz wird für die Optimierung der Arbeitsweise eines Teams verwendet. Die Visualisierung der vorhandenen Arbeit spielt dabei eine entscheidende Rolle. Die Schritte eines Kanban-Boards hängen daher von der Arbeitsweise des Teams ab. Oft wird pro Schritt angegeben, wie viele Work Items dort pro Iteration abzuarbeiten sind.

Auch wenn sich die Form und die Spalten agiler Dashboards deutlich unterscheiden, sind die Vorteile doch gleich. Ein agiles Dashboard macht den Fortschritt des Teams und den Status der Work Items auf einen einzigen Blick transparent. Das gilt auch für Menschen außerhalb des Projekts. Das Dashboard hängt meistens an einer gut sichtbaren Stelle und macht so auch Werbung für das Team. Zudem ist es einfach, Engpässe zu erkennen und zu beheben, wie zum Beispiel wenn zu viele Work Items in einem bestimmten Status hängen oder Work Items zu lange in einem Status hängen.

Exkurs

Einmal hing der Großteil der Work Items in einer Iteration im Status *Testing*. Der Grund dafür war ganz einfach. Der Tester war von einem Barhocker gefallen und hatte sich die Schulter gebrochen. Das Team verteilte die Testaufgaben und überbrückte den Engpass.

Letztlich ist ein Dashboard auch ein Ansporn für das Team und die Projektumgebung. Der Ehrgeiz ist groß, die Post-Its so schnell wie möglich nach rechts zu bekommen. Das motiviert jeden dazu, Verantwortung für das Gesamtergebnis zu übernehmen.

Exkurs

Bei meinem vorherigen Arbeitgeber führten wir einmal vier kleinere agile Projekte gleichzeitig durch, und das in einer Etage mit einem Großraumbüro. Wir hängten unsere Dashboards an die Metallrückwände von Schränken. Der Status der vier Projekte war auf einen Blick zu erkennen. Wir hatten die Schränke absichtlich so hingestellt, dass die Manager morgens unmöglich an ihren Arbeitsplatz kommen konnten, ohne die Dashboards zu sehen. Zudem hing an jedem Dashboard ein Post-It mit der Anzahl der umgesetzten Punkte und der Anzahl der Gesamtpunkte. So konnte jeder den Fortschritt deutlich erkennen.

Hier noch eine Randnotiz. Post-Its an der Wand funktionieren gut bei Teams, die zusammen an einem Ort sitzen. Bei verteilten Teams, wie zum Beispiel bei Offshore, kommt ein Projekt um Onlinedashboards nicht herum. Mittlerweile gibt es eine ganze Reihe von Webseiten, die solche Dashboards anbieten, wie Thoughtworks' Mingle oder Capgeminis Agile Dashboard. Ein Vorteil eines Dashboards im Netz ist, dass man dort einfacher alle Work Items eines Projekts verwalten kann. Achten Sie vor allem auf Benutzerfreundlichkeit und Schlichtheit. Eine gute Usability sorgt dafür, dass das Taskboard auch benutzt wird. Aber bleiben Sie, wenn es einigermaßen möglich ist, bei Post-Its. Das ist netter und motivierender.

8.7 Burndown-Charts

Ein Burndown-Chart ist eine Grafik mit einer horizontalen Zeitachse und der Menge der verbleibenden Arbeit auf der vertikalen Achse. Die Menge der verbleibenden Arbeit wird in Punkten ausgedrückt und orientiert sich an der Punkteskala des Projekts. Pro Tag oder Woche wird ein weiterer Wert hinzugefügt. Alle Werte werden mit einer Linie verbunden, der *Burndown*-Linie.

Beinahe alle agilen Projekte verwenden Burndown-Charts. Das liegt vor allem an ihrem prognostischen Wert. Man kann in der Grafik einfach eine Trendlinie durch alle Punkte zeichnen, zum Beispiel mit Excel. Der Zeitpunkt, an dem diese Linie die horizontale Achse schneidet, ist das voraussichtliche Projektende bei der durchschnittlichen Geschwindigkeit des Teams.

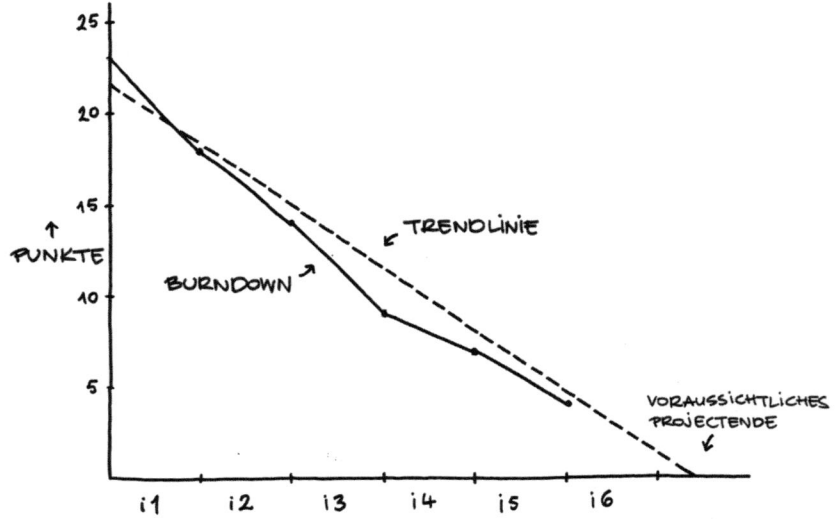

Wenn die Geschwindigkeit zu- oder abnimmt, verschiebt sich dieser Schnittpunkt und führt zu einem anderen voraussichtlichen Projektende, zum Beispiel, weil die Arbeitsweise optimiert wird oder weil neue Work Items hinzugefügt werden, oder weil Work Items gestrichen werden. Die Auswirkungen sind jetzt umgehend erkennbar.

Burndown-Charts können einen unterschiedlichen Scope haben:

▶ **Pro Projekt.** Ich rate dazu, ein Burndown-Chart für die gesamte Menge Arbeit im ganzen Projekt anzulegen. Diesem Chart wird pro Woche oder pro Iteration ein neuer Wert für die zu dem Zeitpunkt noch verbleibende Arbeit hinzugefügt.

Dieses Burndown-Chart dient vor allem der Prognose des voraussichtlichen Projektendes. Bei Veränderungen kann man an diesem Burndown-Chart sofort erkennen, ob die Arbeitsweise angepasst werden muss, um das geplante Datum zu schaffen.

▶ **Pro Release.** Langfristige agile Projekte verteilen die Arbeit auf Releases. Wenn das der Fall ist, rate ich auch zu einem Release-Burndown-Chart. Auch hier wird pro Woche oder Iteration ein Wert hinzugefügt.

Dieses Burndown-Chart dient jedoch nicht dazu, das geplante Enddatum des Releases zu bestimmen, denn das steht meistens schon fest. Das Release-Burndown-Chart zeigt an, ob das Team noch im Plan liegt. Das hat Auswirkungen auf die Priorisierung der Work Items innerhalb des Releases. Wenn das Team hinter dem Plan her hinkt, muss entschieden werden, welche Work Items umgesetzt werden und welche nicht. Diese Entscheidung wird so bald wie möglich an Produktmanager, Business Developer, Betreiber und Endanwender kommuniziert. Erwartungssteuerung.

▶ **Pro Iteration.** Viele Projekte haben auch noch ein Burndown-Chart pro Iteration. Diesem Chart wird jeden Tag ein neuer Wert hinzugefügt.

Dieses Burndown-Chart wird verwendet, um die Work Items innerhalb der Iteration zu priorisieren. Angenommen, es sind zehn Work Items in die Iteration eingeplant und das Team hängt hinterher. Jetzt ist es vernünftig, so schnell wie möglich zu erkennen, dass nicht alle zehn umgesetzt werden können. Besser, man schließt sechs davon komplett ab als zehn halbe zu liefern. Zehn halbe Work Items entsprechen null komplett umgesetzten Work Items.

Eine interessante Situation entsteht, wenn ein Burndown-Chart eine Weile horizontal verläuft. Eine *Flatline*. Das kann unterschiedliche Ursachen haben. Es kann sein, dass dem Projektscope genauso viele Work Items hinzugefügt werden wie das Team in der Zeit abarbeitet. Das passiert vor allem in den ersten Iterationen eines Projekts. Eine Flatline entsteht auch, wenn das Team an Work Items arbeitet, ohne sie abzuschließen. Das muss schnell erkannt werden. Das Team verbraucht viel Zeit, ohne etwas Konkretes zu liefern.

8.8 Burnup-Charts

In vielen Projekten werden die Burndown-Charts noch um allerhand andere Informationen ergänzt. Häufig ist das der Kreativität des Projektleiters zu verdanken, des Excel-Gurus.

Ich persönlich ziehe für die Darstellung des Gesamtprojekts *Burnup-Charts* vor. Ein Burnup-Chart stellt im Prinzip das gleiche dar wie ein Burndown-Chart, nur andersherum. Die Werte in der Grafik stellen nun die Menge der *abgeschlossenen* Arbeit dar. Ich persönlich empfinde die aufsteigende Kurve als motivierend. Andere finden die absteigende Kurve eines Burndowns motivierender. Geschmäcker sind verschieden.

Neben dieser aufsteigenden Kurve stelle ich in derselben Grafik auch die Gesamtzahl der Punkte dar, die umgesetzt werden müssen. Diese Scope-Linie verläuft natürlich nicht horizontal, sondern mit einigen Aufs und Abs. In den meisten Projekten steigt sie leicht an. Auch hier kann eine Trendlinie ermittelt werden. Diese zeigt nun das erwartete Anwachsen oder Schrumpfen des Scope an. Der Schnittpunkt dieser Scope-Trendlinie mit der Trendlinie des Burnups ist wiederum ein Indikator für das voraussichtliche Projektende.

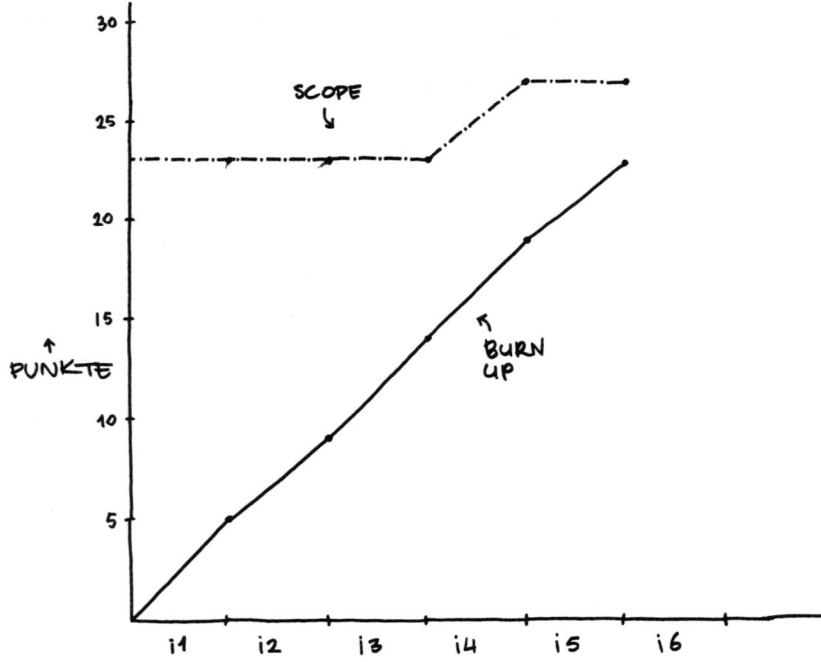

Exkurs

Eines meiner Projekte verwendet eine Kombination eines Burndown-Charts und eines Burnup-Charts mit Scope-Kurve. In dieser Grafik, die sich der Projektleiter ausgedacht hat, haben sich Burndown und Burnup geschnitten. Diesen Tag hat man mit Kaffee und Kuchen gefeiert. Wir hatten das Bergfest erreicht.

8.9 Anpassungen

Auf der Basis von Burnup und Burndown kann man in einem agilen Projekt rechtzeitig die Pläne anpassen. Sobald die Prognose des Burndowns ein späteres Projektende ergibt als gewünscht, wird die Arbeitsweise im Projekt angepasst. Meistens geschieht dies während der Evaluation einer Iteration. Entweder wird die Deadline des Projekts verschoben oder der Scope angepasst. Manchmal wird auch die Zusammensetzung des Teams geändert. Viele Projekte entscheiden sich dafür, das Team aufzustocken.

Exkurs

In einem Projekt zeigte sich schon nach zwei Iterationen, dass die erreichte Geschwindigkeit nicht ausreichen würde, um die Deadline zu schaffen. Das Team produzierte im Schnitt 25 Punkte pro Iteration, es wurden jedoch 35 benötigt. Die Hochrechnung aus dem Burndown zeigte, dass das Projekt drei Iterationen länger dauern würde als anfangs gedacht. Da das Brookssche Gesetz so früh in einem Projekt noch nicht greift, wurde das Team um einen Tester und einen Middleware-Entwickler erweitert. Diese Erweiterung hatte Erfolg. Die Produktivität des Teams stieg und die geplante Deadline wurde, wenn auch mit größeren Kosten, erreicht.

8.10 Anpassungen mit der Theory of Constraints

Trotzdem ist mehr nicht immer auch besser. Bevor ein Team erweitert wird, ist es sinnvoll, erst die Arbeitsweise zu evaluieren und wo möglich zu verbessern. Oft kann man die Produktivität steigern, ohne dass das mit höheren Kosten verbunden ist. Ein interessantes Modell ist die *Theory of Constraints*, die der Wirtschaftswissenschaftler Eliyahu Goldratt aufgestellt hat, um Geschäftsprozesse zu verbessern. Dieses Modell wird unter anderem in Kanban verwendet.

Auf Agile gemünzt beschreibt die Theory of Constraints, dass jede Arbeitsweise aus einer Reihe von Schritten besteht. Jeder Schritt kann erst beginnen, wenn der vorherige abgeschlossen ist. Da für jeden Schritt Menschen und Ressourcen erforderlich sind, gibt es eine Deckelung der maximalen Anzahl von Work Items, die das Team per Iteration umsetzen kann. So ist automatisch einer der Schritte der *Engpass*. Beseitigt man diesen, hebt sich die Deckelung und es erhöht sich unmittelbar die Anzahl der umsetzbaren Work Items pro Iteration.

Auch wenn man ein Team um neue Mitglieder erweitern kann, um einen Engpass zu beseitigen, ist das nicht immer möglich, weil das beispielsweise die Projektkosten steigert, oder weil schlicht und einfach nicht mehr potentielle Teammitglieder zur Verfügung stehen. Ein Engpass kann glücklicherweise regelmäßig auch mit anderen einfachen Mitteln behoben werden. Oft ist eine kleine Veränderung in einem Schritt schon ausreichend, um die gesamte Arbeitsweise zu verbessern. Goldratt sagt „Eine Stunde, die man am Engpass gewonnen hat, hat man für den ganzen Prozess gewonnen. Eine an einem nicht-Engpass gewonnene Stunde ist verlorene Energie."

Die Theory of Constraints definiert fünf Schritte, um Engpässe zu beseitigen:

1. **Engpass identifizieren.** Identifizieren Sie den Schritt im Arbeitsablauf, der am meisten bremst. Visualisieren sie schlichtweg die Schritte und die Zahl der Work Items, die darin jeweils umgesetzt werden.

2. **Engpass optimieren.** Wie kann man diesen Schritt so effizient wie möglich ausführen? Während dieses Schrittes darf keine Zeit verloren gehen, zum Beispiel mit Tätigkeiten, die für diesen Schritt nicht explizit erforderlich sind oder in anderen Schritten durchgeführt werden können.

3. **Benachbarte Schritte anpassen.** Ordnen Sie andere Schritte im Arbeitsablauf dem Engpass unter. Führen Sie die übrigen Schritte so aus, dass der Engpass optimal funktionieren kann.

4. **Engpass beheben.** Fügen Sie erst Menschen und Ressourcen hinzu, wenn die vorherigen Schritte abgeschlossen sind und der Engpass weiterhin besteht.

5. **Schritte wiederholen.** Als Folge der vorhergehenden Schritte wird wahrscheinlich ein anderer Schritt der neue Engpass. Die Arbeitsweise im Projekt wird noch weiter optimiert, wenn diese Schritte für den neuen Engpass wiederholt werden.

Ein Praxisbeispiel.

Exkurs

In einem Projekt wollten wir die Produktivität steigern. Der Arbeitsablauf sah für jedes Work Item die Schritte Analyse, Entwurf, Umsetzung und Abnahme vor. Die Fachexperten waren für die Analyse und das Entwerfen von Smart Use Cases sowie für die Abnahme der umgesetzten Smart Use Cases zuständig. Die Fachexperten waren jedoch nur eingeschränkt verfügbar. Die Nachfrage der Entwickler nach ausgearbeiteten Smart Use Cases war zu groß, als dass die Fachexperten ihr hätten gerecht werden können.

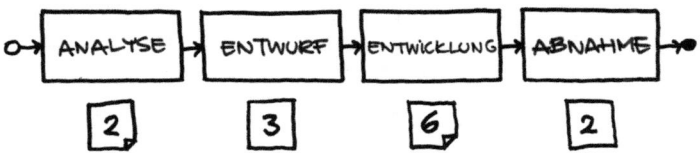

Der Engpass war offensichtlich. Die Smart Use Cases mussten schneller ausgearbeitet werden. Als erste Maßnahme haben wir die Arbeit, die die Fachexperten nicht unbedingt selbst erledigen mussten, verlagert. Die Entwickler übernahmen einen Großteil der Arbeiten in *Entwurf*. So waren die Fachexperten weniger ausgelastet.

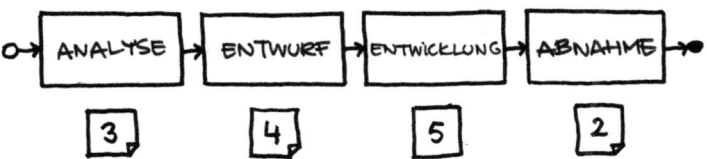

Als zweite Maßnahme passten wir die benachbarten Schritte rund um die Ausarbeitung der Use Cases an. Bemerkenswert: Wir verringerten die Kapazität der Entwickler. Der am wenigsten erfahrene Entwickler wurde aus dem Team genommen. So passten wir den gesamten Arbeitsablauf an die Geschwindigkeit der Ausarbeitung der Use Cases an. Das steigerte zwar die Produktivität nicht, senkte aber die Kosten pro Smart Use Case. So konnten wir dem Team einen Analytiker/Tester hinzufügen, der einen Großteil der Spezifikationstätigkeiten für die Smart Use Cases übernahm. Dadurch wurden Fachexperten und Entwickler entlastet. Die Deckelung stieg umgehend; es wurden mehr Smart Use Cases pro Iteration umgesetzt.

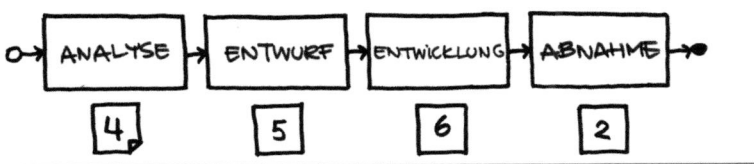

Exkurs

Nachdem dieser Engpass beseitigt war, wurde die Abnahme der umgesetzten Smart Use Cases der neue Engpass. Auch hierbei war die begrenzte Verfügbarkeit der Fachexperten das Problem. Eine der nächsten Maßnahmen war die Einführung eines neuen Schritts Testing im Arbeitsablauf, währenddessen der Analytiker-Tester die umgesetzten Use Cases ausführlich testete, bevor er diese zur Abnahme an die Fachexperten übergab. So wurde auch dieser Engpass beseitigt.

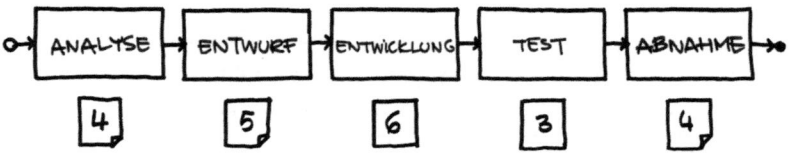

Schließlich wurde noch ein Schritt Developer Testing hinzugefügt. Hier prüfte ein Entwickler den von einem anderen Entwickler umgesetzten Use Case. So fanden schon die Entwickler und nicht erst die Tester die ersten Fehler im Code.

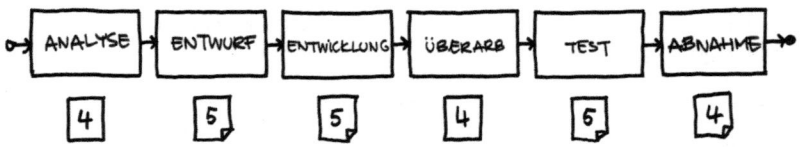

Die Produktivität, also die durchschnittliche Anzahl der pro Iteration umgesetzten Punkte, stieg deutlich von 21,6 auf 25,2 Punkte. Die durchschnittliche Anzahl von Stunden pro Punkt sank deutlich von 12,5 auf 10,7 Stunden pro Punkt. Amüsant war, dass all dies ohne Steigerung der Projektkosten ablief.

Cool, oder?

Kapitel 9

Agile einführen

@TheTweetOfGod: Lass den Worten Taten folgen. Besser noch, spar dir die Worte.

Als Vorbereitung auf einen Vortrag auf einer Agile-Konferenz schickte ich zwei Twitter-Nachrichten ab. In der ersten schrieb ich, dass ich kürzlich von einem zehn-Millionen-Wasserfallprojekt gehört hatte, das vollkommen schiefgelaufen war. In der zweiten schrieb ich, dass ich gehört habe, dass ein Scrum-Projekt von mehreren Millionen Euro überhaupt nichts geliefert hatte. Die Reaktionen waren deutlich.

Die Reaktionen auf den Wasserfalltweet waren nicht zimperlich. Selber schuld. Man hätte sich niemals für Wasserfall entscheiden dürfen. Ob der Name des Projekts zufällig mit ,C' beginne. Kurz gesagt: Die verwendete Methode taugt nichts. Projekte mit ,C' auch nicht. Die Reaktionen auf den Scrum-Tweet waren auffällig anders. Das Projekt habe Scrum nicht richtig eingesetzt. Oder es habe *ScrumBut* angewendet – eine Bezeichnung für Projekte, die Scrum verkehrt einführen. Kurz zusammengefasst: Es lag *nicht* am gewählten Ansatz, sondern am Team. Ein nicht zu übersehender Unterschied. Bei einem fehlgeschlagenen traditionellen Projekt liegt es an der Methodik, bei einem fehlgeschlagenen agilen Projekt nicht.

Die Wahrheit liegt irgendwo dazwischen. Studien zeigen, dass die Erfolgschancen bei agilen Projekten besser sind als bei Wasserfallprojekten. Aber auch für agile Projekte gibt es keine Erfolgsgarantie. Meiner Erfahrung nach hängt es in *jedem* Fall von der Einführung der

Methode ab, ob diese nun traditionell oder agil ist. Den Erfolg bringt nie der Ansatz, sondern immer die Menschen.

Nebenbei bemerkt: Der Wasserfalltweet war erfunden. Ich wollte die Reaktionen testen. Der Scrum-Tweet beruht hingegen auf einer wahren Geschichte. Ich habe Sie gewarnt.

9.1 Verbessern heißt messen

Wenn sich ein Unternehmen für Agile entscheidet, ist nicht immer klar, warum das so ist. Die Gründe sind verschieden. Man will die Produktivität steigern oder die Time-to-Market verbessern. Man will Dauer und Budget von Projekten in den Griff bekommen. Oder man hat schlichtweg seit zehn Jahren kein Projekt erfolgreich beendet. Und natürlich, weil der CEO, CIO oder CTO über Gartner von Agile gehört hat.

Um Agile erfolgreich einzuführen, muss erörtert werden, wie Agile erfolgreich werden kann. Die Einführung von Agile ist ein Veränderungsprozess. Nicht nur die Arbeitsweise ändert sich, sondern auch die Unternehmenskultur und die Einstellung der Mitarbeiter. Die Einführung von Agile ist ein Verbesserungsprozess, mit dem die Softwarequalität gesteigert, die Time-to-Market verkürzt, die Zusammenarbeit im Unternehmen verbessert werden soll, mit dem die Produktivität von Projekten verbessert werden soll oder mit dem man bessere Prognosen für Projekte machen können möchte. Die Einführung von Agile ist ein Veränderungsprozess. Nicht nur die Arbeitsweise verändert sich, sondern auch die Unternehmenskultur und die Einstellung der Mitarbeiter. Das bedeutet übrigens, dass Coaching nicht nur für die Einführung der neuen Arbeitsweise erforderlich ist, sondern auch und vor allem für die Menschen im Unternehmen.

Um den Erfolg dieses Verbesserungsprozesses zu belegen, ist es wichtig, Folgendes zu erfassen:

▶ **Ziele quantifizieren.** Halten Sie fest, was das Unternehmen mit der Einführung von Agile zu erreichen hofft. Quantifizieren sie dies. Agile ist schließlich ein Mittel, nicht das Ziel.

Exkurs

Ein Unternehmen, in dem ich als Coach tätig war, setzte sich als Ziel, die Produktivität auf zehn Stunden pro Smart Use Case-Punkt zu steigern. Ein anderes Unternehmen wollte vor allem die Zahl der Bugs in der Software senken, die sie produzierten. Ein drittes wollte, dass alle Rollen im Unternehmen „jetzt endlich mal zusammenarbeiten." So der CIO. Das ist schwer zu quantifizieren.

▶ **Nullmessung vornehmen.** Machen Sie eine Nullmessung, um Verbesserungen belegen zu können. Wie steht es um die heutige Produktivität von Projekten? Wie viele Stunden brauchen Teams heute pro Punkt? Wie viele Bugs werden momentan pro Monat gemeldet?

Exkurs

Ein Unternehmen wollte die Produktivität auf zehn Stunden pro Smart Use Case-Punkt steigern. Dabei war man davon ausgegangen, dass die heutige Produktivität bei etwa zwanzig Stunden pro Punkt lag. Die erste Messung, die wir in einem laufenden Projekt durchführten, ergab jedoch, dass die Produktivität bei etwa 50 Stunden pro Punkt lag. Ahem.

▶ **Sofort messen.** Beginnen Sie so schnell wie möglich mit dem Messen. Glücklicherweise ist das in agilen Projekten meist einfach. Wir setzen schließlich in kurzen Iterationen einzelne Work Items vollständig um. In Kombination mit der Schätzung dieser Work Items auf einer festen Punkteskala ist es möglich, gleich für die erste Iteration die Produktivität zu messen. Messen Sie die Anzahl der Punkte pro Iteration und die Anzahl der Stunden pro Punkt.

▶ **Direkt vergleichen.** Da sofort gemessen wird, ist auch direkt erkennbar, ob eine Verbesserung bezüglich der quantifizierten Ziele eintritt.

Wie schon gesagt: Verbessern heißt messen.

9.2 Zweifel ausräumen

Noch immer zweifeln Unternehmen daran, dass Agile wünschenswert und machbar ist. Manchmal gibt es Reibereien zwischen den Rollen im Team. Die meisten Einwände lassen sich unter den folgenden Punkten zusammenfassen:

▶ **Was der Bauer nicht kennt, das frisst er nicht.** Der Mensch ist ein Gewohnheitstier. Die agilen Techniken sind neu und werden oft als bedrohlich empfunden.

▶ **Kontrollverlust.** Auf Neulinge wirkt Agile anarchistisch und komplex. Man befürchtet einen Kontrollverlust oder das Fehlen von Architektur und Entwürfen, Letzteres leider oft nicht zu Unrecht.

▶ **Neue Formen der Zusammenarbeit.** Nicht jeder freut sich auf Anhieb über multidisziplinäre Zusammenarbeit, insbesondere in den *oberen Etagen* eines Unternehmens. Ich habe schon mehrfach gehört, dass „wir doch nicht wirklich mit Entwicklern zusammenarbeiten werden".

Exkurs

Neulich arbeitete ich mit einem Entwickler an einem komplexen Feature zusammen. Der Projektleiter, der neben uns saß, sagte nach einer Stunde: „Sagt mal, müsst ihr das wirklich zu zweit machen?"

Schauen wir uns Skepsis und Einwände doch mal im Einzelnen an:

▶ **Projektleiter.** Traditionelle Projektleiter sagen, sie hätten keine Kontrolle mehr. Oft ist das Angst vor dem Unbekannten oder vor dem Konzept, dass ein Projektleiter in Agile eher eine begleitende als eine steuernde Rolle hat. Projektleitern fällt es schwer, sich mit dem Gedanken an selbstorganisierende, multidisziplinäre Teams anzufreunden. In der Praxis ist es in Agile viel einfacher, den Fortschritt zu überwachen, als in traditionellen Projekten. Es ist schließlich zu jedem Zeitpunkt erkennbar, wie viele Punkte umgesetzt sind. In Wasserfall kann man höchstens erkennen, wie weit die momentane Phase fortgeschritten ist, und selbst das ist schwierig. Um einen Projektleiter von Agile zu überzeugen, muss man vor allem diesen Unterschied deutlich machen.

▶ **Architekten.** Architekten schließen sich in vielen Unternehmen am liebsten in einem Elfenbeinturm ein. Sie möchten in Projekten vor allem eine kontrollierende Rolle ausüben. Das kommt der Produktivität nicht zugute.

Exkurs

Eine Unternehmensarchitektin wollte zu jedem Smart Use Case, an dem wir arbeiteten, ein Review durchführen. Wir fragten sie, wie lange das dauern würde. Sie erklärte, sie habe sehr viel zu tun, jedes Review würde so etwa drei Wochen dauern. Und das, während wir pro Iteration von zwei Wochen etwa acht bis zehn Use Cases lieferten.

▶ Man muss Architekten täglich in das Projekt mit einbeziehen, zum Beispiel indem man sie an der Ausarbeitung von Work Items während der Iterationen teilnehmen lässt.

Exkurs

Hier wurde die Unternehmensarchitektin gleich beim Erstellen der Use Cases mit einbezogen. Statt hinterher zu kontrollieren, konnte sie sich jetzt gleich während der Workshops mit einbringen.

▶ **Analytiker und Designer.** Auch Analytiker und Designer haben ihre Sorgen. Oft hört man, dass Entwickler und Tester ja durchaus iterativ arbeiten können, dass man dafür aber doch Anforderungen und Entwurf komplett abgeschlossen haben muss. Der Schlüssel hier ist Mehrarbeit. Die vorherrschende Ansicht ist, dass wenn Anforderungen und Design nicht vollständig sind, unterwegs viele Änderungen gemacht werden müssen. Das stimmt. Überzeugen Sie Analytiker und Designer davon, dass iterative Mehrarbeit weniger kostet als die Zeit, die erforderlich ist, um Anforderungen und Design frühzeitig komplett und vollständig abzuschließen.

▶ **Entwickler und Tester.** Entwickler und Tester kommen mit den sich verändernden Rollen besser zurecht. Für sie gibt es sofort unmittelbare Vorteile wie die intensivere und gleichberechtigte Zusammenarbeit mit anderen Rollen. Traditionell bauen Entwickler einfach das, was Designer sich ausdenken. Für Tester ist der Unterschied noch größer. Traditionell ist der Tester der Buhmann, der die frisch fertiggestellte Software mit nur einem Bleistiftstrich niedermacht. In Agile werden Entwickler und Tester vom ersten Tag an einbezogen. Sie haben so Rollen inne, in denen Fehler vermieden werden können, noch bevor sie gemacht werden.

▶ **Management.** Viele Unternehmen sind gemäß der Aktivitäten aus Wasserfall strukturiert. Es gibt eigene Abteilungen für Architekten, Analytiker, Entwickler und Tester und oft dann auch noch für den Betrieb. Oft dulden diese Abteilungen einander, arbeiten aber schlecht zusammen. Agile hat für Manager solcher Abteilungen oft einen unangenehmen Beigeschmack, denn wer wird denn der Vorgesetzte *der* agilen Projekte?

Auch wenn es so scheint, als könne man diese Bedenken unmöglich ausräumen, ist meine Erfahrung doch, dass die meisten dahinschmelzen wie Schnee in der Frühlingssonne, sobald das erste Projekt anläuft. Gerade in einer offenen Kultur, in der man kein Blatt vor den Mund nimmt und Zusammenarbeit gewohnt ist, überstrahlen die Vorteile von Agile innerhalb kürzester Zeit die Nachteile. Nichts ist so überzeugend wie die eigene Erfahrung.

9.3 *Den* agilen Ansatz gibt es nicht

Eines muss klar sein. Agile ist kein Allheilmittel. Es gibt nicht *den* agilen Ansatz, mit dem man alle Projekte erfolgreich abschließen kann. Das kann nicht einmal Scrum leisten, der bei weitem populärste Ansatz von allen. Alle agilen Ansätze bieten wertvolle Techniken, und ja, auch Methodiken und Techniken, die schon vor dem agilen Zeitalter hip waren, können wertvoll sein. Es ist viel wichtiger, aus all diesen Möglichkeiten für ein Projekt die praktischste Arbeitsweise zusammenzustellen, als einen der agilen Ansätze streng nach Vorschrift anzuwenden.

Um eine gute Arbeitsweise zusammenzustellen, ist es hilfreich, die Eigenarten verschiedener Ansätze zu vergleichen. Das können beispielsweise Extreme Programming, Scrum, DSDM und Smart sein. Und auch Kanban, auch wenn das vielleicht ein bisschen aus der Reihe fällt. Zu jedem dieser sehr speziellen Ansätze gibt es bereits mehr als genug Literatur.

9.4 Keine Lösung passt überall

Softwareentwicklungsprojekte gibt es in allen Formen und Farben. Unternehmen sind verschieden. Anwender sind verschieden. Technologien, Komplexität und Umfang auch. Es gibt keinen Ansatz, keine Methode, die für jedes Projekt perfekt passt, auch wenn Anwendergruppen gerne das Gegenteil behaupten. Um es kurz zu machen: Es gibt keine Standardlösung. Agile ist kein Allheilmittel.

Trotzdem sind agile Projekte etwas öfter erfolgreich als traditionelle Projekte. Das hat, wie schon erwähnt, vor allem mit den allgemeinen Mechanismen von Agile zu tun:

▶ **Kurze Iterationen.** Das vollständige Abschließen kleiner Work Items in kurzen Iterationen ermöglicht es, immer wieder neu zu priorisieren, führt zu schnellerem Feedback und bietet Raum für Veränderungen.

▶ **Zusammenarbeit in Teams.** Zusammenarbeitenden Teams gelingt es deutlich besser als separaten Rollen, die nur ihre jeweils eigenen Aufgaben ausführen, einzelne Work Items vollständig umzusetzen.

▶ **Kleine Arbeitseinheiten.** Das Arbeiten mit kleinen Arbeitseinheiten erfordert eine kontinuierliche Priorisierung und führt zu immer wieder neuen Erfolgserlebnissen.

▶ **Umgang mit Veränderungen.** Veränderungen sind unvermeidlich. Statt sich dagegen zu wehren, muss man sie antizipieren. Agile Projekte können das.

▶ **Kontinuierliches Planen und Messen.** Indem man immer einzelne Work Items komplett umsetzt, bleiben agile Projekte stets mess- und planbar. So kann sich ein Team auf unvorhergesehene Umstände schnell einstellen.

▶ **Frühes und kontinuierliches Testen.** Agile Projekte beginnen sehr früh mit dem Test einzelner Work Items. So kann man Boehms Gesetz den Wind aus den Segeln nehmen.

▶ **Frühes und häufiges Liefern.** Work Items werden so früh wie möglich geliefert. So entdecken agile Projekte schnell mögliche infrastrukturelle Schwierigkeiten in einem Unternehmen.

▶ **Vereinfachte Kommunikation.** Agile Projekte halten Kommunikation transparent und einfach. Wie Alistair Cockburn einmal vom Beifahrersitz meines Autos verkündete: *„Reise immer mit leichtem Gepäck.“*

▶ **Co-Location.** Umso dichter Kunde und Team zusammensitzen, desto erfolgreicher sind Projekte. Persönliche Kommunikation in Teams, die zusammensitzen, ist effektiver als reger Mailverkehr.

Meiner Ansicht nach machen diese Mechanismen ein Projekt agil. Ganz unabhängig vom gewählten agilen Ansatz.

9.5 Agile Ansätze aller Gewichtsklassen

Im Laufe der Jahre sind überall auf der Welt agile Ansätze entstanden. Nicht alle Ansätze sind gleich populär und gleich gut einsetzbar, aber in der Literatur sind doch diverse Ansätze vorhanden. Dazu gehören Crystal Clear, Kanban, Extreme Programming, Scrum, Evo, Smart, DSDM, OpenUP, MSF Agile, EssUP, Agile RUP, Agile Modeling, Test Driven Development, Feature Driven Development, Adaptive Software Development, Agile Unified Process, und ich habe ganz sicher noch so einige vergessen.

Beinah alle diese Ansätze sind aus der Not heraus geboren, in Schieflage geratene Projekte wieder auf die rechte Bahn bekommen zu müssen. Ein Beispiel für ein solches Projekt ist das Chrysler Comprehensive Compensation System. Damit wollte Chrysler alle anderen Gehaltssysteme im Unternehmen ersetzen. Nachdem das Projekt schon zwei Jahre lief und noch nicht ein einziger Gehaltszettel hinten herausgefallen war, führten Kent Beck und Ron Jeffries eine neue Arbeitsweise ein, aus der später Extreme Programming entwickelt wurde. Es sei erwähnt, dass das Projekt auch nach der Einführung dieser Arbeitsweise nicht erfolgreich war.

Ich ordne agile Ansätze am liebsten auf einer Skala an, von leichtgewichtig bis mittelschwer. Schwergewichtige Ansätze gibt es in Agile nicht. Ein leichtgewichtiger Ansatz beschreibt in groben Zügen, wie die Arbeitsweise in Projekten aussieht, lässt aber die Techniken und Rollen oft offen. Ein mittelschwerer Ansatz ist expliziter und legt klarer fest, welche Rollen wann welche Techniken einsetzen. Wie Alistair Cockburn sagt: „Da wird dann mehr zelebriert."

Es gibt Argumente für beides. Leichtgewichtige Ansätze lassen den individuellen Projekten mehr Spielraum. Sie sind dadurch in mehr Situationen verwendbar. Jedes Projekt muss dann für sich definieren, wie die gewählte Arbeitsweise eingesetzt wird, was die Arbeitseinheit ist, welche Techniken verwendet werden. Extreme Programming und Scrum sind bekannte leichtgewichtige agile Ansätze.

Der Ansatz Crystal Clear besteht sogar hauptsächlich aus einer Reihe von Prinzipien.

Dass man leichtgewichtige Ansätze so vielfältig einsetzen kann, gilt als großer Vorteil, bereitet Teams, die gerade erst anfangen, agil zu arbeiten, aber auch Kopfzerbrechen. Mittelschwere Ansätze geben neuen Projekten einen festeren Rahmen, indem sie zum Beispiel Rollen, Arbeitseinheiten und passende Techniken mitbringen. Mittelschwere Ansätze sind deshalb natürlich weniger vielfältig einsetzbar. Das betrifft zum Beispiel Feature Driven Development, DSDM oder Smart.

Keiner der agilen Ansätze quetscht ein Projekt in ein Korsett. Aus der strengen Ägide der Wasserfallmethodiken hat man viel gelernt. Agile Ansätze, egal ob leichtgewichtig oder mittelschwer, schreiben nichts vor, sie geben immer nur *Ratschläge*.

9.6 Unterschiede zwischen den Ansätzen

Neben den gerade genannten Gemeinsamkeiten gibt es zwischen den diversen agilen Ansätzen natürlich auch auf verschiedenen Ebenen Unterschiede:

▶ **Arbeitseinheit.** Agile Ansätze unterscheiden sich in der Arbeitseinheit, die sie empfehlen. Extreme Programming und Scrum arbeiten mit User Stories. Feature Driven Development verwendet Features. Smart arbeitet mit Smart Use Cases und OpenUp mit regulären Use Cases. In DSDM spricht man von der priorisierten Anforderungsliste. Keiner der agilen Ansätze funktioniert ausschließlich mit einer festgeschriebenen Arbeitseinheit. So habe ich DSDM- und Scrumprojekte gemacht, in denen Smart Use Cases verwendet wurden.

▶ **Vorbereitung.** In leichtgewichtigen agilen Ansätzen beginnt das Projekt, sobald das Backlog steht. Die Vorbereitung eines Projekts wird nicht gesondert behandelt. Mittelschwere Ansätze schenken dieser Vorbereitung durchaus Aufmerksamkeit. Hier gibt es *Vorbereitungsiterationen*. Diese werden dafür genutzt, Zielsetzungen, Stakeholder und Scope zu ermitteln. Auch werden oft die Anforderungen und Work Items festgehalten, ein erstes Architekturkonzept entwickelt und eine Schätzung sowie ein Projektplan gemacht.

▶ **Schätzen.** Schätzungen werden in den verschiedenen agilen Ansätzen in verschiedenen Situationen angesetzt. Leichtgewichtige agile Ansätze schätzen zu Projektbeginn lediglich grob und erst dann genauer, wenn bekannt ist, welche Work Items für eine Iteration vorgesehen sind. Mittelschwere Ansätze machen während der Vorbereitung eines Projekts eine solide Schätzung. Recht vernünftig.

▶ **Releases.** Viele agile Projekte sind nicht nur in Iterationen, sondern auch in Releases unterteilt. Zu Beginn jedes Releases wird abgestimmt, welche größeren Pakete umgesetzt werden. Nicht alle agilen Ansätze sehen jedoch Releases vor. Bei langfristigen Projekten oder in der Produktentwicklung rate ich zu Releases, aber auch dann, wenn ein Projekt in eine bestehende Systemlandschaft eingefügt werden muss, in der es einen festen Release-Plan gibt.

▶ **Iterationstypen.** Leichtgewichtige Ansätze kennen nur einen Iterationstyp, wie zum Beispiel die *Sprints* in Scrum. In einem agilen Projekt haben jedoch nicht alle Iterationen denselben Schwerpunkt. Manchmal wird vor allem viel Code geschrieben. Manchmal wird überwiegend getestet. Manche agilen Ansätze benennen diese

165

Schwerpunkte explizit. In DSDM gibt es *Feinplanungsiterationen,* *technische Entwicklungsiterationen* und *Bereitstellungsiterationen* für die Übergabe an den Kunden. In Smart gibt es zwei Arten von vorbereitenden Iterationen namens *Propose* und *Scope.* Work Items werden vor allem in Realize-Iterationen umgesetzt. Releases werden in *Finalize*-Iterationen gebaut.

▶ **Betrieb.** Eigentlich beginnt das Leben einer Applikation erst, wenn das Projekt, in der sie entwickelt wurde, abgeschlossen ist. Nun wird die Applikation benutzt, betreut und gewartet. Agile Ansätze sind vor allem auf die Durchführung von Projekten und viel weniger auf den Betrieb von Applikation ausgelegt.

Dabei eignet sich Agile ausnehmend gut für diesen Betrieb. Das Backlog ist schließlich immer gefüllt. Dort finden sich neue Wünsche, kleine Erweiterungen und natürlich Bugs. Jede Woche entscheidet das für den Betrieb zuständige Team aufs Neue, welche dieser Work Items am wichtigsten sind. Die Dringlichkeit von Bugs spielt dabei eine große Rolle. Deshalb entscheiden sich auch zunehmend mehr Unternehmen für einen agilen Ansatz beim Betrieb ihrer Anwendungen.

▶ **Rollen.** Ausnahmslos alle agilen Ansätze betonen die Bedeutung der Zusammenarbeit in Teams. Sie unterscheiden sich jedoch grundlegend in den Rollen, die sie benennen.

Extreme Programming kennt lediglich drei Rollen. Kunde, Coach und Entwickler. Scrum hat den Product Owner, den Scrum Master und das Team, ohne die darin vorhandenen Rollen explizit zu benennen. DSDM und Smart verfügen über verschiedene Rollen, wie Kunde, Fachexperte, Entwickler und Tester. Kanban ist in dieser Hinsicht interessant. Hier wird vom bestehenden Unternehmen, Rollen und Verantwortlichkeiten aus argumentiert. Das lindert die Angst vor Veränderungen, die Agile mit sich bringt.

▶ **Produkte.** Schließlich unterscheiden sich verschiedene agile Ansätze auch in den Produkten, die in einem Projekt entstehen. Manchmal handelt es sich lediglich um User Stories, Tasks und Code. Mittelschwere Produkte erwähnen jedoch verschiedene Produkte. Dazu gehört ein Projektplan oder ein Architekturkonzept, Use Cases, ein Testplan sowie Dokumentation für Endanwender. Oder verschiedene Modelle, wie ein Use Case Model, ein Domain-Modell oder ein Datenmodell.

Kurzum, agile Ansätze unterscheiden sich deutlich. Im besten Fall kann man sie wohl nach der Anzahl der Iterationstypen, Releases oder keine Releases und der Anzahl der Rollen und Produkte, die vorgesehen sind, aufsteigend sortieren.

Diese imaginäre Skala beginnt mit den leichtgewichtigen Ansätzen, die vorrangig einen Satz von Prinzipien einführen. Das können zum Beispiel Crystal Clear oder Kanban sein. Dann gibt es agile Ansätze, die in erster Linie einen leichtgewichtigen Prozess beschreiben, wie beispielsweise Extreme Programming oder Scrum. Schließlich gibt es die mittelschweren Ansätze, die einen festeren Rahmen schaffen, aber dadurch nicht mehr so vielfältig einsetzbar sind. In diese Kategorie fallen DSDM, Feature Driven Development, MSF Agile und Smart. Die mittelschweren agilen Varianten von Unified Process wie EssUP und OpenUP vervollständigen diese agile Skala.

9.7 Extreme Programming

Der Ansatz mit dem irreführendsten Namen ist Extreme Programming. Einmal versuchte ich, einen Manager davon zu überzeugen, dass das für diesen Fall das Nonplusultra sei. Das war nicht einfach. Extreme Programming ist ein recht technisch orientierter agiler Ansatz, der in einem großen, in Schieflage geratenen Projekt beim Autohersteller Chrysler unter der Regie von unter anderem Kent Beck und Martin Fowler entstand.

Die Arbeitsweise im Projekt ist ausgesprochen einfach, fast schon minimalistisch. Der Kunde schreibt User Stories auf Karteikarten. Zu Beginn einer Iteration wählt der Kunde die zu diesem Zeitpunkt wichtigsten aus. Die Entwickler schätzen den Umfang der Stories in idealen Arbeitstagen, also Arbeitstagen ohne Besprechungen und anderen Ballast. Der Kunde wählt dann eine Menge an Stories aus, die in der beginnenden Iteration umsetzbar ist. Dann setzen die Entwickler die User Stories um und der Kunde schreibt Tests dafür. Sobald der Code fertig ist, testet der Kunde die Ergebnisse. Die einzige noch fehlende Rolle ist der Agile-Coach, eine Rolle, die mit der des Scrum Masters vergleichbar ist.

Interessanter als die für viele Projekte zu simple Arbeitsweise von Extreme Programming sind die allesamt fundamentalen Techniken, die aus diesem Ansatz entstanden sind. Dazu gehören User Stories, Pair Programming, Unit Tests und Test Driven Development, Continuous Integration und Refactoring. Allesamt Techniken, die das ganze Fachgebiet enorm beeinflussen. Nahezu alle agilen und nicht-agilen Projekte weltweit verwenden sie, meistens ohne den Ursprung zu kennen.

9.8 Scrum

Von allen agilen Ansätzen ist Scrum der bei Weitem bekannteste. Nicht selten werden die Begriffe Scrum und Agile synonym verwendet, ebenso wie Pair Programming und Extreme Programming. Seine Schlichtheit macht Scrum zu einem guten Ausgangspunkt für Projekte.

Ein Projekt beginnt, sobald das Backlog gefüllt ist. Meistens besteht das Backlog aus einer Reihe von User Stories. Das Backlog wird durch den Vertreter des Kunden, den Product Owner, erfasst.

Die Iterationen, die hier *Sprints* heißen, dauern in der Regel zwei bis vier Wochen. Zu Beginn eines Sprints wird während des Sprint Planning Meetings vom Product Owner und dem Team gemeinsam beschlossen, welche User Stories umgesetzt werden. Das Team unterteilt die User Stories in Tasks und schätzt den Arbeitsumfang in Stunden. Mit dieser Schätzung, der Geschwindigkeit vorangegangener Sprints und der Zusammenstellung des Teams in der beginnenden Iteration wird festgestellt, wie viele Stories in den Sprint passen. Diese Stories kommen ins *Sprintbacklog*. Ebenso wie andere agile Ansätze gibt es in Scrum ein Stand-Up, welches hier *Scrum* heißt. Logisch. Am Ende eines Sprints findet das *Sprint Review* statt, in dem die umgesetzten Work Items bewertet werden. Anschließend findet die *Retrospektive* statt, in der das Team die Arbeitsweise evaluiert und verbessert.

In Scrum gibt es nur eine begrenzte Anzahl von Rollen. Die Arbeit macht das Team, das in der Regel aus fünf bis neun Personen besteht, deren Rollen nicht weiter beschrieben werden. Der Product Owner vertritt im Projekt den Kunden. Der Scrum Master coacht den Product Owner und das Team. Der Projektfortschritt wird am Taskboard überwacht, das üblicherweise aus den Spalten *Geplant*, *In Arbeit* und *Fertig* besteht. Darüber hinaus gibt es im Sprint auch ein Burndown-Chart.

Die Einfachheit und Bekanntheit von Scrum machen es zu einem guten Ausgangspunkt für gerade anlaufende Projekte. Die Terminologie, die der Ansatz verwendet, wirkt ansteckend. Scrum ist leicht anzuwenden und kann, falls nötig einfach mit Techniken aus anderen agilen Ansätzen erweitert werden. Das können die vorbereitenden Iterationen aus DSDM und Smart sein, oder die technisch orientierten Praktiken aus Extreme Programming wie Continuous Integration oder Test Driven Development, oder eventuell auch die Verwendung von Smart Use Cases als Arbeitseinheit statt der weniger strukturierten User Stories.

Leider verderben immer mehr Köche den Brei. Aufgrund der enormen Popularität von Scrum werden immer mehr Menschen zum Scrum Master ausgebildet und ohne viel Erfahrung ins kalte Wasser geworfen. Das führt nicht selten zu einer sehr dogmatischen Verwendung des Ansatzes und einer immer deutlicher ansteigenden Zahl von scheiternden Projekten.

Exkurs

Zwei der Entwickler in einem meiner Projekte sind zertifizierte Scrum Master. Bemerkenswerterweise haben beide noch nie ein agiles Projekt durchgeführt.

Nicht selten beobachte ich, dass beim dogmatischen Einsatz von Scrum viele agile Elemente und viel gesunder Menschenverstand auf der Strecke bleiben. Das kommt der Durchführung der Projekte nicht zugute. Wirklich schade.

Exkurs

Der Projektleiter eines fehlgeschlagenen Scrum-Projekts in Belgien erzählte mir, dass sie sich keine Herangehensweise für das Projekt überlegt hatten, weil der Scrum Master behauptet hatte, dass man das in Scrum nicht macht.

169

9.9 DSDM

Die schon etwas ältere Dynamic Systems Development Method (DSDM) ist aus dem Rapid Application Development entstanden, einem Trend, die Anfang der Neunzigerjahre des vergangenen Jahrhunderts in Projekten populär wurde. Es war sozusagen ein Vorläufer von Agile.

In DSDM gibt es eine Reihe guter Ansatzpunkte. Teams müssen bevollmächtigt sein, ein Projekt durchführen zu können. Endanwender werden in das gesamte Projekt mit einbezogen. Alles, was umgesetzt worden ist, muss auch wieder geändert werden können. Außerdem gilt, dass nichts beim ersten Mal zu 100% vollständig und komplett ist. Mir hat es 1995 die Augen geöffnet. Die Gemeinsamkeiten mit den Ausgangspunkten, die Winston Royce schon 1970 zu Papier brachte, sind auch nicht zu übersehen.

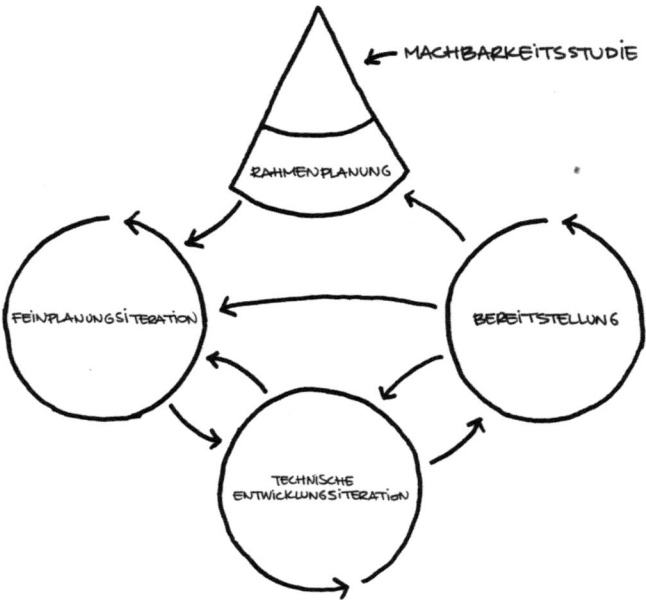

Ein Projekt beginnt mit zwei kurzen Vorabiterationen, die *Machbarkeitsstudie* und *Rahmenplanung* heißen. In der ersten wird erörtert, ob das Projekt machbar ist und Mehrwert liefert. In der zweiten wird grob festgelegt, welche Funktionalität das Projekt liefert. Anschließend findet eine Reihe von Iterationen statt, die man in drei Typen unterteilen kann: *Feinplanung, technische Entwicklung* und *Bereitstellung*. Im ersten entsteht ein Prototyp der Software, im zweiten wird die eigentliche Software gebaut und im dritten wird die Software den Endanwendern zur Verfügung gestellt. Die drei Iterationstypen können nacheinander oder auch in anderer Reihenfolge durchgeführt werden.

Neben diesem Prozess gibt es in DSDM gute Techniken. Das Projektbacklog wird hier als *priorisierte Anforderungsliste* bezeichnet. Diese wird kontinuierlich mit Hilfe der MoSCoW-Regeln priorisiert. Auch laufen alle Iterationen innerhalb von Timeboxes ab. Zeit und Budget sind dabei fix, die zu liefernde Funktionalität kann jedoch variieren. In DSDM gibt es eine ganze Reihe von Rollen, die in kleineren Projekten oft kombiniert werden.

DSDM wird vom DSDM-Konsortium verwaltet. Lange war DSDM nicht allgemein verfügbar. Wenn man DSDM verwenden wollte, musste man Mitglied sein. Meiner Meinung nach hat das die Verbreitung von DSDM deutlich behindert. Das dürfte auch der Grund dafür sein, dass der Ansatz momentan nur noch für wenige Implementierungen verwendet wird. Die drei Iterationstypen können gut eingesetzt werden, um den Phasen von Wasserfall einen iterativen Charakter zu geben. Dadurch hat DSDM bei der Modernisierung der Softwareentwicklung in vielen großen Unternehmen vor allem in Westeuropa eine bedeutende Rolle gespielt.

9.10 Smart

Da DSDM uns nicht genügend konkrete Anknüpfungspunkte bot, entwickelten mein Team und ich Ende der neunziger Jahre des letzten Jahrhunderts den Smart-Ansatz. Im Lauf der Jahre entwickelte sich Smart dann zu einem selbständigen agilen Ansatz.

Was Smart auszeichnet, ist, dass es mehrere Iterationstypen kennt. Zu Beginn eines Projekts wird das Backlog mit den Work Items gefüllt, die die Grundvoraussetzungen für das Entwickeln von Software bilden. Dazu gehören die Ermittlung von Stakeholdern und Zielen, die Modellierung von Geschäftsprozessen und Smart Use Cases, die Durchführung einer Schätzung auf der Basis dieser Smart Use Cases, die Erstelllung einer grundlegenden Architektur, die Einrichtung der Entwicklungsumgebung und die Erstellung eines Projektplans. Die meisten dieser Work Items werden in den vorbereitenden Iterationen

Propose und *Scope* umgesetzt. Die Iteration *Propose* mündet in einem ersten Projektentwurf. *Scope* endet mit einem fertigen Projektplan.

Anschließend wird das Backlog mit den modellierten Smart Use Cases gefüllt, die in Smart die Standardarbeitseinheit bilden. Diese Smart Use Cases werden in einem oder mehreren Releases umgesetzt. Ein Release besteht aus mehreren *Realize*-Iterationen, auf die eine *Finalize*-Iteration folgt. Während der *Realize*-Iterationen werden die Smart Use Cases umgesetzt, getestet und abgenommen. Sie durchlaufen ihren jeweiligen Lebenszyklus allesamt in wenigen Tagen. Zum Lebenszyklus gehören Schritte wie *Neu, In Iteration, In Arbeit, Test, Überarbeitung* und *Abnahme*.

Projekte diesen Zyklus immer so, wie die Arbeitsweise im jeweiligen Projekt das verlangt. Die Schritte im Lebenszyklus der Smart Use Cases bilden auch die Spalten am Dashboard. Jedes Release wird mit einer *Finalize*-Iteration abgeschlossen, in der der Fokus noch stärker auf Tests und der Stabilisierung des Codes liegt.

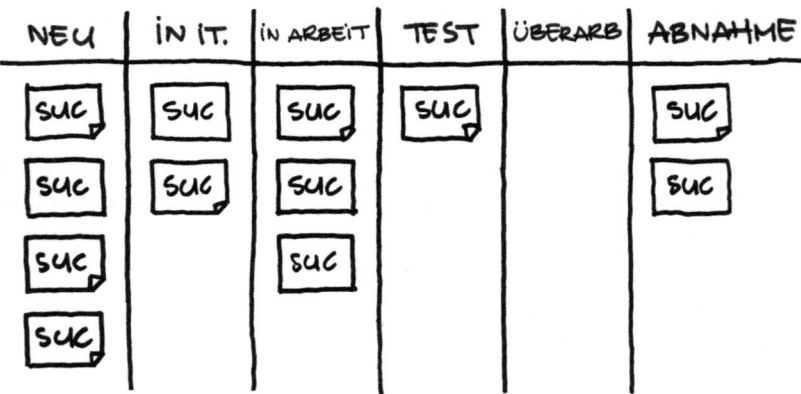

Jede Iteration ist in Smart gleich aufgebaut. Die Iteration beginnt mit einem Kickoff *Plan* und endet mit der Retrospektive *Evaluate*. Dazwischen werden die Work Items während *Build* umgesetzt.

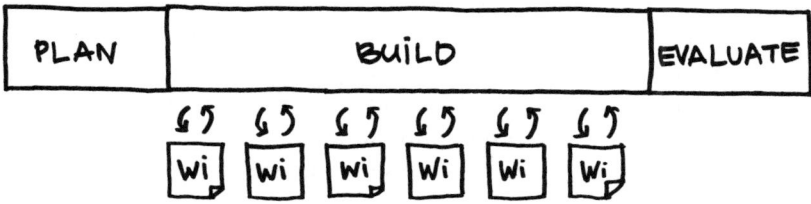

In Smart gibt es darüber hinaus Techniken, mit denen Smart Use Cases standardisiert modelliert, geschätzt, beschrieben aber auch gecodet und getestet werden können. Das Team besteht in Smart aus mehreren Rollen. Die wichtigsten sind Projektsponsor, Anwender, Fachexperte, Entwickler, Tester und Coach. Der Ansatz beschreibt auch verschiedene Formen der Zusammenarbeit zwischen diesen Rollen. So werden Use Cases beispielsweise in multidisziplinären Workshops, sogenannten *Design Sessions*, ausgearbeitet.

Smart eignet sich gut für langfristige, häufig etwas komplexere Projekte, für die sich die stärkere Strukturierung der Anforderungen in Smart Use Cases besser eignet als das Erstellen von User Stories. Smart ist auch mehr standardisiert als die leichtgewichtigen agilen Ansätze. In der Praxis war ich an mehreren erfolgreichen Projekten beteiligt, die mit einer Mischung aus Scrum, Extreme Programming und Smart durchgeführt wurden.

9.11 Kanban

Ein sehr interessanter Ansatz ist Kanban. Er tanzt ein bisschen aus der Reihe. Kanban ist nämlich kein agiler Ansatz, sondern ein Ansatz für die Optimierung von Produktionsprozessen. Entstanden ist Kanban in den Autofabriken von Toyota. Dort entwickelte man einen Ansatz für die Prozessoptimierung, bei dem in jedem Prozessschritt das Angebot an die Nachfrage (den *Pull*) des nächsten Schritts angepasst wurde. Man verwendete dafür einfache Darstellungen von Angebot und Nachfrage. Diese Optimierung von Nachfrage und Angebot ergibt einen Mindestbestand an Arbeit für jeden Zeitpunkt, was wiederum zu einem besseren Ertrag des Gesamtprozesses führt. Dass man immer von der Nachfrage ausgeht, beugt überflüssiger Arbeit an Work Items vor, wie zum Beispiel der Produktion von mehr Dokumentation als gefordert, oder der Umsetzung von mehr Work Items, als getestet werden können.

David Anderson hat dieses System der Optimierung von Angebot und Nachfrage für die Softwareentwicklung angepasst. Auch in der Softwareentwicklung durchlaufen Work Items mehrere Schritte. Für jeden dieser Schritte gibt es einen Mindestbestand an Arbeit, die in einer Zeiteinheit umgesetzt werden kann. Wenn in einem Schritt die Work Items schneller bearbeitet werden als im nächsten, entsteht ein Vorrat. Der langsamere Schritt droht nun ein Engpass im Prozess zu werden. Kanban zielt darauf ab, solche Engpässe zu beseitigen und so den Prozess zu optimieren. Die Ausgangspunkte dabei sind:

▶ **Vom heutigen Stand ausgehen.** Statt ein völlig neues Modell umzusetzen, wie die agilen Ansätze das tun, geht Kanban von der bestehenden Arbeitsweise aus. Achten Sie hierbei darauf, wie viel Mehrwert jeder der Schritte liefert.

▶ **Arbeitsweise visualisieren.** Visualisieren Sie die Schritte der Arbeitsweise beispielsweise an einem Dashboard, das hier Kanban-Board heißt. Es ist üblich, für jeden Schritt die Zahl der Work Items zu messen, die gleichzeitig in diesem Schritt bearbeitet werden können.

▶ **Arbeitsbestand beschränken.** Umso mehr Arbeit zu einem Zeitpunkt vorhanden ist, desto mehr teurer Vorrat ist vorhanden. Auch in der Software-Entwicklung ist Vorrat teuer, zum Beispiel bei Anforderungen. Umso länger diese liegen bleiben, bevor sie umgesetzt werden, desto größer ist die Wahrscheinlichkeit, dass sie sich in der Zwischenzeit geändert haben.

▶ **Arbeitsweise optimieren.** Identifizieren Sie mithilfe des Kanban-Boards Engpässe in der Arbeitsweise und beheben Sie sie. Dafür gibt es verschiedene Modelle. Eines der bekanntesten Modelle, die hierfür verwendet werden, ist die Theory of Constraints.

Kanban ist also kein agiler Ansatz wie die anderen Ansätze, die ich hier beschreibe. Kanban konzentriert sich darauf, eine Arbeitsweise Schritt für Schritt zu optimieren. Das kann eine traditionelle oder auch eine agile Arbeitsweise sein.

Am besten funktioniert Kanban in Kombination mit einer Arbeitsweise, bei der man die einzelnen Schritte klar benennen kann. In Scrum beschränken sich die Schritte der Arbeitsweise meist auf *Geplant*, *In Arbeit* und *Fertig*. In Smart sind es *Neu*, *In Iteration*, *In Arbeit*, *Test*, *Überarbeitung*, *Abnahme*. In beiden Fällen gibt es projektspezifische Schritte, die die Arbeitsweise ergänzen. Mehr Schritte machen die Verbesserung der Arbeitsweise mit Kanban plausibler.

9.12 Schritt für Schritt

Wie kommt man nun dahin? Die Einführung von Agile in einem Unternehmen ist nicht einfach und wird oft unterschätzt. Auch wenn die Entscheidung für Agile gefallen ist, gibt es bei den Mitarbeitern oft noch Skepsis oder Widerstand. Manchmal krempelt Agile die in einem Unternehmen herrschende Kultur völlig um. Deswegen sollte Agile auch agil eingeführt werden. Schritt für Schritt.

- **Stellen Sie die Stakeholder und Zielsetzung fest.** Es ist nicht immer klar, *warum* sich ein Unternehmen für Agile entscheidet. Deswegen ist es wichtig festzuhalten, *wie* Agile ein Erfolg werden kann.

- **Skizzieren Sie eine Arbeitsweise.** Skizzieren Sie grob eine Arbeitsweise für das erste agile Projekt. Beginnen Sie mit einem Ansatz wie Scrum oder Smart. Passen Sie ihn gegebenenfalls im Laufe der Zeit an.

- **Wählen Sie eine Arbeitseinheit.** Finden Sie heraus, welche Arbeitseinheit sich für das erste Projekt am besten eignet.

- **Wählen Sie ein aussichtsreiches Pilotprojekt.** Wählen Sie als erstes agiles Projekt immer ein aussichtsreiches Projekt. Wählen Sie kein Projekt, das schon dreimal neu aufgesetzt werden musste oder politisch heikel ist. Man braucht ein erstes erfolgreiches Projekt, um die Skeptiker zu überzeugen.

- **Coachen Sie das Projekt.** Suchen Sie für dieses Projekt einen erfahrenen Agile-Coach, der seine Erfahrung belegen kann, nicht jemanden, der nur ein hübsches Zertifikat besitzt.

- **Stellen Sie das Team zusammen.** Stellen Sie ein Team aus Menschen zusammen, die entweder mit Agile schon Erfahrung haben oder dafür offen sind.

- **Schulen Sie das Team.** Erklären Sie dem Team inklusive Kunde und Anwendern die gewählte Arbeitsweise. Machen Sie deutlich, was von jedem Einzelnen erwartet wird.

- **Organisieren Sie ein Kickoff.** Organisieren Sie das Kickoff für das Projekt, vorzugsweise direkt im Anschluss an die Schulung.

- **Verbessern durch Messen.** Beginnen Sie mit dem Messen der Produktivität, sobald das Projekt anläuft. Dass man schon frühzeitig Erfahrungswerte zur Hand hat, ist einer der größten Pluspunkte von Agile. Machen Sie so schnell wie möglich für alle Beteiligten publik, was erreicht worden ist und was das für die Laufzeit des Projekts bedeutet.

▶ **Mund-zu-Mund-Propaganda.** Sorgen Sie dafür, dass die positive Energie der ersten agilen Projekte auch das restliche Unternehmen ansteckt. Die Mund-zu-Mund-Propaganda ist die wichtigste Verbreitungsform von Agile. Machen Sie Werbung für die Erfolge, machen Sie sie innerhalb eines Unternehmens sichtbar. Erfolg ist ansteckend. Schnell werden andere Projekte und Teams Elemente der ersten agilen Projekte übernehmen.

Exkurs

Bei einem ersten agilen Projekt in einem Unternehmen hatten wir den Ort für das Dashboard taktisch klug gewählt. Es hing auf dem Weg zur Kaffeemaschine. Dort fanden auch die täglichen Stand-Ups statt. Schnell weckte das die Neugier der anderen Projekte und auch des Managements. Bald stieg die Zahl unserer Zuschauer bei den Stand-Ups. Es dauerte nicht lange, bis andere Projekte, auch traditionelle, ihre Dashboards an der Wand hatten und Stand-Ups abhielten.

▶ **Evaluieren, lernen und verbessern.** Darüber hinaus ist die Einführung von Agile vor allem eine Frage kontinuierlichen Evaluierens, Lernens und Verbesserns. Agile agil einführen.

9.13 Agile als Baukasten

Jedes Projekt ist anders. Es gibt also keinen agilen Ansatz, der zu allen Projekten passt. Diskussionen, ob der eine oder der andere Ansatz der bessere ist, wie sie an vielen Fronten geführt werden, sind irritierend und überflüssig. Meiner Meinung nach kommt es darauf an, was wir von jedem dieser agilen Ansätze und auch aus traditionellen Methoden lernen können. Wie können wir diese Erfahrungen zu einem Ansatz vereinen, der zu *unserem* Unternehmen und zu *unserem* Projekt passt? Kurzum: Welche Bausteine von Agile sind für uns die richtigen?

Für welchen Ansatz sich ein Unternehmen oder Projekt entscheidet, ist fast irrelevant. Wichtig ist, dass Projekte aus den Mechanismen und Techniken lernen, die Agile effizient und effektiv machen. Führen Sie vor allem diese Mechanismen ein. Kurze Iterationen. Zusammenarbeit in Teams. Kleine Arbeitseinheiten. Immer wieder priorisieren. Kontinuierlich planen und messen. Kontinuierlich testen und liefern. So einfach wie möglich kommunizieren.

Wählen Sie den Ansatz, der am naheliegendsten ist und am besten zum Unternehmen und der Art von Projekten passt, die durchgeführt werden. Der Ansatz gibt einem Team ein gemeinsames Vokabular. Fangen Sie zum Beispiel mit Scrum an. Scrum ist leichtgewichtig, ist weithin bekannt, einigermaßen einfach einzuführen und bietet viele Freiheiten, noch andere, zusätzliche Techniken einzusetzen.

Die nächste Frage ist: *Welche* zusätzlichen Techniken verwende ich in meinem Projekt? Das ist in jedem Projekt anders und hängt von vielen unterschiedlichen Faktoren ab. Gibt es wenige oder viele Stakeholder? Wird das Projekt vor Ort durchgeführt oder an verteilten Standorten? Sind Endanwender direkt betroffen? Wie wird das Projektbacklog gefüllt? Mit wie vielen Parteien wird zusammengearbeitet? Wird die Software von einem externen Dienstleister umgesetzt? Ist es ein Festpreisprojekt? Wie viel Erfahrung hat das Team? Wie komplex ist die Architektur? Wie komplex ist das Fachgebiet? Wie komplex ist die Applikationslandschaft? Wie fügt sich das Projekt in die bestehende Organisation ein? Welche Tools werden verwendet? Wie wird die Software in Betrieb genommen?

Man sieht schon: Auch Projekte gibt es in allen Gewichtsklassen. Es gibt kleine, leichtgewichtige und am anderen Ende der Skala auch komplexe, schwergewichtige Projekte. Umso komplexer und schwerer Projekte werden, desto mehr Rückhalt braucht das Team. Einige Beispiele:

▶ **Verträge.** In Festpreisprojekten ist die Wahl der richtigen Vertragsform überlebenswichtig.

▶ **Vorbereitung.** Viele Projekte, insbesondere die langfristigen, arbeiten mit einer oder zwei Vorabiterationen à la Smart oder DSDM, um so mit einer besseren Basis mit der Umsetzung beginnen zu können.

▶ **Einrichten.** In kürzeren Projekten ist es wichtig, die Entwicklungsumgebung und andere Umgebungen vorab einzurichten. In verteilten Projekten ist es komplizierter, die Umgebungen gut einzurichten, wenn es zum Beispiel um Continuous Integration und Unit Tests geht. Auch hier ist es entscheidend, mit der Einrichtung rechtzeitig zu beginnen.

▶ **Stand-Ups.** Führen Sie unbedingt Stand-Ups ein. In verteilten Projekten ist dafür eine Videokonferenz unentbehrlich.

▶ **Dashboards.** In Projekten, die an einem Standort ausgeführt werden, reichen ein Post-It-Dashboard an der Wand und ein Excel-Sheet aus, um den Fortschritt zu überwachen. In verteilten Projekten kommt man um ein virtuelles Dashboard nicht herum.

▶ **Arbeitseinheit.** Für einfache mobile Anwendungen oder Webanwendungen reichen User Stories häufig aus. In komplexen serviceorientierten Architekturlandschaften sind Smart Use Cases möglicherweise als Arbeitseinheit besser geeignet.

▶ **Schätzen.** In Projekten mit verteilten Teams ist Schätzen eine heikle Angelegenheit. Schätzpoker ist hier nicht immer machbar. Und schätzen Teams an verschiedenen Orten auf die gleiche Art und Weise, selbst mit der gleichen Skala?

▶ **Tools.** Gehen Sie sparsam mit technischen Hilfsmitteln aller Art um. Ein tolles Tool allein macht noch keine Lösung.

▶ **Testen.** In komplexeren Projekten spielen Tests eine *noch* größere Rolle als in leichtgewichtigen Projekten. Komplexe agile Projekte sollten besser nicht ohne einen dedizierten Tester im Team anlaufen.

Vor allem aber: Werden Sie nicht dogmatisch. Lassen Sie dem Team den Spielraum, die gewählte Arbeitsweise währen des Projekts zurechtzuschleifen und, wo nötig, neue Techniken und Best Practices hinzuzufügen, egal ob aus den verschiedenen agilen Ansätzen oder auch aus traditionellen Ansätzen. Räumen Sie dem Team ab dem ersten Tag des Projekts diese Freiheit ein und das Team wird immer weiter lernen.

Exkurs

Eines meiner Projekte hat nun mittlerweile fünfzig Iterationen auf dem Buckel, und noch immer werden in den Evaluationen Verbesserungsvorschläge gemacht.

Auf diese Art und Weise bekommt das Team keine Arbeitsweise aufgezwungen, sondern trägt selbst die Verantwortung für sein Vorgehen.

Kapitel 10

Stolpersteine

@TheTweetOfGod: Die erste Angewohnheit sehr effizienter Menschen ist es, kurze Listen von Klischees anzulegen und sie dann als Weisheiten zu verbreiten.

Natürlich ist nicht alles gleich Friede, Freude, Eierkuchen, wenn ein Unternehmen Agile einführt. Der Weg von traditionell zu agil ist voller Stolpersteine. Zudem führen viele Wege nach Rom, und nicht jedes Unternehmen geht denselben Weg. Manchen gelingt es, schnell umzusteigen, andere brauchen Jahre dafür.

Viele dieser Stolpersteine begegnen mir bei der Einführung von Agile immer wieder. Es ist unmöglich, allen auszuweichen. Was möglich ist, ist, diese *Anti-Patterns* frühzeitig aufzuzeigen und die negativen Konsequenzen so zu beschränken. Auf die Folgenden möchte ich hinweisen:

▶ **Kompletter Entwurf vorab.** Die vollständige und komplette Durchführung von Analyse und Entwurf, bevor Entwicklung und Testen agil durchgeführt werden. Man spricht hier auch von *Big Up-Front Design*.

▶ **Kein Entwurf vorab.** Die völlige Abwesenheit von Analyse und Entwurf und die Beschränkung auf Entwickeln und Testen.

▶ **Agile als Ausrede.** In vielen Projekten wird Agile als Ausrede genutzt, um wichtige Arbeit nicht zu machen.

▶ **Tod durch Dogma.** Durch die heutige Beliebtheit von Agile entsteht ein chronischer Mangel an erfahrenen Coaches. Unerfahrene

Coaches haben die Angewohnheit, Agile recht dogmatisch einzusetzen. Das kann zu Projektfehlschlägen führen.

▶ **Pilot.** Unternehmen wählen als erstes agiles Projekt zu häufig ein Projekt, dessen Erfolgschancen doch ziemlich gering sind.

▶ **Re-Architecting.** Architektur ist in Agile evolutionär. Zu oft wird das als Ausrede genutzt, um gar keine Architektur zu konzipieren, was dann viele Nacharbeiten zur Folge hat.

▶ **Ein Agile für alle Fälle.** Zu oft werden komplexe und unternehmensweite Projekte mit einer zu leichten agilen Arbeitsweise angegangen. Es gibt nicht *das* Agile, das für alle passt. Manchmal ist eine etwas *schwergewichtigere* Arbeitsweise besser.

▶ **Reverse Planning.** Der Wunsch ist der Vater des Gedankens. Vor allem beim Schätzen. So entsteht die Situation, dass „wenn wir in zehn Wochen liefern wollen, wir also fünfzehn User Stories pro Sprint umsetzen müssen".

▶ **Tod durch Planung.** Viele Projektleiter behalten auch in agilen Projekten dieselbe detaillierte Planung dabei, die sie schon aus traditionellen Projekten gewöhnt sind.

▶ **Reviews.** Die Durchführung von Reviews für Work Items ist ein Indiz dafür, dass es an Einbeziehung oder Zusammenarbeit mangelt.

▶ **Kind mit dem Badewasser.** Die Einführung von Agile ist nicht immer einfach. Erste agile Projekte in Unternehmen sind oft weniger erfolgreich als erhofft. Werfen Sie nicht zu schnell die Flinte ins Korn und kehren zurück zu „wie wir's schon immer gemacht haben".

▶ **Monodisziplinäre Teams.** Viele Unternehmen, die Agile einführen, steigen mit einem multidisziplinären Team in den ersten Pilot ein. Wie sich das gehört. Aber wenn die nächsten Projekte dann größer werden und aus mehreren Teams bestehen, entsteht häufig die Neigung, die Teams doch wieder nach Aufgaben aufzuteilen.

▶ **Teilzeit-Agile.** Auch wenn (fast) Vollzeit-Arbeit in Agile vorzuziehen ist, ist das nicht in allen Unternehmen möglich. Das hat Folgen für die Geschwindigkeit und Effektivität eines Projekts.

▶ **Das Agile-Handbuch.** Mit der zunehmenden Popularität von Agile halten immer mehr Unternehmen ihre agile Arbeitsweise in einem Handbuch fest. Damit arbeiten sie an der Kreativität und dem Lernpotential von Agile vorbei.

10.1 Big Up-Front Design

Auch wenn Unternehmen sich für Agile entscheiden, suchen sie Sicherheit weiterhin dort, wo sie sie auch in traditionellen Projekten fanden. Entwicklung und Tests werden in Iterationen abgewickelt, aber Analyse und Entwurf finden vorher statt. So wird doch erst von Fachexperten und Architekten ein *kompletter* technischer Entwurf geschrieben, bevor die Iterationen beginnen. Das nennt man *Big Up-Front Design.*

Dieser Arbeitsweise begegnet man oft in Unternehmen, die gerne auf Agile umsteigen wollen, aber das traditionelle Bedürfnis nach Sicherheit noch nicht ganz überwunden haben. Man befürchtet, dass „sich das aufschiebt", wenn nicht alle Anforderungen feststehen, bevor die Umsetzung beginnt. So entsteht eine gemischte Arbeitsweise mit Fallstricken:

▶ **Komplett und vollständig.** Es ist bleibt eine Illusion, dass so früh in einem Projekt alle Anforderungen vollständig und komplett ausgearbeitet werden können. Anforderungen ändern sich im Schnitt zu 20 bis 25 Prozent in einem Projekt. Das gilt auch in Projekten, die davon ausgehen, alle Anforderungen schon ausgearbeitet zu haben.

▶ **Wissenszuwachs.** In einem Projekt entstehen auf diese Art lange Feedbackzyklen. Diese beginnen ganz zu Anfang des Projekts, wenn die Anforderungen ausgearbeitet werden und enden erst viel später, wenn eine Anforderung in einer beliebigen Iteration umgesetzt wird. Der gesamte Wissenszuwachs aus diesem Zeitraum ist in die ursprüngliche Anforderung nicht mit eingeflossen.

▶ **Länger.** Die Ausarbeitung von Anforderungen und der Entwurf kosten seit jeher viel Zeit. Darauf fußen schließlich die Sicherheiten eines Projekts wie Schätzungen und Pläne. Deshalb müssen alle Details abgedeckt sein. Manche Projekte kommen niemals über die Anforderungen hinaus, was oft mit hohen Kosten verbunden ist.

▶ **Festpreis, fester Termin, fester Scope.** Da in dieser Arbeitsweise davon ausgegangen wird, dass die Anforderungen komplett und vollständig sind, wird ein Plan aufgestellt, in dem *genau* diese Anforderungen umgesetzt werden. Der Scope steht fest, und jetzt kann man auch das Enddatum und das Budget festsetzen. Wie agil der Rest des Projekts auch sein mag, ist die Wahrscheinlichkeit doch groß, dass man diesen Plan niemals wird einhalten können, weil man zum Beispiel dazulernt oder die Erfahrungswerte sich als unrealistisch herausstellen. Ein unangenehmer Nebeneffekt ist, dass daraus geschlossen wird, dass Agile „zumindest bei uns" nicht funktioniert. Vermutlich zu Unrecht.

Kann man dem vorbeugen? Ja, das kann man. Die Maßnahme ist nicht einmal besonders kompliziert. Arbeiten Sie die Anforderungen nur soweit aus, dass man dafür eine Schätzung abgeben und einen Plan damit aufstellen kann. Verlagern Sie den Löwenanteil der Ausarbeitung der Anforderungen in die Iterationen. Das verkürzt den Feedbackzyklus um ein Vielfaches und der Wissenszuwachs fließt automatisch mit ein.

Praktisch bedeutet dies vor allem ein Umdenken in der Unternehmenskultur. Trauen Sie sich als Projektleiter, sich vom traditionellen Modell zu lösen. Das gilt auch für Fachexperten und Architekten, die, die oft gar nichts anderes kennen als ihre Arbeit zu machen, *bevor* Entwickler und Tester im Projekt auftauchen. Hier ist vor allem die Überzeugungskraft des Agile-Coachs gefordert, der dabei am besten die Organisationsstruktur und Rollen soweit wie möglich intakt lässt, aber vor allem verdeutlicht, dass Arbeit nicht wegfällt, sondern an einem sinnvolleren Zeitpunkt gemacht wird. Fachexperten und Architekten sind meiner Erfahrung nach durchaus empfänglich für Argumente wie schnelleres

Feedback, das Einfließen des im Projektverlauf erworbenen Wissens und die engere Zusammenarbeit mit Entwicklern und Testern.

10.2 Kein Entwurf vorab

In zu vielen agilen Projekten wird die Bedeutung von Analyse und technischem Entwurf unterschätzt. Dies ist oft eine allergische Reaktion auf die jahrelange Erfahrung in Wasserfallprojekten. Dennoch ist es auch in agilen Projekten wichtig, zu analysieren und einen Entwurf zu entwickeln. Der große Unterschied dabei sind der Zeitpunkt und die verwendeten Techniken. In Wasserfallprojekten finden Analyse und Entwurf statt, bevor entwickelt und getestet wird, in agilen Projekten vor allem während der Iterationen und dann auch nur für die Work Items, die während der jeweiligen Iteration umgesetzt werden.

Trotzdem schadet es auch einem agilen Projekt nicht, frühzeitig zu erfassen, aus welchen Anforderungen die Work Items im Backlog entstehen werden. Auch diese Inventarisierung und Erfassung der Work Items während einer ersten Iteration ist Analyse. Sie sollte genau so ausführlich sein wie der nächste Schritt das erfordert. Erfassen Sie die Anforderungen und Work Items, schätzen und planen Sie im Anschluss daran. Das reicht aus, das ist YAGNI. Vermeiden Sie monatelange Analyse und Entwurf. Finden Sie heraus, was erforderlich ist und beschäftigen Sie sich möglichst nicht mit den Details.

Die Vorstellung jedoch, dass in Agile nicht analysiert und entworfen wird, gehört meiner Meinung nach ins Reich der Fabeln.

10.3 Agile als Ausrede

Schlimm ist es, wenn man Agile als Grund angibt, um Arbeit in einem Projekt gar nicht zu machen. Ich hörte einmal von einem Agile-Coach: „Nein, in Agile wird nicht dokumentiert." Eine sehr freie und fehlgeleitete Auslegung des Agilen Manifests. Schön ist auch: „Wir dokumentieren nicht. Der Code ist die Dokumentation." Manchmal geht das. Oft reicht es aber nicht aus. Und ein Projektleiter wusste zu berichten: „In Scrum schätzen wir nicht."

Natürlich ist das weder im Agilen Manifest noch von den Erfindern von Scrum so gemeint. Im Agilen Manifest steht, dass die Lieferung von Software, die der Kunde verwenden kann, Vorrang hat, aber das bedeutet nicht, dass überhaupt nicht dokumentiert wird. Es muss *aus-*

reichend dokumentiert werden, insbesondere, sobald die Software in Betrieb genommen werden soll.

Mit solchen Aussagen wird bewusst oder unbewusst versucht, die Schwächen eines Projekts zu verbergen. Agile wird als Ausrede verwendet, um den gesunden Menschenverstand abzuschalten. Agile als Ausrede zu benutzen ist umso schlimmer, wenn man versucht, damit das Scheitern eines Projekts zu kaschieren.

Achten Sie auch darauf, ob man sich mit Agile dafür rechtfertigt, dass bestimmte Aufgaben, die vielleicht im Team weniger beliebt sind, vermieden werden. Ein letztes Beispiel, zur Abgewöhnung.

Exkurs

Ein Entwickler erzählte einmal in einem Audit zu einem kriselnden agilen Projekt: „Nein, wir haben keine Tester. Wir machen Test Driven Development. Wir testen also schon alle Funktionen mit Unit Tests."

10.4 Tod durch Dogma

Um es kurz zu machen: Umso beliebter Agile wird, desto mehr Köche verderben den Brei. Viele Unternehmen führen jetzt Agile ein, womit der Bedarf an Agile-Coaches steigt. Gute *erfahrene* Agile-Coaches sind dünn gesät. Um den steigenden Bedarf trotzdem zu decken, werden sehr viele Menschen in wenigen Tagen ausgebildet oder zu Agile-Coaches umgeschult.

Um einen Ansatz, eine Technik oder Technologie wirklich beherrschen zu lernen, braucht es jedoch mehr als zwei Tage Schulung und ein hübsches Zertifikat. Ein interessantes Modell, um das Erlernen und Beherrschen von Agile zu verdeutlichen, ist Shu Ha Ri aus den japanischen Kampfsportarten. Frei übersetzt besteht das Modell aus drei Niveaus:

▶ **Shu.** Shu bedeutet wortwörtlich gehorchen. Auf diesem Niveau erlernt der Schüler die Grundfertigkeiten, indem er seinen Lehrer *kopiert*.

▶ **Ha.** Ha bedeutet lösen. Auf diesem Niveau lernt der Schüler, die gelernten Fertigkeiten auf ihren Wert hin zu beurteilen und im richtigen Moment einzusetzen, aber auch, den Grundfertigkeiten neue Fertigkeiten hinzuzufügen.

▶ **Ri.** Wortwörtlich bedeutet Ri verlassen. Auf diesem höchsten Niveau kann der Schüler alle Fertigkeiten flüssig und ohne nachzudenken einsetzen und kann, wenn nötig, improvisieren.

Nach einem hoffentlich guten agilen Training hat sich jemand maximal von Null zu Shu entwickelt. Ein gutes Beispiel ist der Film *Karate Kid*, in dem der Schüler bis zur völligen Langeweile mit derselben Handbewegung das Auto des Lehrers waschen muss. Erst am Ende, im unvermeidlichen Endkampf, begreift er, warum genau diese Handbewegung so bedeutsam ist.

Agile-Coaches bleiben mehrere Jahre auf dem Shu-Niveau. Erst mit viel Erfahrung gelangen sie auf die höheren Niveaus. Das hat zur Folge, dass viele Agile-Coaches den erlernten Ansatz momentan recht dogmatisch in die Praxis umsetzen. „Ein Taskboard besteht aus *Geplant*, *In Arbeit* und *Fertig*. Andere Stadien sind nicht erlaubt." „In Kanban dokumentieren wir nicht." „Ein Burndown ist Pflicht." Oder „In Scrum schätzen wir nur iterationsweise."

Viele agile Ansätze sind vor allem als Rahmen gedacht und lassen viel Spielraum für eine individuelle Auslegung durch die Teams. Die dogmatische Umsetzung eines solchen Rahmens verlangsamt häufig den Projektfortschritt und senkt die Produktivität dieser Projekte, in denen es effektiver gewesen wäre, wenn der Agile-Coach und das Team auf Basis ihrer Erfahrung imstande gewesen wären, auch mal links und rechts des Rahmens zu schauen. Auf dem Ri-Niveau. Mein Tipp ist, Projekte nur mit *wirklich* erfahrenen Agile-Coaches aufzusetzen, egal ob zertifizierter Scrum Master, Pokémon Trainer, Jedi-Ritter oder nicht, und darüber hinaus das zu tun, was nötig ist, damit das Projekt ein Erfolg wird. Egal, ob der gewählte Ansatz das vorsieht oder nicht.

Exkurs

Ich habe erfolgreiche Scrum-Projekte betreut, in denen Smart Use Cases die Arbeitseinheit waren und Burnups den Projektfortschritt klar verdeutlichten.

Als letzte Verdeutlichung noch ein Zitat eines Projektleiters, der sich selbst als agilen Vordenker betrachtet: „…ich sag nur Fu Ha Shi. Sollen sie mit den Grundlagen anfangen."

10.5   Pilot

Viel zu oft habe ich erlebt, dass Unternehmen auf eine neue Arbeitsweise umstellen und für die Einführung gleich das wichtige große und komplexe Projekt auswählen. Oft ist das ein Projekt, das schon einmal fehlgeschlagen ist. „Mal sehen, ob das mit Agile wohl klappt."

Exkurs

Einmal bekam ich eine Anfrage eines Versicherers für Unterstützung bei der Entwicklung eines neuen Anfragesystems für Hypothekenangebote. Der Bequemlichkeit halber wollte man auch gleichzeitig eine agile Arbeitsweise, UML, eine serviceorientierte Architektur, .NET und ein im Laufe des Projekts zu entwickelndes Framework einführen. Das ging natürlich daneben. Zu viele neue Dinge gleichzeitig. Leider wurde das Kind mit dem Badewasser ausgeschüttet. Im nächsten Projekt kehrte man zu Wasserfall zurück.

Tun Sie mir einen Gefallen. Wählen Sie als erstes agiles Projekt eines aus, das eine Chance auf Erfolg hat und das im Unternehmen Aufmerksamkeit auf sich zieht. Wählen Sie zum Beispiel ein Projekt, das auf bekannter Technologie basiert, einen begrenzten Scope hat, in dem der Kunde bereits eng einbezogen wird und gut mitarbeitet. Eines, in dem im Idealfall die Anwender täglich verfügbar sind.

Man neigt dazu, ein kurzes Projekt auszusuchen. Ich rate jedoch dazu, ein Projekt mit einer voraussichtlichen Dauer von etwa acht bis zwölf Iterationen zu nehmen. In einem kurzen Projekt sind die Auswirkungen der regelmäßigen Neupriorisierung weniger spürbar und auch der Effekt des vereinfachten Umgangs mit Änderungen weniger sichtbar. Mit Iterationen von zwei Wochen hat ein erstes Projekt dann eine voraussichtliche Dauer von vier bis sechs Monaten.

10.6 Re-Architecting

Wenn man sie fragt, wo in einem agilen Projekt die Softwarearchitektur untergebracht ist, antworten viele Agile-Coaches, dass Architektur ein evolutionärer Prozess ist. Das bedeutet, dass Architektur wächst und gedeiht, während die Software entwickelt wird und dass es unmöglich ist, zu Projektbeginn die Architektur bis ins letzte Detail zu beschreiben.

In beinahe jedem Projekt gibt es architektonische Aspekte, die noch im Projektverlauf ausgetüftelt werden müssen. Das können zum Beispiel die Services in serviceorientierter Architektur sein. Wie werden Reports zusammengesetzt? Wie funktioniert das Error Handling? Sicherheit? Kommunikation mit anderen Systemen? Firewalls? Welche Frameworks werden benötigt? Wenn solche Fragestellungen auftauchen, tut man gut daran, diese so schnell wie möglich als Work Items aufzunehmen, mit denen die Architektur getestet wird. Das verringert die Risiken und sorgt für eine Evolution der Architektur. Ein guter Prozess.

Aber wenn sich die Architektur ändert, finden häufig auch Anpassungen an bereits geschriebenem Code statt. Das wird oft unter Refactoring gefasst und zu Unrecht als unvermeidlich und vernachlässigbar abgetan. Eigentlich ist es jedoch *Re-Architecting*. Das ist nicht ganz risikofrei.

Mitten in einem agilen Projekt beschloss das Team, dass das gewählte Framework für das Content Management nicht über alle benötigten Features verfügte und durch ein neueres, hipperes Framework ersetzt werden sollte. Gesagt, getan. Aber der Austausch des Frameworks und das unvermeidliche Refactoring kosteten letztendlich drei Iterationen. Schlimmer noch: Das Team hatte die Entscheidung ohne den Kunden getroffen. Langer Rede kurzer Sinn: Das Projekt wurde abgebrochen und endete in einem Rechtsstreit.

Zwar ist Architektur ein evolutionärer Prozess und wächst Schritt für Schritt mit der Software mit, die entwickelt wird, einige Dinge sind dabei jedoch zu bedenken:

▶ **Initiale Architektur.** Denken Sie während der Anfangsiterationen eines Projekts über die Softwarearchitektur nach. Dabei geht es noch nicht darum, alle Details auszuarbeiten, die oft noch unbekannt sind. Definieren Sie Work Items für Architektur, die ins Backlog kommen. Welche Frameworks werden verwendet? Welche Services stehen schon zur Verfügung? Mit welchen externen Systemen wird kommuniziert?

▶ **Abhängigkeiten.** Wenn externe Systeme von der zu schreibenden Software angesprochen werden, muss das frühzeitig berücksichtigt werden. Die Betreiber dieser Systeme arbeiten oft nicht gerade in kurzen Zyklen. Möglicherweise gibt es nur ein Release pro Quartal oder Halbjahr. Das hat weitreichende Folgen für das agile Projekt. Vielleicht wird ein Service *jetzt* gebraucht, der aber erst in vier Monaten geliefert wird. Das agile Projekt muss sich nun über einen *Mock* dieses Services den Kopf zerbrechen, eine temporäre Version, mit der man weiter entwickeln kann. Manchmal ist eine Eskalation unvermeidlich, um die Prioritäten der Betreiber zu beeinflussen. Eine Aufgabe für den Projektleiter.

▶ **Zeit für Refactoring.** Wenn Änderungen an der Architektur vorgenommen werden, führt das immer auch zu mehr Arbeit, vor allem bei Refactoring des Codes. Seien Sie sich dessen bewusst, dass das *kurzfristig* zu Lasten der Produktivität geht.

10.7 Die eine Lösung

Schon seit fünfzehn Jahren betreue ich agile Projekte aller Couleur. Komplexe Java-Projekte bei Banken, Webanwendungen, serviceorientierte Projekte, unternehmensweite Projekte und viele .NET-Projekte. Projekte gibt es in vielen verschiedenen Größen und Formen. Einfach, komplex, klein, groß, mit kleinen Teams, mit mehreren Teams, Onshore, Offshore.

Auch wenn jedes meiner Projekte mit denselben agilen Grundlagen beginnt, erwächst daraus in jedem Projekt eine eigene Arbeitsweise. Sie unterscheidet sich zum Beispiel in der Arbeitseinheit, der Verwendung von Dashboards, Werkzeugen und Technologie, Schätztechniken, der Dokumentationsweise. Kurzum, es gibt nicht die eine agile Arbeitsweise, die immer passt. Auch Scrum und Kanban sind das nicht.

Zu oft sehe ich, dass komplexe, große Projekte zu leichtgewichtig angegangen werden. In unternehmensweiten oder Offshore-Projekten oder in Projekten mit mehreren Teams ist die minimal erforderliche Arbeitsweise nun mal etwas *schwergewichtiger* als in kleineren Projekten. Man tut gut daran, für jedes Projekt eine passende Arbeitsweise aus den verfügbaren agilen Ansätzen, Best Practices, Schätztechniken, Arbeitseinheiten und verwendeten Werkzeugen zusammenzubauen. Möglicherweise ist es auch sinnvoll, das große Projekt in mehrere kleine Projekte aufzuteilen.

10.8 Reverse Planning

Exkurs

Während des Kickoffs für eine Angebotserstellung diskutierten wir über die Machbarkeit des Projekts. Die Laufzeit war für die geplante Funktionalität knapp bemessen, aber man wollte das Projekt gerne gewinnen. Ein erfahrener Java-Architekt erklärte: „Ist doch nicht so schwierig, oder? Von München nach Neapel sind es zwölfhundert Kilometer. Nehmen wir mal an, man hat dafür zehn Stunden Zeit. Dann muss man hundertzwanzig Stundenkilometer fahren. In diesem Projekt müssen wir einfach zehn Use Cases pro Woche umsetzen."

Die anwesenden Account Manager nickten zustimmend. Bis ich hinzufügte: „Prima. Aber was, wenn wir jetzt in zehn Stunden nicht nach Toulouse, sondern nach Valencia müssen. Fährst du dann im Schnitt hundertsechzig Stundenkilometer?"

Das Problem dabei ist, dass ausgehend von einer Deadline berechnet wird, wie viel Arbeit in einer Iteration bewältigt werden muss. Das ist die *gewünschte* Geschwindigkeit des Teams. Hier ist der Wunsch der Vater des Gedankens. Es ist nämlich nicht immer möglich, mit einem Team diese Geschwindigkeit zu erreichen. Neun Frauen können ja schließlich nicht zusammen in einem Monat ein Baby bekommen. Ich bezeichne das als *Reverse Planning*.

Exkurs

Ein schönes Beispiel eines ehemaligen Kollegen. Der Projektleiter sagte seelenruhig: „Wir haben noch vier Sprints. Wir werden jetzt also fünfzig Punkte pro Sprint umsetzen." Und das, obwohl das Team in den vergangenen elf Iterationen dreißig Punkte pro Iteration geschafft hatte.

Wenn das Projekt erst begonnen hat, führt Reverse Planning oft zu Unverständnis. Der Projektleiter begreift einfach nicht, warum das Team nicht die Geschwindigkeit erreicht, die erforderlich ist.

Exkurs

Um den Kunden eines kriselnden Projekts ruhigzustellen, stellte der Projektleiter einen beinahe unmöglichen neuen Plan auf. Innerhalb von fünf Monaten sollten dreißig Transaktionen aus einem uralten COBOL-System mit einer Weboberfläche versehen werden. Sechs Transaktionen pro Monat. Und das, nachdem nach vier Monaten insgesamt gerade mal fünf „verwebt" worden waren.

Reverse Planning setzt das Team unter Druck. Dabei liegen der Planung keine realistischen Annahmen zugrunde, sondern vor allem der

Wunsch des Projektleiters. Diese Art von Berechnungen ist grundsätzlich zu vermeiden. Machen Sie Pläne auf der Basis tatsächlicher Erfahrungswerte.

10.9 Tod durch Planung

Deutlich zu oft halten sich traditionelle Projektleiter, wenn sie agile Projekte durchführen, an einer traditionell detaillierten Planung fest. Bezeichnend ist, dass Projektleiter ihre Pläne weiterhin in Gantt-Charts in beispielsweise Microsoft Projekt erstellen, obwohl einfache Dashboards, Taskboards und Burndowns verfügbar sind. In den Charts werden dann wie schon seit jeher alle Aktivitäten für jede Disziplin ausgearbeitet. Der einzige Unterschied ist, dass der Wasserfall sich nun innerhalb jeder Iteration abspielt.

Schlimmer wird es, wenn der Projektleiter will, dass das Team die Stunden nach Disziplin und manchmal auch noch pro Work Item bucht. Auch wenn agile Teams solche Planungen meistens mit reichlich Schadenfreude einfach beiseitelegen, zeigt das doch, dass der Projektleiter noch nicht das Fingerspitzengefühl für Agile hat. Zudem kostet die Erstellung solcher Pläne einiges an Zeit, die der Projektleiter besser in die Organisation von Kickoffs und Evaluationen, die Beschaffung von Lizenzen oder von Entwicklungs-, Test- und Abnahmesystemen investieren könnte. Darüber hinaus sind diese Pläne oftmals schon überholt, bevor sie fertig sind.

Exkurs

Ein Projektleiter verwaltete sein Projekt gerne sorgfältig. Für jeden Absatz im technischen Konzept richtete er ein Buchungskonto ein. Das Dokument hatte gut fünfzig Absätze.

In solchen Situationen, die ich gerne mit *Tod durch Planung* umschreibe, tut sich eine dankbare Aufgabe für den Agile-Coach auf. Die Umerziehung des betreffenden Projektleiters. Eine Aufgabe, die mit der Deinstallation von Microsoft Project beginnt.

10.10 Reviews

Regelmäßig erlebe ich, dass Menschen in verschiedensten Rollen Reviews der Work Items durchführen wollen. Ich betrachte Reviews als ein Versagen der Zusammenarbeit. Die Ursache kann sein, dass derjenige, der das Review durchführen will, zu wenig ins Projekt einbezogen wird oder dass er dem Team nicht vertraut. In jedem Fall ist das Review im Nachhinein nicht besonders effektiv. Reviews führen schließlich immer zu Anmerkungen. Diese müssen dann eingearbeitet werden. Vielleicht wird das korrigierte Work Item dann nochmal einem Review unterzogen. Nicht gerade effektiv, egal bei welcher Vorgehensweise. In Agile fällt es umso mehr auf, da Feedbackzyklen so kurz wie möglich sind.

Machen Sie den leidenschaftlichen Reviewer deshalb zu einem Teil des Teams, das das Work Item liefert. So kann er *während* der Ausarbeitung einen nützlichen Beitrag liefern. Das bezieht den Reviewer stärker mit ein und erspart Ärger im Nachhinein.

10.11 Kind und Badewasser

Viele Unternehmen stellen aus verschiedenen Gründen von Wasserfall auf Agile um. Sie wollen Projekte pünktlich und im Budgetrahmen abschließen. Sie wollen die Time-to-Market verkürzen. Sie wollen die Produktivität steigern. Sie wollen zu größeren oder verteilten Projekten skalieren. Sie wollen die Qualität verbessern. Oder der CEO hat bei Gartner gehört, dass Agile jetzt in ist.

In jedem Fall ist es ein Weg voller Mühen und Qualen. Manchmal sind es große Mühen. Denken Sie daran, dass es nicht leicht ist, Agile gut einzuführen. Das Unternehmen ist nicht immer bereit dafür. Manchmal sind auch die Menschen im Unternehmen nicht bereit. Auch wenn Studien zeigen, dass agile Projekte größere Erfolgschancen haben als traditionelle, bedeutet das nicht, dass *alle* agilen Projekte erfolgreich sind. Es wird auch agile Projekte geben, die die Erwartungen nicht erfüllen.

Leider werden viele Unternehmen beim Fehlschlagen oder nur partiellem Erfolg der ersten agilen Projekte versucht sein, Agile wieder abzuschaffen. Ich habe bei einem Pensionsfonds sogar schon erlebt, dass die ersten agilen Projekte sehr erfolgreich waren, dass aber die Projektleiter beim nächsten Projekt wieder auf Wasserfall zurückfielen, weil sie es einfach gewohnt waren.

Hier wird das Kind mit dem Badewasser ausgegossen, was wirklich eine Schande ist. Es ist wichtig, in einem Unternehmen, das Agile einführt, die Erwartungen zu steuern. Insbesondere beim Kunden. Erwarten Sie nicht, dass die Produktivität auf einen Schlag deutlich höher ist oder dass alle Projekte plötzlich pünktlich und im Budgetrahmen abgeschlossen werden können. Wecken Sie Erwartungen nur mit Bedacht. Es dauert eine ganze Weile, bis jeder im Unternehmen agil arbeitet. In manchen Unternehmen läuft der Übergang reibungslos, manchmal sogar innerhalb weniger Monate. Andere Unternehmen arbeiten Jahre an der Umstellung ihrer Arbeitsweise.

Wählen Sie als erstes agiles Projekt eines aus, das ohnehin gute Erfolgschancen hat. Fangen Sie klein an. Versuchen Sie so, die berühmte Mund-zu-Mund-Propaganda ans Laufen zu bekommen. Agile Projekte bieten dafür gute Möglichkeiten.

Exkurs

Einmal betreute ich ein erstes agiles Projekt bei einem großen Logistikunternehmen. Es entstand ein immer größeres Interesse an unserer Arbeitsweise. Täglich kamen Menschen, um das Wunder der Stand-Ups mit eigenen Augen zu sehen. Nach einigen Iterationen hatten wir täglich zehn bis fünfzehn Besucher ums Dashboard an der Wand. Wir waren kurz davor, eine Tribüne aufzustellen.

Holen Sie einen guten *erfahrenen* Agile-Coach an Bord, der nicht nur das Projekt begleitet, sondern auch die Einführung von Agile im Unternehmen. Agile einzuführen bedeutet auch, die Kultur und die Einstellung zu ändern. Machen Sie außerdem Regeltermine aus, in denen das Team dem Management von den *positiven* Resultaten des Projekts berichtet. Stellen Sie dabei die Vorteile von Agile heraus. Aber hüten Sie sich vor allem davor, die neue Vorgehensweise über Bord zu werfen, wenn ein erstes agiles Projekt nicht so gut läuft wie erhofft. Lernen Sie daraus!

10.12 Monodisziplinäre Teams

Die meisten Unternehmen, die Agile einführen, steigen mit einem kleinen Pilotprojekt ein. Da das Team klein ist, gehören selten mehr als ein oder zwei Personen pro Disziplin dazu. Ein Fachexperte, zwei Entwickler und ein Tester. In dieser Zusammensetzung ist es völlig selbstverständlich, multidisziplinär zusammenzuarbeiten. Aber sobald eine agile Vorgehensweise ausgeweitet wird, werden die agilen Projekte größer. Schon besteht ein Team aus verschiedenen Unterteams: zwei Architekten, vier Designer, fünf .NET-Entwickler, vier COBOL-Entwickler und vier Tester. Jedes hat seine eigenen Stand-Ups.

Jetzt ist die Versuchung groß, das Team wie früher nach Disziplinen aufzuteilen, besonders wenn der Projektleiter einen traditionellen Hintergrund hat. Das bringt viel Ärger mit sich. Monodisziplinäre Teams schaden der Zusammenarbeit. Darüber hinaus sind wieder Übergaben erforderlich. So ein Designer: „Wir übergeben den Entwurf dieser Transaktion erst, wenn er wirklich fertig ist." Man argumentiert damit, dass die einzelnen Disziplinen sich so besser auf ihre Arbeit konzentrieren können. Das mag stimmen, aber es hemmt auch die Kommunikation und Zusammenarbeit zwischen den verschiedenen Rollen.

Exkurs

In einem so skalierten Projekt beschlossen die Designer, nicht mehr beim restlichen Team zu sitzen, sondern an ihre alten Arbeitsplätze anderswo im Gebäude zurückzukehren. „Wir finden es da ruhiger," erklärten sie.

Auch in verteilten agilen Projekten begegnet man diesen monodiszipliären Teams. Analyse und Entwurf finden beim Kunden in Deutschland statt, Entwicklung und Tests jedoch anderswo, vielleicht beim Dienstleister in Deutschland, Nearshore in Rumänien oder der Ukraine oder Offshore in Indien oder China. Auch hier tun sich vergleichbare Herausforderungen für Kommunikation und Zusammenarbeit auf. Hinzu kommt, dass bei monodisziplinären Teams andere Standorte weniger mit einbezogen werden.

Tatsächlich entsteht mit monodisziplinären Teams wieder ein Wasserfall. So ist das Projekt optimal für die individuellen Tätigkeiten ausgelegt, statt für den gesamten Ablauf der Tätigkeiten. Mein Tipp? Unbedingt vermeiden. Bilden Sie *immer* multidisziplinäre Teams, die zusammen an den Work Items arbeiten. Optimieren Sie die Arbeit im Team für den gesamten Ablauf. Für das Analysieren, Entwerfen, Entwickeln, Testen *und* Abnehmen der einzelnen Work Items. Nicht für die einzelnen Tätigkeiten.

Im Idealfall besteht ein agiles Team aus drei bis neun Personen. Stellen Sie, wenn das Projekt größer wird, Teams vergleichbarer Größe zusammen, die immer noch über alle benötigten Rollen verfügen. Diese arbeiten dann an separaten Work Items. Solche Teams werden als *Feature Teams* bezeichnet. Auch in verteilten Projekten empfehlen sich Feature Teams, da sie für eine Optimierung des gesamten Ablaufs sorgen und die Zusammenarbeit zwischen den einzelnen Rollen fördern.

10.13 Teilzeit-Agile

Eines muss klar sein: In einer idealen Situation arbeiten alle Vollzeit agil. So ist die Zusammenarbeit optimal, die Aufgabenverteilung klar und die Produktivität am höchsten. In der Praxis liegen die Dinge anders. Fachexperten haben Rollen in anderen Projekten. Entwickler und Tester haben Aufgaben beim Betrieb anderer Anwendungen. Auch Anwender, Projektleiter und Coaches sind selten Vollzeit verfügbar. Das ist die alltägliche Realität. Dabei entstehen Schwierigkeiten:

- ▶ **Stand-Ups.** Nicht alle sind jeden Tag beim Stand-Up dabei. Manchmal hat jemand an einem Tag die Kinder. Oder es nimmt jemand zur gleichen Zeit am Stand-Up eines anderen Projekts teil. Stimmen Sie deshalb, wenn möglich, die Stand-Ups verschiedener Projekte und Teams aufeinander ab.

- ▶ **Projektswitching.** Ein Nachteil dessen, in mehreren Projekten gleichzeitig tätig zu sein, ist, dass Menschen ununterbrochen zwischen dem einen und dem andere Kontext hin und her wechseln. Das kostet Zeit und Energie.

Gleichzeitiges Arbeiten in mehreren Projekten oder Teilzeit-Arbeit in einem Projekt führt zu Einschränkungen, kann aber nicht immer vermieden werden. Manchmal wird daraus geschlussfolgert, dass ein Projekt dann nicht agil durchgeführt werden kann. Auch wenn Agile-Gegner diese Schlussfolgerung gerne ziehen, tun sie das zu Unrecht. Diese Einschränkungen lassen sich fast immer abfangen.

Exkurs

In einem meiner Projekte arbeiten drei Fachexperten mit. Zwei davon arbeiten zwei Tage pro Woche am Projekt. Der dritte gerade mal einen Tag. Wir haben uns dafür entschieden, dass ein Teil ihrer Arbeit von den Testern übernommen wird, wie zum Beispiel das Vorbereiten der Abnahme der Work Items. So gewinnen die Fachexperten Zeit und können sich vorrangig um die Ausarbeitung neuer Work Items kümmern.

10.14 Das Agile-Handbuch

Der letzte Stolperstein ist für mich eine Herzensangelegenheit. In den vergangenen fünfzehn Jahren habe ich mit viel Freude Unternehmen und Projekte auf ihrem Weg zu Agile gecoacht. Ich habe in den fünfzehn Jahren viel über Vorgehensweisen, Architektur, Anforderungen, Coden und Testen gelernt, über Projekte. Aber vor allem habe ich etwas über die Menschen in Projekten gelernt. Darüber, wie sie zusammenarbeiten. Eins ist mir dabei klar geworden: Jeder Mensch ist einzigartig, jede Form der Zusammenarbeit ist einzigartig, und vor allem deshalb ist jedes Projekt einzigartig.

Mittlerweile ist Agile beliebter als je zuvor. Vielleicht ist es auch beliebter, als es jemals sein wird. Alle großen Unternehmen steigen in der Softwareentwicklung jetzt auf Agile um. Immer mehr Projekte werden agil durchgeführt. Deshalb werden auch immer mehr Unternehmen festlegen, wie agile Projekte durchgeführt werden müssen. Das steht dann im Agile-Handbuch.

Unternehmen werden immer dickere und genauere Agile-Handbücher mit Vorschriften entwickeln. Darüber, wie lange ein Stand-Up dauern darf. Welche Fragen darin genau behandelt werden. Wie groß ein Team sein darf. Mit welchen Entwicklungsumgebungen Entwickler arbeiten. Welche Testtechniken verwendet werden. Mit Vorlagen für User Stories, Smart Use Cases und Evaluationen. Vielleicht gibt es sogar Unternehmen, die so weit gehen vorzuschreiben, dass User Stories auf rechteckige gelbe Post-Its geschrieben werden und Tasks auf quadratische grüne.

Sobald ein Unternehmen damit anfängt, ist Agile todgeweiht. Verhindern Sie also, dass nach den ersten erfolgreichen Projekten die agile

Vorgehensweise als umfangreicher Satz von Prozessen, verpflichtend zu liefernden Produkten, verpflichtend zu verwendenden Werkzeugen, von Aufgaben und Verantwortlichkeiten in Beton gegossen wird. Das walzt die natürliche Arbeitsweise von Agile vollkommen nieder und wird dazu führen, dass die nächsten Projekte sich verzögen und sich zudem nicht mehr verbessern, was eigentlich ein entscheidender Erfolgsfaktor von Agile ist.

Um zum Erfolg zu führen, braucht Agile das richtige Maß an Freiheit. Auch Menschen und ihre Zusammenarbeit profitieren vom richtigen Maß an Freiheit. Softwareentwicklung ist ein kreativer Prozess. Agile ist auf kontinuierliche Verbesserung ausgelegt. Sobald Unternehmen Agile institutionalisieren, wird jegliche Kreativität langsam aber sicher ausgemerzt und autodidaktische Teams werden an die Kette gelegt. Der Geist ist wieder in der Flasche, der Korken kann wieder drauf.

Schlusswort

So. Die Arbeit ist getan. Ich weiß schon, es ist praktisch unmöglich, eine komplette Übersicht über die stetig wachsende Anzahl von agilen Ansätzen, Techniken und Best Practices zu geben. Doch ich hoffe, dass ich mit diesem Buch zur erfolgreichen Anwendung von Agile in Ihrer Organisation, Ihren Projekten und Teams beitragen kann. Mit den Erfahrungen, die ich in meinen eigenen Projekten gemacht habe.

Ich hoffe mit diesem Buch auch deutlich gemacht zu haben, dass es beim Einsatz von Agile nicht mit der Anwendung der nützlichen Techniken getan ist, die ich beschrieben habe. Agile ist in erster Linie ein Lernprozess, der nie aufhört. Deshalb macht das Arbeiten in agilen Projekten so viel Spaß. Wie viele agile und nicht-agile Projekte Sie auch durchführen, Sie sind nie zu alt, dazuzulernen. Auch ich lerne immer noch jeden Tag etwas Neues. Etwas, das mir hilft, den nächsten Tag, die nächste Iteration, die nächste Release oder das nächste Projekt noch reibungsloser über die Bühne zu bringen. Und vor allem mit noch mehr Spaß. Denn wenn ich hoffe, eines deutlich gemacht zu haben, dann das, dass unser Job der schönste Job der Welt ist.

Möchten Sie mehr wissen? Auf der folgenden Website finden Sie stets die neuesten Fakten, Meinungen und Anekdoten. Und bei Fragen, Schulungen oder Präsentationen? Mailen oder tweeten Sie mich an. Bis bald!

Websites: *www.ditisagile.nl, www.sanderhoogendoorn.com*
Email: *sander@ditisagile.nl*
Twitter: *@ditisagile, @aahoogendoorn*

Stichwortverzeichnis

Social Media Marketing für Unternehmer: Der 30-Minuten-Faktor

Jens Schlüter
ISBN 978-3-8273-3163-2
24.95 EUR [D], 25.70 EUR [A], 33.60 sFr*
288 Seiten
http://business.pearson.de/3163

Freiberufler und Einzelunternehmer sind nicht nur Unternehmer, sondern nur allzu oft auch ihre besten und einzigen Angestellten. Da ist der größte Engpass bereits vorprogrammiert: Die Zeit. Mit der Entwicklung des 30-Minuten-Faktors für Social Media Marketing ist ein praxiserprobtes Tool für eine der größten gewerblichen Zielgruppen Deutschlands entstanden.

TIPP

*unverbindliche Preisempfehlung

Online-Marketing mit Google

Guido Pelzer; Mirko Düssel
ISBN 978-3-8273-3184-7
34.95 EUR [D], 36.00 EUR [A], 46.70 sFr*
384 Seiten
http://business.pearson.de/3184

In diesem Buch von Google Certified Trainer Guido Pelzer und
Marketing-Experte Mirko Düssel erfahren Sie, wie Google die
Entwicklung des Online-Marketings sieht und weiterentwickeln
möchte. Dies wird an Beispielen neuer Ranking-Methoden
und Darstellung der Suchergebnisse verdeutlicht. Außerdem
wird als Ausblick die zukünftige Entwicklung und Verknüpfung
der sozialen Netzwerke dargestellt, die Google ganz stark
vorantreibt. Das Buch wird ganz klar Unterschiede und
Gemeinsamkeiten der Bereiche SEO und SEM verdeutlichen,
denn diese Bereiche werden sehr oft vermischt und mit
haarsträubendem Halbwissen erklärt. So werden Sie gefunden!

TIPP

*unverbindliche Preisempfehlung

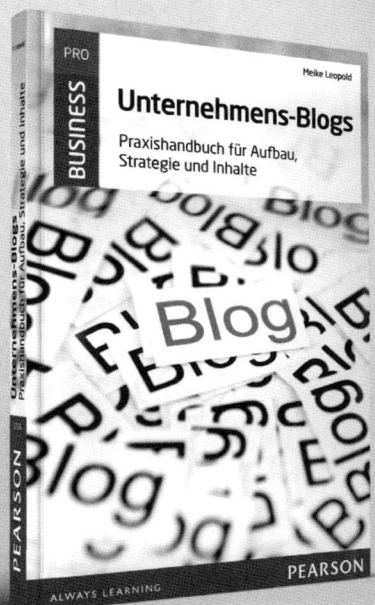

Erfolgreich bloggen im Unternehmen

Meike Leopold
ISBN 978-3-8273-3204-2
24.95 EUR [D], 25.70 EUR [A], 33.60 sFr*
320 Seiten
http://business.pearson.de/3204

Dieser Leitfaden ist eine ganz auf die praktische Anwendung
fokussierte Anleitung zum erfolgreichen Aufbau eines
Unternehmensblogs. Von der Installation über die
Implementierung von internen Workflows und Strategien bis hin
zum Relaunch umfasst es alles für das Gelingen maßgeblichen
Schritte und Maßnahmen, Anregungen und Best Practices. Die
prämierte Social Media-Expertin Meike Leopold schöpft für
dieses Buch aus ihrem reichen Wissens- und Erfahrungsschatz
und hilft so kleinen und mittleren Unternehmen, eine
nachhaltige und auf Augenhöhe mit ihren Kunden agierende
Webpräsenz zu etablieren.

TIPP

*unverbindliche Preisempfehlung

Die Kraft von Scrum

Henning Wolf; Rini van Solingen; Eelco Rustenburg
ISBN 978-3-8273-3216-5
19.95 EUR [D], 20.60 EUR [A], 26.90 sFr*
160 Seiten
http://business.pearson.de/3216

Dieses einzigartige Management-Buch erzählt die Geschichte des technischen Leiters eines Software-Unternehmens, der in einem Software-Entwicklungs-Projekt mit einer Verschiebung kämpft, die über das Wohl und Wehe seiner Firma entscheiden könnte. Doch er begegnet einem Scrum-Coach, der ihm anbietet, das Projekt nicht nur rechtzeitig, sondern auch erfolgreich zu vollenden. **Die Kraft von Scrum** ist eine spannende Einführung in Scrum, die Sie in zwei bis drei Stunden verschlungen haben werden. Sie werden dabei ganz nebenbei die grundlegenden Prinzipien von Scrum verstehen und es kaum erwarten können, die im Buch beschriebenen Methoden und praktischen Tipps bei Ihren eigenen Projekten einzusetzen.

TIPP

*unverbindliche Preisempfehlung